县域治理与脱贫攻坚

黄承伟　吕方　◎等著

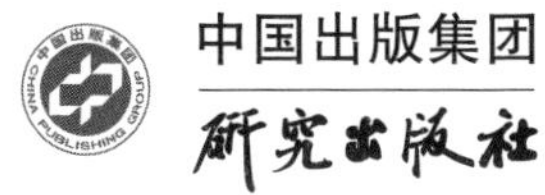

图书在版编目 (CIP) 数据

兰考 : 县域治理与脱贫攻坚 / 国务院扶贫办
组织编写 . -- 北京 : 研究出版社 , 2020.11
ISBN 978-7-5199-0757-0

Ⅰ . ①兰… Ⅱ . ①国… Ⅲ . ①扶贫 – 研究 – 兰考县
Ⅳ . ① F127.614

中国版本图书馆 CIP 数据核字 (2019) 第 184559 号

兰考：县域治理与脱贫攻坚
LANKAO：XIANYU ZHILI YU TUOPIN GONGJIAN

国务院扶贫办　组织编写

责任编辑：寇颖丹

研究出版社 出版发行
（100011　北京市朝阳区安华里 504 号 A 座）

河北赛文印刷有限公司　　新华书店经销

2020 年 12 月第 1 版　2020 年 12 月北京第 1 次印刷
开本：710 毫米 ×1000 毫米　1/16　印张：19.25
字数：257 千字

ISBN 978 – 7 – 5199 – 0575 – 0　定价：44.00 元

邮购地址 100011　北京市朝阳区安华里 504 号 A 座
电话（010）64217619　64217612（发行中心）

《兰考：县域治理与脱贫攻坚》编写组

主　　编：黄承伟　吕　方

副 主 编：骆艾荣　阎　艳

编写人员：吴长胜　陈趁义　廖海敏　李雪萍　杨生勇

李海金　陈　琦　刘　杰　田丰韶　万兰芳

王　猛　许竹青　陈　宁　郭之天　周　晶

刘　欣　刘　风　张　红　陈文华

目 录

概　要

兰考县地处豫东平原，北依黄河，东临山东，位于九曲黄河最后一道弯，郑州、商丘、菏泽三市中心地带，是河南通往山东半岛的重要门户，是河南“一极两圈三层”中“半小时交通圈”的重要组成部分。从地理位置来说，可谓中原要津之一，但长期以来，因自然地理条件的限制和整个区域发展环境的影响，兰考县经济社会发展水平较低，始终难以摆脱欠发达的局面。全县下辖 13 个乡镇、3 个街道，454 个行政村（社区），总面积 1116 平方公里，总人口 85 万，其中农村人口 77.29 万。2002 年兰考县被列为国家级贫困县，当时全县有 8 个贫困乡，160 个贫困村，13.2 万贫困人口。2011 年被确定为大别山连片特困地区重点县时，全县还有 131 个贫困村，11 万贫困人口。2014 年 4 月，严格按照上级“精准识别”规定程序，对全县贫困村和贫困户深入摸底，共识别出贫困村 115 个，贫困人口 7.7 万人，其中非贫困村贫困人口占三分之一 。

2014 年，习近平总书记把兰考县作为第二批党的群众路线教育实践活动联系点，兰考县委、县政府向习近平总书记立下了“三年脱贫、七年小康”的军令状。三年间，兰考县深入学习和贯彻习近平总书记关于扶贫工作的重要论述，以及习近平总书记 2014 年 3 月 18 日在兰考县委常委扩大会议上的重要讲话精神，坚定实践精准扶贫精准脱贫的基本方略，结合县域实际，按照“六个精准、五个一批”的原则，解决好“四个问题”，脱贫攻坚取得了突出成绩。根据国务院扶贫开发领导小组向河南省扶贫开发领导小组反馈兰考县退出专项评估情况，结果显示，抽样群众认可度98.96%，综合测算贫困发生率1.27%。2017年2月27日，省政府批准兰考县退出贫困县序列。3月27日，省政府正式宣布兰考县脱贫摘帽。

兰考成功实现脱贫摘帽，意味着自20世纪80年代以来，中国贫困县总数第一次实现了净减少，中国减贫史翻开了崭新的一页。当前，我们正处于全面建成小康社会，继而开启建成社会主义现代化强国伟大新征程的历史性节点，兰考整县脱贫摘帽，无疑坚定了全国人民在中国共产党领导下摆脱贫困、全面建成小康社会，逐步建成社会主义现代化强国、实现中华民族伟大复兴的决心和信心。在此背景下，总结研究兰考脱贫摘帽的做法和经验，具有重要的理论和实践意义。

在国务院扶贫办的领导和支持下，全国扶贫宣传教育中心把兰考脱贫摘帽经验的总结研究列入重点研究计划，黄承伟主任亲任课题组组长，组织来自华中师范大学、科技部、东北师范大学、河南大学、三峡大学、青岛大学、焦裕禄干部学院的十多位不同学科领域的专家学者，历时一年半，先后三次深入实地调研，收集各类文献、数据、资料逾40万字；组织各层次座谈、访谈40余场，座谈在县、乡、村三个层级展开，访谈对象则包括县级领导干部访谈，相关部门、乡镇访谈，驻村工作队和第一书记访谈，村干部访谈以及农户访谈，一共整理访谈资料近30万字。课题组在前后三轮实地调研中，同兰考县及有关部门负责同志、扶贫一线干部以及广大群众进行了广泛深入交流，充分感受了脱贫摘帽给兰考群众带来的深刻变化。调研的主要发现包括以下几个方面。

一、兰考脱贫摘帽的成果真实可信

兰考县的贫困问题，是中原地区农业贫困县的典型代表，具有类似减贫与发展难题的，还包括豫鲁两省的交界地带的开封、菏泽、商丘等地的一些县市。中原地区农业贫困县，往往人口众多，县域经济以农业为主，并且粮食作物生产占据主导地位，农业商品化程度较低；同时，由于地理区位原因，这些县市远离区域经济中心，公路铁路交通较为不便，因而区域发展存在较高成本，工业和服务业占比不高，所能提供的非农就业岗位较为有限。此外，由于县域经济不活跃，财政自给度低，转移支付占据县域财政支出比重高，因而基础设施和公共服务投入能力较为有限。另外，近年来中部地区农业贫困县的发展环境有了较大程度的改善，迎来了推动县域经济社会发展的重要战略机遇期。主要表现在：其一，自 2000 年以来，国家密集部署了一系列推动中西部地区发展的重大战略，这些战略的实施，快速改善了中部地区农业贫困县发展的基础设施环境。其二，随着沿海地区产业向中西部地区转移，中部地区一些县市在承接产业转移过程中推动县域经济发展正处在历史性的机遇期。其三，在新一轮城乡工农关系调整过程中，国家持续加大对农业农村领域的政策扶持，并积极引导城市工商业资本、金融资本向农业农村领域投入，特别是党的十八大以来，以习近平同志为核心的党中央高度重视打赢全面建成小康社会背景下的脱贫攻坚战，动员全党全社会以前所未有的力度推进，这为中部地区农业贫困县“一揽子”解决绝对贫困问题、推动县域经济可持续发展内生动力形成，提供了有力的保障和支撑。

根据 2013—2018 年投入数据汇总，我们发现，六年间兰考县累计投入各类扶贫资金 11.66 亿元，其中基础设施投入 5.7 亿元，产业发展投入 3.23 亿元，公共服务建设投入 1.78 亿元，金融扶贫投入 0.745 亿元；雨露计划科技扶贫等投入约 0.19 亿元。这些投入，有效地补齐了制约县域经济社会发展的短板因素，有效促进了贫困村和贫困农户顺利实现脱贫。特别是兰考在脱贫攻坚投入方面，重视贫困村和贫困户可持续发展内生动力的建设，在产业扶贫方面，形成了“5+1+3”的产业扶贫体系，带动“建档立卡”贫困户发展生产，提高收入。在就业扶贫方面，结合县域工业化和城镇化发展，积极扩大就业，提升“建档立卡”贫困人口技能水平和就业能力。上述举措，实现了贫困人口自发发展能力的成长。经过不懈的努力，兰考于 2017 年 3 月实现了整县脱贫。三年间，兰考累计 7 万余人脱贫，其中 2014 年实现脱贫 5063 户 19360 人；2015 年实现脱贫 10843 户 37556 人；2016 年实现脱贫 5310 户 12675 人。三年的脱贫攻坚过程中，县域农村贫困地区各方面短板因素迅速补齐，内生动力初步形成。同时，脱贫攻坚过程中，兰考县县域经济社会发展面貌显著改善，后续发展有了良好基础；探索了一套科学、高效的县域治理体系，县域治理能力显著提升；党的基层组织凝聚力、战斗力明显增强，党的执政基础更加稳固。

二、兰考县域脱贫攻坚的主要做法与经验

第一，坚持习近平新时代中国特色社会主义思想的引领。理念是行动的先导，兰考在推进县域脱贫攻坚过程中，高度重视提升干部队伍对打赢脱贫攻坚战重大意义的理论认识和政治站位。县委、县政府率先垂范，坚持原原本本学，认认真真学，力求全面深入掌握习近平总书记关于扶贫工作重要论述的深刻内涵与科学方法，强调坚持结合实际学，通过学习促进各项工作不断提升和优化。同时，加强全县干部队伍的理论学习，通过专题党课、以会代训、标兵示范等形式，着力提升全县党政干部对打赢脱贫攻坚战重大意义的认识，努力提高县域脱贫攻坚本领，将习近平总书记关于扶贫工作的重要论述贯穿到县域精准扶贫政策体系、方法体系和治理体系的安排中。特别是兰考强调在实践中学习，将习近平总书记对扶贫开发的部署和要求，将精准扶贫、精准脱贫的基本方略，真正贯彻落实到县域

扶贫开发工作的各个阶段和各个方面。

第二，坚持抓党建引领脱贫攻坚，充分发挥政治优势和制度优势。全县上下将脱贫攻坚作为中心工作，与推进全面从严治党，践行党的群众路线，弘扬焦裕禄精神相结合，教育干部、锻炼干部，在全县后备干部队伍中选派驻村工作队和第一书记，完善新时期“干部下乡”的制度体系和体制机制，将干部培养和选拔的“学校”和“考场”设定在脱贫攻坚的第一线。完善乡村治理体系，实施“双提升”工程，建强贫困村的村级组织，提升村“两委”的战斗力。通过加强党的建设，为脱贫攻坚战提供了坚强的组织基础，干部队伍精神面貌、工作作风焕然一新，人民群众对党的政策真心认同，夯实了党的执政之基。我们看到，兰考以党建促脱贫的实践，为脱贫攻坚战提供了坚强的组织基础和政治保障，全县干部队伍精神面貌、工作作风焕然一新。深入扎实、实效突出的工作，得到了人民群众的真心认同。

第三，坚持以脱贫攻坚统揽县域经济社会发展全局。打赢脱贫攻坚战，时间紧任务重，需要举全县之力全力推进；同时，贫困问题的成因具有综合性和复杂性，有效的贫困治理建立在整体性回应贫困地区和贫困人口减贫与发展需求的基础上。因而，以脱贫攻坚统揽经济社会发展全局，无疑是县域脱贫攻坚的根本方法。按照习近平总书记的要求，兰考在县域经济社会发展工作中，凸显脱贫攻坚的统揽地位，具体体现在规划体系、投入体系和保障体系等方面。同时，深入推进县域各领域的配套改革是打赢脱贫攻坚战的重要保障，兰考通过县乡之间事权改革、督查体制改革等重大改革举措，为脱贫攻坚营造了有利的制度环境，也有力促进了兰考县域治理体系的现代化水平和治理能力提升。

第四，坚持以全面深化改革思维推进脱贫攻坚，破除各种体制机制障碍。兰考着力破除各种体制机制障碍和形式主义问题，坚持问题导向，以体制机制改革为方法，提升县域贫困治理能力。为了提升政策供给对贫困村和贫困农户差异化需求的回应能力，兰考在“四到县”改革的基础上，将资源配置和决策的重心进一步下沉到乡和村，更有效地解决了资源错配的问题。为了保证各项精准扶贫政策、改革政策有效落实，兰考县扎实推进督查体系改革，县委、县政府会用督查、善用督查，有效打通了政策执行的“最后一公里”。兰考注重创新发展，基于对发展内外部环境特点的整体研判，积极利用好各类政策支持，将良好的外部发展环境切实转化为脱贫攻坚的有利条件，充分提升内生发展动力。特别是立足农业现代化发展趋势和农村社会转型实际，创造性地将各种新技术、新理念、新思维、新业态应用于脱贫攻坚实践，形成了新型产业扶贫体系、新型金融扶贫体系、资本市场扶贫等创新经验，产生了良好效果。

第五，坚持精准扶贫精准脱贫的基本方略，以“绣花”功夫推进脱贫攻坚各项工作有序开展。基于习近平总书记关于扶贫工作重要论述的科学指引，兰考结合县域脱贫攻坚实际，扎实推进“六个精准”“五个一批”，解决好“四个问题”，完成了扶贫开发的精细化、滴灌式管理。首先，切实抓好精准识别，解决好“扶持谁”的问题。形成了六查、六看、六对照、六明确、六改、六认的识别体系，实现了“户有卡、村有册、乡镇有簿、县乡有平台”，保证了识别的准确率。其次，切实强化驻村工作，解决好“谁来扶”的问题。在驻村干部的“选、派、配、管、用”等环节上下功夫，做到精准选派、精准发力，明确驻村工作队、第一书记、乡村两级党组织的责任分工，加强支持体系建设和能力建设，保证各项政策举措精准到村、到户。再次，因地制宜、因村因户施策，解决好“怎么扶”的问题。按照“五个一批”的理念方法，在落实好中央和省级政策的同时，出台 12 项具体帮扶措施，细化扶持方案，确保贫困村、贫困户的多元化、差异化的减贫需求得到有效回应。最后，严格标准程序，解决好“如何退”的问题。实践中，注重严守退出标准和程序，做到过程公正透明，结果群众认可；注重脱贫质量，做好退出后的政策衔接，巩固脱贫成效。

第六，抓产业、扶根本，探索产业精准扶贫新机制。兰考在深入分析县域经济发展的内外部挑战与机遇的基础上，将农业供给侧结构性改革与产业扶贫有效衔接，将县域经济转型与产业扶贫有效衔接，创新利益联结机制，创新产业扶贫实现模式，深入推进相关配套改革，充分发挥好政府引导作用，为产业精准扶贫提供良好政策环境和制度保障，尊重经济规律，让市场机制发挥决定性作用。兰考的产业体系布局遵循三个方面的准则：其一，坚持产业发展要能够带动贫困人口有效参与，促进其脱贫增收。其二，产业体系安排要能够契合地方特色优势资源禀赋，符合国家的产业政策导向。其三，产业体系发展要符合产业体系优化与完善的一般规律，补齐制约产业提质增效的短板因素。在深入分析外部发展环境和深耕地方特色资源、发展优势的基础上，摒弃盲目承接沿海地区产业转移的发展道路，确立了家居制造、食品加工和战略性新兴产业 3 个主导产业，坚持招大引强，突出龙头带动，不断培育壮大特色产业体系，扩大与提升贫困人口参与产业的机遇和能力。确定“鸡、鸭、牛、羊、驴、瓜果、蔬菜、食用菌、水产、经济林”十个扶贫产业作为抓手，综合运用政策扶持、金融支持、保险兜底、技术培训等政策工具提升贫困农户自我发展能力。研究发现，兰考的产业精准扶贫实践，一方面围绕着脱贫攻坚目标的实现，通过产业带动的方式促进贫困人口增收脱贫；另一方面通过激活贫困农村地区劳动力、土地、资本等潜在的生产要素，结合技术创新的手段，劳动生产率得以提升，为应对经济下行压力，促进县域经济繁荣和产业体系进一步优化、完善提供了有力支撑。

第七，做好金融扶贫文章，创新金融精准扶贫新模式。自 2014 年脱贫攻坚战打响以来，兰考县积极创新金融扶贫模式，科学谋划金融扶贫组织体系，健全工作机制，实施金融助推精准扶贫、精准脱贫工程。实践中，兰考将金融扶贫与产业扶贫相衔接，注重创新机制，解决金融不下乡的难题，陆续推出了“三位一体”和“四位一体”的金融扶贫模式，探索实施“两权融资”，并借助证监会定点扶贫和全国普惠金融试点县的政策利好，积极探索资本市场助力脱贫攻坚的方法和路径，取得了可喜的成绩，形成了多方面的经验。

第八，勇于创新发展，探索精准扶贫新方式。面对脱贫攻坚的艰巨任务，兰考坚持创新发展的思维，将各种新理念、新方法、新技术、新业态，结合当地发展实际创造性地应用到精准扶贫工作中。在电商扶贫、资产收益扶贫、信息化扶贫、特殊群体扶持等方面，兰考均形成了符合地方特点的创新经验，取得了良好成效。

第九，提升内生动能，建立稳定脱贫长效机制。贫困村和贫困农户不断摆脱“等、靠、要”的思想，摆脱“精神贫困”的束缚。在外部支持下，贫困地区、贫困社区、贫困人口逐步具备自我发展的能力。兰考的脱贫攻坚实践，注重通过改善发展环境，提升发展能力，示范引领，移风易俗等综合手段激发贫困村和贫困人口的斗志，鼓励他们抓住政策机遇、发展机遇摆脱贫困。在实现脱贫摘帽后，注重返贫风险防范和可持续发展能力建设，形成脱贫长效机制。特别是注重将脱贫攻坚阶段形成的县域治理体系和治理能力创新成果，转化为长期的效果，提升县域治理现代化水平。

第十，脱贫摘帽兰考样本的启示。课题组认为，兰考脱贫摘帽成果真实可信，其经验可学可复制，不仅对破解县域脱贫攻坚众多难点问题具有重要的实践价值，而且具有重要的理论意义。其成功经验充分体现了习近平新时代中国特色社会主义思想，特别是习近平总书记关于扶贫工作的重要论述，充分体现了中国共产党领导下中国国家贫困治理体系的政治优势和制度优势，充分体现了精准扶贫精准脱贫四梁八柱顶层设计的科学性和可操作性，充分体现了脱贫攻坚政策“组合拳”与县域经济社会发展实际结合、与贫困村及贫困户内在脱贫需求相结合的治理结构安排的运行成效。

三、兰考摆脱贫困案例的学理价值

兰考整县脱贫摘帽的成功经验表明，党的十八大以来形成的习近平总书记关于扶贫工作重要论述具有科学性和指导性，表明以习近平总书记关于扶贫工作的重要论述为指引，以精准扶贫精准脱贫为基本方略的国家贫困治理体系的精准性和有效性，得到了实践的证明和检验。兰考成功实现整县脱贫，源于科学的指导思想和顶层设计，源于兰考因地制宜贯彻精准扶贫精准脱贫的基本方略，源于兰考在脱贫攻坚过程中坚持正确的思想认识和政治站位，形成了科学合理的政策体系、方法体系、治理体系建设，源于兰考全体干部群众的团结奋斗。

从中国扶贫理论建设和全球减贫事业发展的学理层面审视兰考经验，便会发现，兰考脱贫摘帽的成功经验，显示了中国特色减贫道路的强大效能与生命力。在习近平总书记关于扶贫工作的重要论述指引下，中国贫困治理在指导思想、政策体系、治理体系等方面的诸多重大创新创造，为解答全球贫困治理领域众多基础性问题提供了中国方案。以贫困瞄准为例，以兰考为样本，新时期中国精准扶贫精准脱贫的治理体系实现了贫困识别、政策瞄准的“中国奇迹”。按照国际通行的识别方法（主要有家计调查和参与式财富评估），所能达到的贫困识别精度都只有 60% 左右，而中国的精准识别，稳定地实现了贫困识别精度超过 90%。其中的体制机制及其背后的深层理论逻辑，值得深入总结，伟大的实践必将为重要的理论突破贡献经验。再如，实现精细化的减贫作业，提升减贫政策干预对贫困人口需求的回应能力，一直是减贫研究领域的基本问题，更是世界性难题。而中国在脱贫攻坚阶段形成的经验，则有效地解答了这一问题。特别是当我们跳出经验视域的局限性，整体性地看到中国贫困治理道路，就会发现“二战”以来发展中国家摆脱贫困的探索，西方主导的现代化理论无法提供有效答案，而中国的成功无疑贡献了值得借鉴的经验。

第一章 兰考摆脱贫困案例概述

消除贫困、改善民生、逐步实现共同富裕，是社会主义的本质要求，是我们党的重要使命。

——习近平《在中央扶贫开发工作会议上的讲话》

2015 年 11 月 27 日至 28 日

2017 年 3 月，兰考县和井冈山市实现整县脱贫。这意味着自 20 世纪 80 年代中后期，国家开启有组织推进的扶贫开发事业以来，中国贫困县的数量第一次实现了净减少，中国与贫困做斗争的历史翻开了崭新的一页。兰考等县市顺利实现脱贫摘帽，充分证明了党的十八大以来以习近平同志为核心的党中央关于打赢脱贫攻坚战决策部署的正确性，充分证明了习近平总书记关于扶贫工作的重要论述，以及在这些重要论述指引下不断优化与完善的国家贫困治理体系具有很强的科学性和有效性，极大地鼓舞了全国其他贫困县打赢脱贫攻坚战的决心与信心。深入总结兰考县脱贫摘帽的主要做法和基本经验，无疑对其他贫困县加快脱贫摘帽进程、确保脱贫摘帽质量具有重要的实践意义。此外，兰考县在成功实现脱贫摘帽以后，坚持思想上不松懈、政策上不松劲，深入研究和部署脱贫摘帽后巩固、转化和提升脱贫成果相关工作，在建立稳定脱贫长效机制，促进脱贫攻坚与乡村振兴有效衔接领域形成了重要的经验，这些经验和做法对其他“摘帽县”具有重要的借鉴意义。还应看到，以兰考经验为蓝本，从实证角度研究习近平总书记关于扶贫工作重要论述的生动实践及其显著成效，对推动扶贫开发的理论创新和实践创新同样具有重要的启示意义。

本章聚焦于整体性介绍兰考脱贫摘帽的过程与经验，包括三个大的板块：一是介绍兰考县域贫困问题的特点及脱贫攻坚阶段面临的形势与挑战；二是概述兰考推动县域脱贫攻坚的主要做法与经验；三是总体性呈现兰考脱贫攻坚期间的投入与成效。

一、兰考之问：理解兰考的贫困问题

兰考具有悠久的建城历史。据历史学家考证，兰考其地在春秋时为户牖邑，秦大一统以后，在全国推行郡县制度，于县北置济阳县，此为兰考建县之始。公元前 5 年，东汉光武帝刘秀生于县北济阳宫。公元前 9 年，改东昏县为东明县。1218 年，东明县城被废为通安堡，新县城迁至黄河之北冤句县旧地。1232 年，以黄河之南地析置为兰阳县、仪封县两县。1783 年 3 月，考城县县城首次迁至兰阳县境内。1825 年，仪封县并入兰阳县，称“兰仪县”，仪封以乡隶之。1909 年，为避溥仪帝讳，改“兰仪县”为“兰封县”。1954 年 6 月，兰封县与考城县西部合并，以二县首字为名，称兰考县。

历史上，兰考百姓饱受战乱[①]、水患[②]、风沙[③]、盐碱[④]之苦，常常食不果腹，过着颠沛流离的生活。新中国成立以后，中国共产党领导兰考人民战“三害”、促生产，谱写了一部可歌可泣的奋斗史，形成了不朽的焦裕禄精神。在焦裕禄书记带领下，经过不懈努力，兰考战胜了风沙、内涝、盐碱“三害”。从区位条件来讲，兰考县地处豫东平原，北依黄河，东临山东，位于九曲黄河最后一道弯，郑州、商丘、菏泽三市的中心地带，是河南通往山东半岛的重要门户，是河南“一极两圈三层”中“半小时交通圈”的重要组成部分。从地理位置来讲，可谓中原要津。但长期以来，兰考县受自然地理条件、灾害等多重因素的限制和整个区域发展环境的影响，经济社会发展水平较低，始终未摆脱欠发达的局面。

兰考县全县下辖 13 个乡镇、3 个街道，454 个行政村（社区），总面积 1116 平方公里，总人口 85 万，其中农村人口 77.29 万。2002 年兰考县被列为国家扶贫开发工作重点县，当时全县有 8 个贫困乡，160 个贫困村，13.2 万贫困人口。2011 年被确定为大别山连片特困地区重点县时，全县还有 131 个贫困村，11 万贫困人口。据兰考县 2013 年政府工作报告，兰考县 2012 年全县人均 GDP 为 25235 元，列全省第 50 位，农民人均纯收入 5984 元，列全省第 90 位。

---

① 兰考地处中原腹地，兵家有云，得中原者得天下，因而历来为兵家必争之地。据考证，兰考在历史上有据可查的战争多达 1500 次，与兵祸、灾荒相伴的匪患则更是不可计数。

② 兰考县位于九曲黄河的最后一道弯，千百年来，黄河既滋养了兰考儿女，也不断侵袭百姓生活。据文献记载，截至新中国成立，黄河在兰考境内决口达 143 次，其中大的改道 8 次。每一次黄河决堤，都有无数的百姓被洪水卷走，他们的房屋、土地、财产被毁坏一空；每一次黄河决口，都是兰考人民的灭顶之灾。《兰考县志》载：“每逢夏秋，城郭淹没，县治屡屡被迫搬迁，民鲜定居地。”

③ 因地处西伯利亚冷空气南侵通道的咽喉地带，冬春多 8 级以上大风，强风卷走了土壤中的细微颗粒，留下了沙粒，沙粒积聚成活动性沙地与沙丘。

④ 黄河冲积平原位于季风气候区，夏秋多暴雨，而黄河故道一带地形复杂，遍布沟槽、丘岗、堤坝与沙丘，雨水排泄不畅，形成诸多洼涝地带。因黄河侧渗与地势低下，兰考境内当时地下水位埋藏较浅，半干旱性气候下蒸发量远大于降水量，旱季盐分向土壤表层上移，形成盐渍化灾害，兰考逐渐变成了沙、涝、碱肆虐的重灾区。

2014年4月，根据国务院扶贫办统一部署，兰考县启动了对全县贫困村和贫困户的“建档立卡”工作，以此“摸清底数”，为后续的政策扶持提供决策依据。“建档立卡”共识别出贫困村115个，贫困人口7.7万人，其中非贫困村贫困人口占三分之一。[①]其中：因病致贫8585户22996人，占比40.6%；因缺资金致贫5317户18439人，占比25.2%；因缺技术致贫3293户12007人，占比15.6%；因缺劳力致贫1447户3121人，占比6.9%；因残致贫1244户3394人，占比5.9%；因学致贫1089户4446人，占比5.2%；因灾致贫148户526人，占比0.6%。按贫困户属性统计：一般贫困户13374户45910人，占比63.3%；低保贫困户5975户16982人，占比28.3%；五保贫困户1774户2037人，占比8.4%。按劳动技能统计，其中普通劳动力36275人，技能劳动力301人，丧失劳动力4484人，无劳动力23869人。这一系列的数字，对于兰考人民来说，都是沉甸甸的，“兰考之问”拷问着每一个兰考党员干部的心：“守着焦裕禄精神50年了，为什么兰考的贫困仍然没有根本改观？”

围绕着如何准确认识兰考县域贫困与发展的形势与特点，县委、县政府密集调研、分析研讨，发现兰考的贫困存在着多重短板因素。一是农业基础设施薄弱。农田水利设施建设标准低，配套能力差，抵御自然灾害的能力不强；农村电网配套设施不完善，供电不足；公路网络化程度低，等级差。二是工业化程度低。工业基础薄弱，缺乏大项目支撑，主导产业不突出，农民持续增收能力差。三是城镇化水平不高。村镇规划滞后，农村道路、排水、环卫、绿化亮化等基础设施亟待完善，城镇综合功能有待改善。四是农村社会事业发展滞后。义务教育基础设施落后，师资力量匮乏，教学条件简陋；农村卫生设施条件差，缺乏高水平

① 兰考县扶贫办：《兰考县基本情况》，2017年6月收集。

的医务人员，不能满足群众就医需要；城乡社会保障水平低。五是贫困人口致富能力差。县域贫困人口大都文化基础差，自我发展能力弱，无产业基础，想发展项目，又缺乏启动资金，贷款信誉度又较低，贷款困难，致富能力不强。

从学理层面来看，兰考县的贫困问题是中原地区农业贫困县的典型代表，存在类似减贫与发展难题的，还包括豫鲁两省交界地带的开封、菏泽、商丘等一些县市。中原地区多农业贫困县，人口众多，县域经济以农业为主，并且粮食作物生产占据主导地位，农业商品化程度较低；与此同时，由于地理区位原因，这些县市远离区域经济中心，公路铁路交通较为不便，因而区域发展存在较高成本；工业和服务业占比不高，因而所能提供的非农就业岗位较为有限；此外，由于县域经济不活跃，财政自给度低，转移支付占据县域财政支出比重高，因而基础设施和公共服务投入能力较为有限。

另外，近年来中部地区农业贫困县的发展环境有了较大程度的改善，迎来了推动县域经济社会发展的重要战略机遇期。主要表现在如下几个方面：其一，2000 年以来，国家密集部署了一系列推动中西部地区发展的重大战略，这些战略的实施，快速改善了中部地区农业贫困县发展的基础设施环境。其二，随着沿海地区产业向中西部地区转移，中部地区一些县市在承接产业转移过程中推动县域经济发展正处在历史性的机遇期。其三，在新一轮城乡工农关系调整过程中，国家持续加大对农业农村领域的政策扶持，并积极引导城市工商业资本、金融资本向农业农村领域倾斜，特别是党的十八大以来，以习近平同志为核心的党中央高度重视打赢脱贫攻坚战，动员全党全社会以前所未有的力度推进，这为中部地区农业贫困县“一揽子”解决绝对贫困问题，推动县域经济可持续发展内生动力形成，提供了有力的保障和支撑。

总之，在脱贫攻坚的时代背景下，兰考迎来了解决贫困问题，实现县域经济社会快速发展的难得历史机遇。如何利用好发展机遇，按照习近平总书记关于扶贫工作重要论述的指引，将其转化为实实在在的减贫成果，是解答“兰考之问”的首要问题。2014年，习近平总书记把兰考县作为第二批党的群众路线教育实践活动联系点，兰考县委、县政府向习近平总书记立下了“三年脱贫、七年小康”的军令状。三年间，兰考县深入学习贯彻习近平新时代中国特色社会主义思想，深刻领会和实践习近平总书记关于扶贫工作的重要论述，务实践行习近平总书记2014年3月18日在兰考县委常委扩大会议上的重要讲话精神，坚持精准扶贫精准脱贫基本方略，结合县域发展实际，按照“六个精准、五个一批”的原则，解决好“四个问题”，脱贫攻坚成效显著。

二、兰考脱贫攻坚的投入与成效

按照习近平总书记关于扶贫工作重要论述的指引，兰考县凝心聚力有序推动脱贫攻坚，赢得了县域脱贫攻坚战的胜利，在全国范围内率先实现了脱贫。下面我们结合调研过程中收集的资料，概括性地呈现兰考县在脱贫攻坚阶段的各类扶贫资源的投入、投向与成效。

（一）兰考脱贫攻坚期间的投入与投向

如期高质量打赢脱贫攻坚战，需要建立与脱贫任务相适应的投入体系，解决好资金和资源的问题，同时要按照“五个一批”的方法，因地制宜精准施策，合理安排资金和项目，让各项投入发挥最大的效益和效能。按照《中共中央　国务院关于打赢脱贫攻坚战的决定》，近年来中央财政扶贫资金逐年增长，各行业各部门也纷纷根据自身扶贫任务要求，加大了资金保障力度。同时，通过进一步扩大县一级整合涉农资金的范围和权限，增强了县级统筹安排资金和项目的能力。这些举措为各县结合地方减贫与发展实际需求，开展好精准扶贫各项工作提供了有力的制度保障。

据统计，2013 年，兰考县投入财政扶贫资金 2774 万元。其中，中央和省级资金 2609 万元，县级资金 165 万元，主要用于整村推进、科技扶贫、种养殖等产业扶贫及“雨露计划”等几个方面。其中用于村内道路修建资金 1343.2 万元，完成道路修建 48.9 千米，146020 平方米；用于葡萄、生猪等种养殖项目资金 645.8 万元，扶持贫困户 2849 户；雨露计划资金共投入 735 万元，培训 7476 人，改革试点补助学生 2206 人。2014 年，各类扶贫资金总量达到 6117 万元，其中中央和省级资金 5956.7 万元，县级资金 160 万元。主要投向包括村内道路、农田水利项目等基础设施建设资金 3480 万元；到户增收项目、小额扶贫贴息贷款项目、产业化扶贫贴息贷款项目、肉鸭养殖项目等 1328 万元；技能培训和科技扶贫项目 1172 万元。2015 年，兰考县累计投入各类资金 14025 万元，其中，中央和省级资金 8840 万元，县级资金 5185 万元。主要投向为：整村推进村基础设施建设项目 5640 万元；小额信贷担保资金 1000 万元；“三位一体”风险补偿金 2000 万元；小额信贷贴息及产业扶贫项目 4449 万元。

2016—2018 年，兰考县累计投入扶贫资金 8.33 亿元，其中专项扶贫资金 4.15 亿元、行业扶贫资金 3.20 亿元、社会扶贫资金 1.98 亿元，受益群众 58.7 万人次，其中建档立卡户 25.9 万人次。按年度来算，2016 年 7 月，兰考县被定为涉农整合试点县，全县整合扶贫资金 26787 万元，其中，扶贫专项资金 5959 万元，整合行业部门中央、省级资金 20828 万元。共对接 125 个项目，基础设施类 64 个，安排资金 10201 万元，公共服务保障补助类 11 个，安排资金 8781 万元；产业发展类 50 个，安排资金 7803 万元。2017 年，全县扶贫资金 23168 万元，其中扶贫专项资金 5627

万元，整合行业部门中央、省级资金 14672 万元，县级安排 2869 万元。共对接 158 个项目。资金投向主要为：基础设施类项目 64 个，安排资金 14023 万元；公共服务保障补助类 17 个，安排资金 4122 万元；产业发展类 77 个，安排资金 5023 万元。2018 年，兰考县扶贫资金达到 44833 万元，其中，扶贫专项资金 5031 万元，整合行业部门中央、省级资金 33812 万元，县级安排 5990 万元。共对接 164 个项目。资金投向主要为：基础设施类项目 78 个，安排资金 22354 万元；公共服务保障补助类 15 个，安排资金 4917 万元；产业发展类 71 个，安排资金 17562 万元。

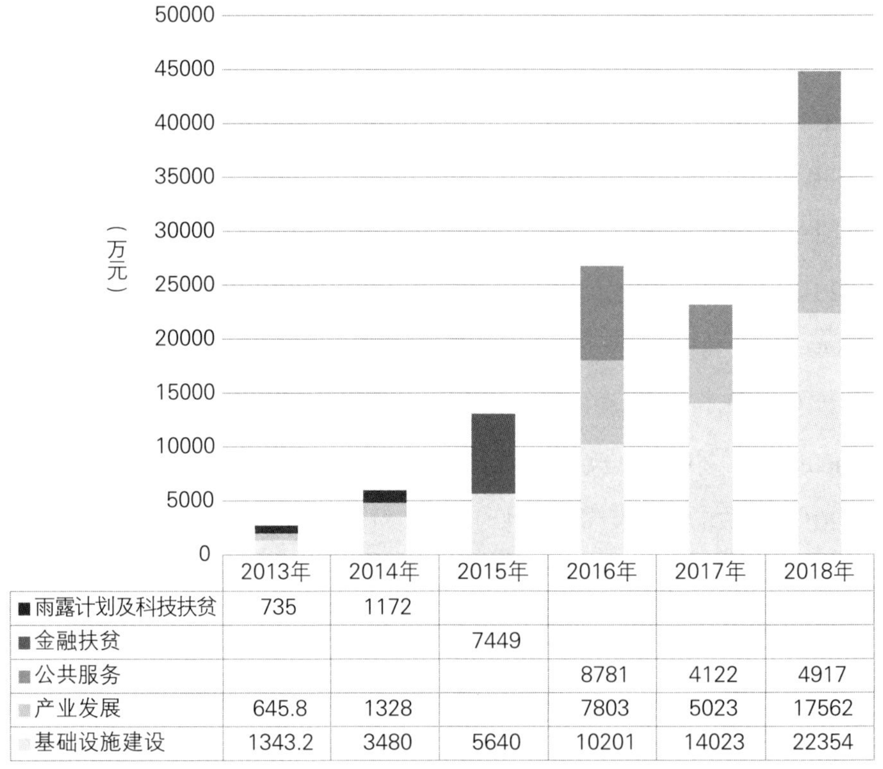

	2013年	2014年	2015年	2016年	2017年	2018年
雨露计划及科技扶贫	735	1172				
金融扶贫			7449			
公共服务				8781	4122	4917
产业发展	645.8	1328		7803	5023	17562
基础设施建设	1343.2	3480	5640	10201	14023	22354

图 1–1　2013—2018 年兰考县扶贫资金投向

根据 2013—2018 年投入数据汇总，我们发现，六年间兰考县累计投入各类扶贫资金 11.66 亿元，其中基础设施投入 5.7 亿元，产业发展投入 3.24 亿元，公共服务建设投入 1.78 亿元，金融扶贫投入 0.745 亿元；雨露计划科技扶贫等投入约 0.19 亿元。

表 1–1 2013—2018 年兰考县扶贫资金投向

单位：万元

年份	基础设施建设	产业发展	公共服务	金融扶贫	雨露计划及科技扶贫
2013 年	1343.2	645.8			735
2014 年	3480	1328			1172
2015 年	5640			7449	
2016 年	10201	7803	8781		
2017 年	14023	5023	4122		
2018 年	22354	17562	4917		
合计	57041.2	32361.8	17820	7449	1907

脱贫摘帽后，兰考县坚持脱贫不脱政策，认真落实中央、省扶贫政策和县级制定的 12 项扶贫措施、“三保障、五政策”，进一步加大对已脱贫户、一般贫困户、兜底户的政策保障力度，为稳定脱贫奔小康工作提供坚实政策保障。一是教育保障方面。认真落实国家、省和县级制定的有关教育资助政策，构建完善的高中贫困救助体系。高中免学费、免住宿费共计 4746 万元；帮助孩子们树立正确的世界观、人生观和价值观，改善孩子们的学习条件，进一步增强贫困学生努力学习改变家庭贫困面貌的信心。二是医疗保障方面。三年来，兰考县安排医疗救助资金 3785 万元。围绕贫困人口先诊疗后付费，县内 23 家医疗机构全面实施了先诊疗后付费和“一站式”结算服务，同时加强政策宣传教育和督导检查，确保先诊疗后付费和“一站式”结算落到实处，解决群众看病难问题。三是兜底保障方

面。按照扶贫标准线和“低保”标准线“两线合一”的要求，将丧失劳动能力、无法通过产业扶持和就业帮助等手段实现自主脱贫的贫困家庭全部纳入农村低保，做到应保尽保、动态管理。2016 年以来，累计发放兜底户临时救助资金 1882 万元，保障贫困人口的基本生活水平。四是强化就业创业方面。通过建立劳动力信息库，开展雨露计划技能培训和劳务推介及补助等措施，拓宽不同年龄阶段贫困人群的就业渠道。带动贫困劳动力 18882 人就近就地就业、安排贫困人员公益性岗位 426 人。通过返乡创业特色园区和专业村创建专项行动等，带动贫困劳动力 2924 人创业，支持有产业发展能力的群众发展产业，帮助没有产业发展能力的群众在产业发展中稳定就业，鼓励没有稳定就业能力的群众自强自立、勤劳增收。五是推进危房改造方面。农村的危房改造补贴是国家对农民的特殊照顾，也是农民确应享受的福利，更是农民能够安居乐业的最基本保证。2018 年共发放危房改造资金 820 万元，使 533 户农户享受到政策红利。六是发展产业支持脱贫方面。发展产业是脱贫奔小康的主要通道之一，为此，县委、县政府高度重视，对兰考县大棚蜜瓜、蔬菜大棚、经济林、红薯、花生产业进行大力支持，以此来带动贫困户增收，三年来共投入 30388 万元。

（二）脱贫攻坚取得的成效

经过不懈的努力，兰考于 2017 年实现整县脱贫。三年间，累计 7 万余人脱贫，其中 2014 年脱贫 5063 户 19360 人，2015 年脱贫 10843 户 37556 人，2016 年脱贫 5310 户 12675 人。历经三年脱贫攻坚，兰考县域内贫困农村发展的短板迅速补齐，内生动力初步形成。国务院扶贫开发领导小组向河南省扶贫开发领导小组反馈兰考县退出专项评估结果显示，抽样群众认可度达 98.96%，综合测算贫困发生率 1.27%。河南省 2017 年 2 月 27 日批准兰考县退出贫困县序列，2017 年 3 月 27 日正式宣布兰考县脱贫摘帽。

表 1-2　兰考县 2014—2016 年脱贫户数、人数

年份	脱贫户数	脱贫人数
2014	5063	19360
2015	10843	37556
2016	5310	12675

兰考在脱贫攻坚过程中，践行精准扶贫方略，各项政策部署紧扣建档立卡贫困人口脱贫增收的主题，取得了真实有效的脱贫成果。在家居制造及木制品加工产业方面，谋划建设了恒大家居联盟产业园、中部家居产业园等，带动就业 29051 人，其中建档立卡人口 9254 人，户均增收 1.8 万元。在食品及农副产品深加工产业方面，发展鸡、鸭、牛、羊、驴、饲草“5+1”畜牧产业，带动 5654 户贫困户脱贫；发展兰考蜜瓜种植，带动建档立卡贫困户 7028 户，户均年增收 0.8 万元。在战略性新兴产业方面，创建国家级循环经济产业园、兰考科技园和新能源推广示范园，带动 13600 人就业，其中建档立卡人口 4160 人。通过优先保障基础设施建设，投入资金 15098 万元，新修通村级公路 154.11 公里，硬化村内道路 29.9 万平方米。完成了第一批 36 个美丽乡村示范村建设任务，全面推进第二批 206 个美丽乡村建设。积极推进乡风文明建设，开展“文明村”“星级文明户”“好媳妇”“好公婆”等评选，激励群众向上向善，孝老爱亲；积极推进“三捐”活动。评选“乡风文明村”10 个、“星级文明户”1.2 万户，评选“好媳妇”“好公婆”等 60 人。在公共服务方面，坚持办好人民满意教育。完成 60 所中小学校“改薄”工程、14 所义务教育标准化学校建设。投资 6000 万元改善城区中小学校办学条件，新增学位 4800 个。投资 3.8 亿元建成的新一高投入使用；县财政列支教育扶贫资

金 3037.79 万元，资助建档立卡学生 14151 人次。大力发展医疗卫生事业。2016 年以来，全县累计发放贫困群众医疗救助资金 2576.40 万元，惠及救助对象 12.8736 万人次。为建档立卡群众 30368 人减轻医疗负担，共节省医疗费用 586 万元。不断提升社会保障水平。投资 1200 万元对 6 所乡镇敬老院实施综合改造，投入 716.364 万元为建档立卡贫困人口补交医疗保险 104932 人次；投入 5347.2 万元为建档立卡贫困人口办理低保 15690 人；加大残疾人救助力度，为 23736 名残疾人发放残疾人补贴 1639.808 万元。

表 1–3　兰考县脱贫攻坚各项投入成效

1. 产业发展	成效
家居制造及木制品加工	带动就业 29051 人，其中建档立卡贫困人口 9254 人，户均增收 1.8 万元
“5+1” 畜牧产业	带动 5654 户贫困户脱贫
兰考蜜瓜	带动建档立卡贫困户 7028 户，户均年增收 0.8 万元
循环经济园、科技园	带动 13600 人就业，其中建档立卡人口 4160 人
2. 基础设施	**成效**
新修通村级公路	154.11 公里
硬化村内道路	29.9 万平方米
美丽乡村示范村建设	242 个村
3. 乡风文明建设	**成效**
“乡风文明村”	10 个
“星级文明户”	1.2 万户
“好媳妇”“好公婆”	60 人
4. 公共服务	**成效**
“改薄” 工程	60 所
义务教育标准化学校建设	14 所
新增学位	4800 个

续表

资助建档立卡学生	14151 人次
医疗救助	资金 2576.40 万元，惠及救助对象 12.8736 万人次
医疗保险	为建档立卡群众 30368 人减轻医疗负担，共节省医疗费用 586 万元
乡镇敬老院综合改造	6 所
为贫困人口补办医疗保险	投入 716.364 万元为建档立卡贫困人口补交医疗保险 104932 人次
为贫困人口办理低保	投入 5347.2 万元为建档立卡贫困人口办理低保 15690 人
残疾人救助	为 23736 名残疾人发放残疾人补贴 1639.808 万元

此外，兰考在脱贫攻坚过程中，以行动树风向。建立县级干部联系贫困村制度，每周至少住村 1 夜，各行业扶贫单位一把手坚持驻村入户，发现问题及时纠正，增强了各级干部的责任担当意识。以奉献赢民心。驻村工作队严格执行“五天四夜”工作制度，通过拉家常、聊农事，拉近与群众的距离；采取宣讲会、编顺口溜、有奖竞答等多种宣传形式，落实党的精准扶贫、精准脱贫政策，培育壮大特色产业，增加群众收入，实现稳定脱贫。

（三）脱贫攻坚的多方面成果

从兰考县脱贫摘帽的经验来看，脱贫成果是多层面的，其直接成果体现为高质量完成了中央关于县域脱贫攻坚的总体目标，为全面建成小康社会补齐了“突出短板”。其间的成果则体现为：在脱贫攻坚过程中，县域经济社会发展面貌显著改善，后续发展有了良好基础；探索出了一套科学、高效的县域治理体系，县域治理能力显著提升；党的基层组织凝聚力、战斗力明显增强，党的执政基础更加稳固。

首先，实现了中央关于县域脱贫攻坚的总体目标，为全面建成小康社会补齐了“突出短板”。全面建成小康社会，最艰巨的任务在农村，特别是农村贫困地区，打赢脱贫攻坚战是补齐全面建成小康社会“突出短板”的重大战略部署。2016年11月，《中共中央　国务院关于打赢脱贫攻坚战的决定》发布，明确了脱贫攻坚的总体目标。经过不懈努力，已脱贫摘帽县实现了脱贫攻坚的各项预期目标，贫困人口实现了“两不愁三保障”的目标，县域内特别是县域贫困村的基础设施、基本公共服务明显改善，自我发展能力初步形成，各项指标明显提升，为全面建成小康社会补齐了“突出短板”。

其次，在脱贫攻坚过程中，县域经济社会发展面貌显著改善，后续发展有了良好基础。脱贫攻坚是一项综合性的系统工程，在县域层面，以脱贫攻坚统揽经济社会发展全局是总的方法和有效路径。随着脱贫攻坚各项政策部署落地，县域产业体系、城镇化体系初步形成，教育、医疗等各项民生事业取得了长足发展，县域发展的软硬件条件有了较大改善，这无疑为脱贫摘帽县抢抓新一轮发展机遇奠定了较好基础。

再次，探索出一套县域治理的有效模式。实现脱贫摘帽的过程，也是贫困县全面深化县域各领域改革，推进县域治理体系和治理能力现代化的过程。围绕着脱贫攻坚目标的实现，一些长期困扰县域治理的难点问题有了针对性的解决方案，县域各项政策之间、各部门之间的协同性显著增强，政策执行的“最后一公里”问题得以有效克服。我们看到经过脱贫攻坚的密集改革创新，兰考县的县域治理体系不断完善，治理能力有了大幅提升。

最后，党的基层组织凝聚力、战斗力显著增强，党的执政基础更加稳固。一方面，党对扶贫开发工作的领导是我国国家贫困治理体系最为突出的特点，也是最大的政治优势。在县域脱贫攻坚过程中，以党建促脱贫领域“党政双主官任组长”“五级书记一起抓扶贫”、驻村工作队和第一书记、基层组织建设和集体经济发展、作风建设等制度安排，为各项工作的有序开展、有力推进提供了强劲的政治保障和制度保障。同时，深入扎实地贯彻落实精准扶贫精准脱贫的基本方略，也是践行我党实事求是思想路线和“从群众中来到群众中去”工作路线的生动体现。另一方面，以脱贫攻坚为抓手，党的基层组织凝聚力、战斗力显著增强，随着各项政策举措落地，人民群众有了实实在在的获得感，增进了对党的领导和党的政策的认同。

三、兰考脱贫摘帽的主要做法与经验

党的十八大以来，以习近平同志为核心的党中央高度重视扶贫开发，习近平总书记亲自谋划、亲自发动、亲自挂帅全面建成小康社会背景下的脱贫攻坚战，多次就脱贫攻坚发表重要讲话，做出重要指示批示，形成了体系完整、逻辑严密、内涵丰富的关于扶贫工作的重要论述，为打赢脱贫攻坚战提供了根本遵循。习近平总书记关于扶贫工作的重要论述，深刻阐述了扶贫开发一系列重大问题，如如何认识打赢脱贫攻坚战的重大战略意义，如何认识新时期中国农村贫困问题，如何有效治理农村贫困问题，以及如何构建精准扶贫政策体系，例如何设计贫困治理体系等根本问题。习近平总书记多次强调，要以脱贫攻坚统揽经济社会发展全局，建立和完善“中央统筹、省负总责、市县抓落实”的扶贫开发管理体制，县级党委和政府承担主体责任，书记和县长是第一责任人，做好进度安排、项目落地、资金使用、人力调配、推进实施等工作。

县域是脱贫攻坚的“一线战场”，县一级需要结合中央脱贫攻坚的总体部署和县域扶贫开发工作实际，合理安排工作进度，统筹好人力、财力、政策、项目等各项资源，并具体组织各项工作有序开展。同时，县域脱贫攻坚直接面对老百姓，是具体的群众工作，人民群众能否从国家政策中有实实在在的获得感，是否在扶贫开发过程中增进对国家政策的认同和对执政党的真心拥护，很大程度上取决于县域脱贫攻坚工作做得是否扎实，是否有成效，是否扶到了点上、扶到了根上、扶到了心里。

（一）坚持习近平总书记关于扶贫工作重要论述的引领

理念是行动的先导，在科学认识的基础上，才能形成有效的行动。兰考县高度重视提升全县党政干部对脱贫攻坚战重大意义的认识和政治站位，加强理论学习，提升干部认识，建设脱贫攻坚思想体系，进而推动干部作风和能力建设等脱贫攻坚的基础性工作。在实践中，兰考坚持以脱贫攻坚统揽经济社会发展全局，着力践行精准扶贫精准脱贫基本方略，形成了完备的政策体系和保障体系，为赢得县域脱贫攻坚战的胜利提供了有力支撑。

1. 切实提高政治站位深刻认识脱贫攻坚的重大意义

兰考县委、县政府领导班子深入学习贯彻习近平新时代中国特色社会主义思想，特别是习近平总书记关于扶贫工作的重要论述。在学习过程中坚持“下足笨功夫”，县委和县政府班子在学习过程中，强调原原本本学、认认真真学，力求清晰把握内涵要义，形成正确和完整的认识。以县委领导班子学习《中共中央　国务院关于打赢脱贫攻坚战的决定》为例，县委书记带领县领导班子，从头到尾、逐字逐句认真学习体会，并且在学习过程中注重知识体系的延伸和扩展。

通过学习，兰考县党政干部对脱贫攻坚的时代背景和伟大意义有了更充分的认识和更深刻的理解。其一，我国 2001 年人均国民生产总值已经超过 7940 元（约合 945.6 美元），达到了总体小康水平。至 2012 年底，这一数据超过了40000元（约合6175美元），具备了全面建成小康社会的基础。但是，城乡之间的发展不平衡，农村地区特别是农村贫困地区发展不充分的问题，是制约全面建成小康社会，进而建成社会主义现代化强国的突出短板。打赢脱贫攻坚战，不仅事关全面建成小康社会的成色，关系人民群众对全面建成小康社会成果的认可，同时事关能否快速补齐制约贫困地区发展不充分的短板，为全面实施乡村振兴战略打下坚实基础。其二，新时期的扶贫形势发生了显著变化。突出表现在贫困人口的分布特征、致贫因素组合、潜在资源禀赋等诸方面。新时期农村贫困人口主要分布在14个连片特困地区，这些地区多具有自然地理条件的复杂性和经济社会文化的多元性特征，不同片区之间、片区内部不同地点之间、不同社区之间，虽然具有一定程度的共性致贫因素，但同样存在众多的差异。这就意味着有效的贫困治理，需要构建综合性、差异化的政策支持体系，以有效回应贫困社区和贫困户多元化的减贫与发展需求，补齐短板因素，激发内生动能。其三，人民日益增长的美好生活需要和不平衡不充分的发展之间的矛盾，已经上升为新时代中国社会的主要矛盾。通过实施脱贫攻坚战略，推进全面的乡村振兴战略，是解决发展不平衡不充分问题的重大战略举措。习近平总书记高度重视农村地区的发展，特别是农村贫困地区的减贫与发展，提出了“两个重中之重”的重要思想。打赢脱贫攻坚战，不仅是补齐全面建成小康社会“突出短板”的重大战略，也将为全面实施乡村振兴战略，实现城乡统筹，破解发展不平衡不充分问题打下坚实的基础。

上述认识，将全面建成小康社会背景下的脱贫攻坚战，置于执政党不忘初心、牢记使命的高度，置于新时期治国理政的全局高度，置于实现“两个一百年”奋斗目标的历史高度来理解，有效提升了全县从领导班子到干部群众对于脱贫攻坚时代背景和重大意义的认识，坚定了全县上下打赢脱贫攻坚战的决心和信心。

2. 以习近平总书记关于扶贫工作重要论述武装全县干部头脑

基层工作开展的好坏，干部是关键。凝聚县域脱贫攻坚合力，统一干部思想是基础。兰考县以多种形式带动全县干部提高认识，鼓励干部认真学习、主动学习，做到科学认识入心入脑。在精准扶贫工作初始阶段，基层干部面对精准的工作高要求、成倍增加的工作、不断叠加的政策举措，也出现了一定程度的不理解甚至抵触的情绪。随着县一级干部政治站位和思想认识水平的提升，为帮助科级干部统一认识，鼓舞干劲，形成合力，兰考县采取了多方面的举措。

一是利用党校干部教育阵地，开设脱贫攻坚专题党课。系统介绍了中国扶贫开发的历程、精准扶贫政策理念的缘起与政策体系的构成、打赢脱贫攻坚战的重大意义、兰考县域经济社会发展和贫困问题的现实情况、工作推进中遇到的难题，以及工作的重点和思路。专题党课帮助参训学员提升了对脱贫攻坚重大战略意义的认识，对县域精准扶贫的政策部署、治理体系、主要问题、工作重点等内容也有了全面的了解和认识。

二是以会代训，进一步提升认识水平，提高业务能力。以 2016 年为例，当年全县召开了 7 次“千人大会”，县乡村干部和驻村工作队员全部参加，针对脱贫攻坚各个阶段的工作任务，细化分工、明确责任，确保压力传导到位，工作落实到位。“千人大会”的目的不仅仅在于营造氛围，而是除了解决工作部署、传导压力之外，在“千人大会”上，县级决策部门还直接面向乡村两级干部、驻村工作队进行政策意图、政策要求、分工安排等方面的部署，取消了政策传达的中间链条，最大限度地避免了政策传达的“失真”。

三是发挥标兵示范带动作用，以先进带动后进。在全县驻村工作干部、乡村干部中评选出工作认真负责、工作成效显著且深得群众认可的

“标兵”，发挥“标兵”示范带动作用，为全县干部确立努力的方向和学习的榜样。

3. 精准扶贫实践与大学习良性互动

学习的目的是更好地指导实践；反过来，在精准扶贫实践过程中，理论学习阶段遇到的困惑得以澄清，学习到的理论和方法得以巩固和提高。精准扶贫是以政策为导向、以服务为导向的，是“实践着”的“以人民为中心”的发展。“以学习指导实践”，指的是通过提高各级干部的政治站位，深刻理解打赢脱贫攻坚战的重大意义，通过系统学习精准扶贫的政策理念和政策体系，指导县域各项工作有序开展。在每个时间节点上，在每个岗位上的工作人员，能够理解自身当前工作对于整个县域脱贫攻坚大局的作用与意义，能够在实践中有基本遵循，形成工作标准。

“以实践促进学习”包括两个方面的内涵：一是在实践中体认、巩固和深化对脱贫攻坚战略意义、对精准扶贫理论方法的认识；二是在各项工作开展过程中，遇到了困惑和疑难，通过进一步学习促进工作方式的优化和改善。特别是在实践过程中，各级干部通过科学运用精准扶贫的工作方法，感受到了国家精准扶贫政策体系和治理体系安排的科学性，感受到了老百姓实实在在的满意和认同。

总的来看，兰考县以习近平总书记关于扶贫工作重要论述为指引，通过全面深入的思想建设，全县各级干部对脱贫攻坚重大战略意义形成了科学认识，特别是在结合县情以及自身工作学习的过程中，对本县脱贫攻坚的现实挑战、思路方法逐步形成明确认识。这些思想体系建设，有效地提升了干部队伍的综合能力，特别是驻村干部对精准扶贫精准脱贫基本方略的理解。

（二）坚持以脱贫攻坚统揽经济社会发展全局

习近平总书记多次亲临兰考，与兰考的干部群众共商减贫与发展方略。2014 年 3 月 18 日，习近平总书记出席兰考县委常委扩大会议，发表重要讲话，特别是就县域治理做出了重要的指示。习近平总书记强调，兰考的减贫与发展，要实现“把强县和富民统一起来”，“把改革和发展结合起来”，“把城镇和乡村贯通起来”。习近平总书记这些重要论述和指示，为兰考县以脱贫攻坚统揽经济社会发展全局提供了科学指南。

近年来，随着中国经济发展模式的深度调整，沿海地区产业加速向中部地区转移，国家不断增加对农业农村的政策投入，这些为兰考县摆脱贫困奔小康提供了重大的发展机遇。如何抢抓发展机遇，谋划县域脱贫与发展，如何坚持好精准扶贫精准脱贫的基本方略，在脱贫攻坚进程中实现区域发展与精准扶贫相结合，是兰考在谋划县域脱贫攻坚过程中需要率先思考的问题。

兰考县充分认识到，以脱贫攻坚统揽经济社会发展全局，具有两个方面的意义：其一，确保时间节点打赢脱贫攻坚战是一项十分艰巨的任务，需要整合县域资源，有力推进；有效的贫困治理需要对贫困村和贫困人口的减贫与发展需求形成综合性的政策回应。因此，在县域内统筹专项扶贫、行业扶贫和社会扶贫的资源、政策，有利于形成综合性的政策支持体系，从而有效推动贫困治理。其二，县域的减贫与发展，需要统筹推进政治、经济、社会、文化和生态文明建设，需要贯彻创新、协调、开放、绿色、共享的新发展理念，需要在工作推进过程中坚持“四个全面”战略布局，从而实现以脱贫攻坚统揽经济社会发展全局，形成各领域工作系统化推进的局面。具体来说，兰考以脱贫攻坚统揽经济社会发展全局的实践主要体现在三个层面。

1. 统筹推进脱贫攻坚和县域发展

解决发展的不平衡不充分问题，是县域脱贫攻坚和经济社会发展的根本问题。其中产业体系建设是关键。在“五个一批”的政策体系中，产业扶贫是最为根本性的，扶产业才是扶根本。对于那些具备劳动能力的贫困人口，通过改善发展环境、形成政策支持体系，提升其发展能力，促进其积极参与县域发展，共享发展成果，实现稳定脱贫，这是打赢脱贫攻坚战的基本举措。

兰考的产业体系安排，生动体现了脱贫攻坚与县域经济发展之间的辩证关系。一方面，围绕着脱贫攻坚目标的实现，通过产业带动的方式促进贫困人口增收脱贫；另一方面，贫困农村地区劳动力、土地、资本等潜在的生产要素得以激活，结合技术创新的手段，劳动生产率得以提升，为应对经济下行压力，促进县域经济繁荣和产业体系进一步优化、完善提供了有力支撑。

总体而言，兰考的产业体系布局遵循三个方面的准则：一是坚持产业发展要能够带动贫困人口有效参与，促进其脱贫增收；二是产业体系安排要能够契合地方特色优势资源禀赋，符合国家的产业政策导向；三是产业体系发展要符合产业体系优化与完善的一般规律，补齐制约产业提质增效的短板。具体来说，兰考在深入研判外部发展环境和深耕地方特色资源、发展优势的基础上，摒弃盲目地承接沿海地区产业转移，确立了家居制造、食品加工和战略性新兴产业三大主导产业，坚持招大引强，突出龙头带动，不断培育壮大特色产业体系。经过不懈努力与探索，逐渐形成了城乡统筹、一二三产业融合发展的产业布局。

调研发现，各贫困村产业发展效果明显，特别是已经逐渐吸引外出务工人口回流；通过配套的技术培训，许多贫困户进入县城和乡镇务工；留守人口借助农村土地制度新一轮改革、普惠金融政策、产业扶贫政策等多重利好，发展家庭生产，拓展收入来源，实现了稳定脱贫。兰考以产业体系建设促进脱贫攻坚的规划布局，有效破解了区域发展和脱贫攻坚相结合的命题，有效促进了城乡统筹发展。产业体系吸纳劳动力能力强，对贫困人口发展生产的带动效应显著，注重通过制度改革强化产业发展与贫困人口的利益联结机制，较好地解决了产业扶贫的益贫性问题。在脱贫攻坚过程中，不仅贫困人口增收效应明显，而且县域产业链条更加完整，竞争力稳步提升，真正实现了“强县与富民”的统一。

2. 脱贫攻坚与新型城镇化有效结合

在县域脱贫攻坚过程中，城镇化对于带动贫困人口脱贫增收具有重要意义。从县域的范围讲，城镇化主要包括三个体系，即县城、中心乡镇和一般乡镇。城镇体系的空间结构与产业体系的空间结构有紧密的耦合关系，城镇发展是产业发展的延伸，对于产业发展也会起到促进作用。县域内城镇建设水平的高低，直接影响到地方产业发展水平和质量的提升，合理的产业布局与合理的城镇化推进模式，共同作用于县域可持续发展内生动能的成长。兰考的城镇化，体现了“将强县与富民统一起来”和“把城镇与乡村贯通起来”的理念与要求，中心城区产业聚集区布局了带动能力强的龙头企业，乡镇主要依据当地资源禀赋和发展优势，安排配套产业，并着力补齐乡镇基础设施短板，发挥其更好连接城市与农村，促使乡镇发挥连接区域市场、全国市场，贯通城乡的作用。城镇化与农业产业化同步发展，对农村贫困地区产生了较好的带动作用。一方面，农村贫困社区的各类生产要素得以在市场机制的配置下，提升效能，获得更多的经济效益；另一方面，城镇发展带来的非农就业，为贫困人口特别是中年农村留守人口提供了就业岗位和收入。

总体来说，兰考在谋划脱贫攻坚统揽经济社会发展全局的过程中，高度重视城镇化对脱贫攻坚促进作用的发挥。按照习近平总书记“把城镇和乡村贯通起来”的要求，坚持把城乡统筹发展与脱贫攻坚同步推进，形成了以中心城区为核心，以中心镇为重点，以一般乡镇为支点的新型城镇化发展思路。县域城镇化体系与县域产业体系发展的经济规律高度契合，在推进城镇化建设的过程中，有力地促进了产业体系对贫困人口脱贫增收的带动作用。经过不懈努力，兰考县城区面貌明显改观，得到了群众的广泛认可，为产业发展和招商引资提供了良好环境，吸纳了大量农村贫困人口进城安家落户，也为农村留守人员扩大生产规模、增加收入创造了更加有利的条件。中心镇建设，突出服务配套产业，带动贫困人口就业，服务农村分散种养殖业发展，为贫困农户就业、创业提供了有力支撑。

3. 补齐公共服务短板，织就农村社会安全网

从县域范围来看，优质公共服务资源向中心城区聚集，农村地区特别是农村贫困地区公共服务体系建设相对滞后，严重制约着贫困群体需求的有效回应。因此，习近平总书记提出对于困难群众要“格外关注、格外关爱、格外关心”。2015 年底，习近平总书记在中央扶贫开发工作会议上明确提出在精准扶贫过程中要解决好四个问题。在回答“怎么扶”的问题时，习近平总书记提出要坚持“五个一批”的减贫战略，其中发展教育脱贫一批、社会保障兜底一批和易地扶贫搬迁脱贫一批等内容，都涉及补齐公共服务短板的要求。兰考县着力推进兜底保障式扶贫工作，特别是重视教育扶贫和健康扶贫的工作。三年脱贫攻坚期间，教育、医疗卫生的公共服务短板快速补齐，基层教育、医疗机构的服务能力显著增强，有效地解决了贫困人口因病致贫、因病返贫和因学致贫的问题，为阻断贫困的代际传递发挥了重要作用。兜底保障体系不断完善，特殊困难群体的供养和服务水平明显提高。

（三）践行“精准方略”构建“三级精准”政策体系

贫困的成因具有综合性和复杂性的特征。有效的贫困治理，意味着避免资源错配，增进国家减贫政策供给对于贫困社区和贫困农户差异化需求的回应能力。在习近平总书记关于扶贫工作重要论述指引下，新一轮国家贫困治理体系在顶层设计层面破解了长期制约国家减贫行动中的“资源错配”问题。一方面，加强中央层面的统筹协调，按照“五个一批”的工作思路，各行业扶贫部门陆续推出了一系列重大政策举措，从基础设施、公共服务、基层组织、产业体系等方面，形成全方位的综合性政策支持体系。另一方面，通过实施“四到县”的改革，赋予县一级结合县域减贫与发展的实际情况，因地制宜安排项目、安排资金的权限。上述体制机制创新的安排，为提升国家贫困治理的精细化程度提供了有力支撑。

兰考在县级“精准扶贫”政策体系落实中体现了“三级精准”的理念：一是把国家和省一级的政策落实到位。党的十八大以来，中央层面“精准扶贫”的政策体系逐步完善，内容涉及“精准扶贫”的战略意义、目标体系、专业扶贫、行业扶贫、社会扶贫、重点领域、改革措施、工作方法等多方面的内容。省一级根据中央的总体部署，结合省域脱贫攻坚工作特点出台了“一揽子”政策文件，将中央和省一级的各项政策结合县域实际细化部署、分工协作，是县域“精准扶贫”工作的基本内容。二是因地制宜出台落实举措。兰考县根据县域脱贫攻坚的形势与特点，谋划出台一批有针对性的政策，特别是以问题为导向，破解县域精准扶贫工作开展所面临的难题，这是兰考谋划的“第二级精准”。三是对特殊困难家庭、重点户、难点户，形成“一对一”的帮扶。从公共政策的一般原理来看，行政层级越高，制定的政策往往越倾向于解决普遍性问题，基层工作除了细化落实上级政府的各项改革、各项政策，还需要应对实际工作中遇到的各种“特殊案例”。以医疗保障为例，目前农村医疗保障体系逐渐形成了以新型农村合作医疗制度为基础，以医疗保险和医疗救助为补充的三层保障体系，对于大多数群体健康需求的保障能够发挥较好的作用，但个别案例中，既有的保障体系可能难以有效“兜底”，就需要因地制宜地做出“精准”的回应。再如，在精准识别过程中，虽然已建立一整套规范的技术手段和操作规程来保障识别精准，但现实中仍然会遇到政策安排难以和实际情况有效对应的现象，通过“一对一”的精准帮扶来解决这样一些问题，就成为必然的要求。而恰恰是在这些细微之处，体现出“执政为民”的情怀与担当，体现出“以人民为中心”的发展理念。

（四）下足“绣花”功夫，解决好“四个问题”

精准扶贫工作重要论述是习近平总书记关于扶贫工作重要论述的核心内容。精准扶贫精准脱贫的基本方略内涵丰富，对于打赢县域脱贫攻坚战具有很强的指导意义。坚持精准扶贫精准脱贫方略，就是要坚持做到“六个精准”，实施“五个一批”分类施策脱贫路径，解决好“扶持谁、谁来扶、怎么扶、如何退”这样“四个问题”。

1. 精准识别解决好“扶持谁”的问题

长期以来，贫困人口底数不清、情况不明，是制约国家减贫干预精细化、精准化程度提升的根本问题。解决好“扶持谁”的问题，找准贫困人口，掌握减贫与发展需求，并在此基础上形成科学合理的扶持方案，是精准扶贫精准脱贫基本方略的要义所在。2014 年，被誉为精准扶贫“一号工程”的“建档立卡”工作在全国范围内铺开。按照“建档立卡”的工作要求，县级层面的“精准识别”，需要严格按照国家贫困标准，结合地方贫困实际，形成具体的识别方案。从各地经验来看，贫困识别是否科学、规范，很大程度上决定了老百姓对精准扶贫工作的认可与满意。

兰考县高度重视“精准识别”工作，制定《兰考县扶贫开发建档立卡工作实施方案》，坚持实事求是原则，以农户收入为基本依据，统筹考虑住房、教育、医疗等情况，按照农户申请、民主评议、公示公告和逐级审核的方式，整户识别、精准到户，建档立卡。[①] 经过第一轮识别，全县共识别出贫困村 115 个，贫困人口 7.7 万人。与全国各地的情形比较类似，由于第一轮识别过程中经验积累不足，干部认识能力和工作能力不强，识别的准确度并不理想。为此，兰考县严格按照国家、河南省关于建档立卡贫困人口的标准条件，采取“四议两公开”的方法，对全县的贫困人口先后开展多次精准再识别。本着实事求是、有错必纠的态度，结合“两不愁三保障”的要求，坚持“应进则进，应出尽出，应纠必纠”的原则，逐村、逐户、逐人“过筛子”，集中将精准识别结果及时录入贫困户建档立卡信息系统，同步建立“一户一档”，为实现精准脱贫奠定基础。此外，兰考县自我加压，县委县政府督查局组织 170 余人，对全县建档立卡贫困户精准度进行暗访式、网格式、地毯式督查，对脱贫攻坚工作边督查整改边反馈交办，并对整改情况进行“回头看”，确保精准识别工作实效。[②]

2. 强化驻村帮扶解决好“谁来扶”的问题

国家精准扶贫的各项支持举措，如何有效传递到贫困村和贫困农户，从而切实保证“两不愁三保障”的目标实现，是精准扶贫取得实效的关键。从既往的扶贫开发实践来看，在政策资源传递过程中，出现了一定程度的偏差现象，研究者发现“精英俘获”的现象较为普遍。为了更为有效、精准地传递各类国家政策资源，解决好“谁来扶”的问题至关重要。

按照中央层面的顶层设计，兰考县在全县后备干部队伍中，遴选驻村工作队，选配第一书记。2014 年，兰考县成立驻村扶贫工作领导小组，

---

① 兰考县扶贫办：《干字当头、精准发力，全面加快脱贫致富奔小康步伐》，内部资料。

② 兰考县扶贫办：《抓好精准识别，着力解决“扶持谁”的问题》，内部资料。

实行县级领导分包乡镇（街道），科级干部当队长、科级后备干部当队员的驻村帮扶机制。2015 年，对 115 个驻村扶贫工作队进行充实调整，在全县范围内抽调 345 名后备干部和优秀干部派驻到 115 个贫困村，同时建立驻村工作管理机制；针对非贫困村缺乏帮扶的问题，2016 年，从各乡镇（街道）抽调 335 名优秀干部驻村专职从事基层党建和扶贫工作，确保每个贫困村都有帮扶工作队，每个贫困户都有帮扶责任人，做到不脱贫不脱钩，不拔穷根不撤队伍。

兰考坚持把脱贫攻坚作为锤炼干部、转变作风的主战场，评选表彰 70 名“驻村扶贫工作标兵”，提拔重用驻村干部或一线扶贫干部 124 人次。[①] 在驻村工作队以及第一书记选派和管理过程中，兰考县形成了全链条的制度体系。其一，明确脱贫攻坚主战场是培养、选拔、任用干部的主要渠道，形成明确的用人导向，精准扶贫工作实绩突出的后备干部，优先提拔任用。其二，强化驻村干部的能力建设，主要包括精准扶贫“应知应会”的多次轮训，农村工作知识和技能培训等，在培训过程中，注重“标兵”作用的发挥，注重实践经验与创新的分享和扩散。其三，理顺基层关系，压实各主体责任，形成合理机制。明确乡村两级党组织书记是脱贫攻坚的第一责任人，驻村工作队是“帮扶责任人”，并且赋予驻村干部在扶贫规划形成、扶贫项目实施、政策资源分配中一定的决策权。通过这些制度安排，驻村干部、乡镇干部、村“两委”形成了分工协作的合力机制。其四，扁平化政府管理体系，切实发挥好“干部下乡”的作用。在访谈中，县委组织部和督查局的同志不约而同地强调，兰考的驻村干部，不仅是政策的宣传员、服务的快递员，同时还是政府的信息员、政策的实验员、实践创新的发起者。通过畅达的信息反馈管

① 兰考县扶贫办:《因村精准派人，着力解决“谁来扶”的问题》，内部资料。

理，脱贫攻坚一线的实际情况得以及时地反馈到县级管理部门，有利于政策的持续优化。

3. 分类精准施策解决好“怎么扶”的问题

贫困村和贫困人口的需求具有多样性、多层次性。有效的贫困治理，意味着贫困治理的重心下移，以贫困村和贫困农户真实的致贫因素组合和资源禀赋为基础，形成分类支持的政策体系，精准回应差异化的需求。在精准扶贫精准脱贫的顶层设计中，“五个一批”的思想深刻体现了上述贫困治理的基本原理。所谓“五个一批”，不局限于产业扶贫、教育扶贫、健康扶贫、生态扶贫等方面，重要的是其所体现的精神实质，即政策安排以需求为中心，提升政策供给对多元化、差异化需求的有效回应。在脱贫攻坚的实践中，各地结合地方实际进一步丰富和发展，形成了宝贵的地方经验。

兰考县针对不同原因、不同类型的贫困户，因村因户制宜，制定了12项有针对性的具体帮扶措施。对已脱贫户，实施保险、产业扶贫、外出务工补助、大学生补贴、危房改造、雨露计划6项措施，确保其稳定增收不返贫。对一般贫困户，除落实以上6项措施外，增加医疗救助、中小学教育救助、光伏扶贫3项措施，确保贫困户不因学、因病致贫；利用到户增收、小额担保贷款等资金，支持发展“种养加”项目，确保稳定脱贫不返贫。对兜底户，除落实以上9项措施外，还实行了兜底人员全部纳入低保，60岁以下人员给予临时救助，人均土地不足1亩的按每亩收益500元差额补助等3项措施，确保兜得起、稳得住。为彻底改变贫困农户精神面貌，按照“五不五有”（不能住危房，要有大门和围墙；不能没门窗，要有玻璃和纱窗；不能没家电，要有电视和电扇；不能没家具，要有床柜和桌椅；不能脏和乱，环境要有改变）和“五净一规范”（院内净、卧室净、厨房净、厕所净、个人卫生净和院内摆放规范）标准，大力改善兜底户生活条件，提振脱贫信心。[①] 上述精准扶贫的12项政策安排，体现了“三级精准”理念，即在落实好中央和省级层面政策体系的同时，结合县域贫困治理的实际情况，推出适宜的政策安排，切实实践精准思维。

4. 严格程序标准解决好“如何退”的问题

精准扶贫精准脱贫，不仅要找准政策对象，开对治理贫困的“药方”，有序有效传递政策资源，更要把好“精准脱贫”关卡，让精准扶贫的成效经得起历史和人民的检验，赢得人民的认可。“精准脱贫”意味着通过有效的政策干预，解决好贫困人口“两不愁三保障”的问题，严格按照退出标准、退出程序，和老百姓一起算账，让贫困农户对脱贫“认账”。同时还意味着要提升内生发展动力，推出后续政策支持，让脱贫成效稳定长效，提升贫困村和贫困农户的自我发展能力。

兰考县高度重视“精准脱贫”工作。按照国务院办公厅《关于建立贫困退出机制的意见》和《河南省贫困退出实施办法》，兰考结合实际情况，制定了《兰考县贫困退出工作方案》。贫困户退出方面，组织乡镇（街道）、村“两委”、驻村工作队、包村干部、帮扶责任人等工作力量，严格按照“1+2+3”的贫困户退出标准和相关程序，实施贫困户有序退出。贫困村退出方面，在省定贫困村退出“1+7+2”标准的基础上，自我加压，增加了脱贫后发展规划、帮扶规划、标准化档案建设、兜底户精神面貌改观、政策落实5项内容，形成了“1+7+2+5”退出标准体系，并组织8个调查核实组、3个督查组、3个调研组，逐村逐项开展贫困村退出调查核实工作。贫困县退出方面，2016年10月25日，聘请中国科学院地理科学与资源研究所作为第三方，对兰考贫困退出进行预评估。综合评估结果

① 兰考县扶贫办:《因村精准派人，着力解决“谁来扶”的问题》，内部资料。

显示：兰考的退出可行度为95.68%，可以稳定退出。2016年12月28日，省扶贫开发领导小组对兰考贫困退出进行了省级核查，并于2017年1月9日将退出情况进行了公示。2017年1月9日至21日，国务院扶贫办对兰考先后开展了省际互查、第三方抽查、普查、核查四次调查核实工作。2月4日至5日第三方进行核查。2月23日，国务院扶贫开发领导小组向河南省扶贫开发领导小组反馈兰考县退出专项评估情况。结果显示，抽样群众认可度98.96%，综合测算贫困发生率1.27%。2月27日，河南省政府批准兰考县退出贫困县序列。3月27日，河南省政府正式宣布兰考县脱贫摘帽。①

由此可见，精准扶贫精准脱贫基本方略，贯穿于减贫作业的全链条中。县域是脱贫攻坚的“一线战场”，精准扶贫精准脱贫基本方略贯彻的成效好坏，直接决定了能否高质量打赢县域脱贫攻坚战。兰考县在准确把握精准思维、精准方法的基础上，结合本县减贫与发展的实际情况，因地制宜地形成了精准扶贫精准脱贫的制度体系和操作规范，构成了兰考县脱贫摘帽模式的重要内容。

（五）建立科学有效的保障体系

打赢脱贫攻坚战是一项复杂的系统工程。兰考县以习近平总书记关于扶贫工作重要论述为引领，通过学习凝聚共识，形成全面的脱贫攻坚认识体系；通过结合实际逐级落实，形成完善的精准扶贫政策体系；通过做到“六个精准”实施“五个一批”，形成解决好“四个问题”的科学方法体系。如何整体性发挥认识体系、政策体系、方法体系的作用，还需要建立科学有效的保障体系。具体而言，脱贫攻坚保障体系主要包括两个方

---

① 兰考县委办公室：《干字当头、精准发力，全面加快脱贫致富奔小康步伐》，内部资料；另见兰考县扶贫办：《严格标准程序，认真解决“如何退”的问题》，内部资料。

面：一是按照专项扶贫、行业扶贫、社会扶贫三位一体的“大扶贫”工作格局，统筹各类资源，协调各参与主体的行动，形成脱贫攻坚的合力。二是抓好政策落实，解决好政策落实“最后一公里”问题，保证各项政策举措能够落到实处、取得实效。兰考在脱贫攻坚过程中，将脱贫攻坚与县域治理体系和治理能力提升以及县域全面深化改革相衔接，以持续的体制机制创新为脱贫攻坚保驾护航，实现了“改革与发展的统一”。在此过程中，县域治理体系和治理能力现代化水平也有显著的改善。其主要做法和具体经验主要体现在五个方面。

1. 抓好党建促扶贫，充分发挥中国特色减贫道路的政治优势和制度优势

党的领导是中国特色社会主义事业赢得一个又一个胜利的决定性因素。过去 30 多年间，中国贫困治理取得了举世瞩目的重大成就，一个基本的经验是始终坚持党建工作对扶贫开发的引领和带动作用。兰考县在加强党的建设，为赢得县域脱贫攻坚阶段决定性胜利方面，开展了深入细致的工作，形成了宝贵的经验。其一，加强干部队伍的思想建设、作风建设和能力建设，以党的群众路线教育和弘扬焦裕禄精神为抓手，提升全县干部对打赢脱贫攻坚战重大战略意义的认识，促进干部队伍推动精准扶贫工作开展的能力建设。形成县、乡、村三级联动的责任体系，逐级明确分工，压实责任。其二，通过新时代的“干部下乡”，把优秀干部选派到贫困村担任第一书记，做到贫困村驻村工作队全覆盖，在脱贫攻坚的第一线培养干部、磨炼干部。其三，习近平总书记指出：“一个村子建设得好，关键要有一个好的党支部。”兰考县大力实施村级组织“双提升工程”，夯实村级党组织凝聚人心、汇聚力量、引领发展的能力，把村级党组织建设成为脱贫攻坚的红色堡垒。壮大贫困农村集体经济，提升村集体经济对贫困人口脱贫增收的带动能力，提高贫困村村级公共物品的供给能力。这些

举措，为打赢脱贫攻坚战提供了有力的政治保障。

2. 用好政府、市场、社会三种机制、三种资源，形成县域脱贫攻坚的巨大合力

贫困治理是一项复杂的系统工程，有效的贫困治理需要充分发挥政治优势和制度优势，需要实现政府各部门的协同、联动，综合运用政府、市场和社会三种资源、三种手段，增进政策供给对差异化需求的有效回应。兰考在脱贫攻坚过程中，缜密布局、科学谋划，形成了合理、高效的脱贫攻坚治理结构。政府、市场、社会主体各司其职、各就其位，三种资源得到充分开掘，三种机制得到合理应用，最为广泛地凝聚了资源、合力，形成了各主体互相补位、有序参与的格局，为取得脱贫攻坚战的胜利，奠定了治理结构的基础。

3. 通过体制机制创新，为精准扶贫精准脱贫工作有效开展破除障碍

党的十八大以来，以精准扶贫精准脱贫为理念基础，国家贫困治理体系经历着密集的调整，这一轮调整的根本指向在于提升国家减贫行动对于贫困社区贫困人口多元化、差异化需求的有效回应能力。围绕着这一目标，各领域全面深化改革，形成了诸多创造。具体到县一级，通过全面深化改革的思维框架，为精准扶贫精准脱贫营造有利制度环境，有众多的议题有待深入破解。兰考县在脱贫摘帽的实践中，充分体现了创新发展和全面深化改革的思维。例如，在国家层面“四到县”改革的基础上，兰考县将资源配置的重心进一步下沉到村一级。从信息经济学的理论视角看，相对于高层级的决策者而言，基层组织掌握着更为完备的“在地信息”，更为熟悉地方的特色、优势，更易于接近老百姓的发展偏好，因此决策重心下沉，将有利于增强政策供给对政策需求的回应性，避免资源错配现象的发生。但同时还应当看到，将决策重心下沉，并不必然意味着政策资源能

够精准对接贫困人口的需求。地方行动者以及基层决策者的偏好，很大程度上会影响政策资源分配的过程，从而导致“精英俘获”或执行力偏差的现象。为此，兰考在授权乡村两级组织的同时，制定了涉及审计、监理、第三方评估、执纪问责等系统完备的管理办法，在“放活”的基础上，实现管理好、服务好。同时，狠抓精准识别工作，提升贫困识别的精度，通过有效的监督和管理，结合群众广泛参与，确保政策资源得到合理的使用。上述体制机制创新为实现滴灌式扶贫作业提供了有力支撑。此外，在金融扶贫、光伏扶贫、资产收益扶贫、资本市场扶贫、构树扶贫等领域，兰考也有众多创新性探索，并取得明显成效。

4. 通过督查体系改革，为打赢脱贫攻坚战提供了执行力的支撑

政策执行是各项政策安排是否取得实绩的关键。从既有经验来看，政策执行的“最后一公里”问题，成因颇为复杂，或因为政策设计本身的不合理，或因为政策调整触动各方利益遭遇或隐或显的抵触，或因为相关配套改革不够到位，或因为难以形成有效的激励机制。为此，兰考在原有县委督查室、政府督查办等机构的基础上，成立新的督查局，并赋予督查局进度检查、目标考核、督查调研、督查协调等九项职能。兰考县委县政府擅用督查、会用督查，以督查体制改革为脱贫攻坚保驾护航。县委县政府与所有部门、乡镇签订脱贫攻坚目标责任书，明确各级干部、驻村工作队的工作职责，经常性地检查和督促，注重督查成果的实际应用。督查工作覆盖了精准扶贫精准脱贫的全领域、全链条，有力保障了各项工作的及时高效落实。特别是在督查调研的基础上，形成督查报告，为县委、县政府以及各行业部门相应的政策调整提供了决策参考，促进了县一级精准扶贫精准脱贫政策的优化与创新。

总之，兰考县通过加强党建引领，用好政府、市场、社会三种资源，三种机制，不断破除体制机制障碍，提升县域政策执行力等工作，提升了

县域贫困治理体系和治理能力的现代化水平，为打赢脱贫攻坚战提供了政治保障、资源保障、能力保障和执行力保障。

5. 培育内生动力，夯实稳定脱贫基础

内生动力可以从两个层面理解。其一，扶贫开发仅仅依靠外部支持是不够的，贫困村和贫困农户是发展的主体，要摆脱“等、靠、要”的思想，积极参与到减贫与发展的过程中，通过自身努力与外部支持相结合，实现脱贫增收。其二，扶贫开发的过程，是帮助贫困地区、贫困村和贫困人口改善发展环境、提升发展能力的过程，稳定脱贫意味着贫困地区、贫困村和贫困人口逐步具备自我发展的能力。兰考县坚持将扶贫与扶智和扶志相结合，注重内生动力的激发。一方面，保持干部队伍积极向上的精神面貌，激发干部干事热情，是兰考建设内生动力过程中首先解决的问题。另一方面，大力推进移风易俗，实施“五净一规范”等旨在改变贫困人口精神面貌的专项行动，在当地形成了奋发有为、以脱贫为荣的社会氛围，精神贫困问题得到了较为有效的治理。特别是兰考注重系统性改善当地贫困村和贫困人口的内生发展能力，在贫困村层面，在补齐各种基础设施和公共服务短板的同时，实施“双提升工程”，加强基层党组织的能力建设，夯实基层党组织引领发展的战斗堡垒作用，加强村集体经济建设，让村里公共事务有人关心、有人管、能管好。注重贫困农户的人力资本建设，帮助贫困农户建立稳定生计、建立家庭成长的支撑体系，有效防止返贫现象，提升脱贫质量。上述举措体现了精准扶贫精准脱贫的深层次要求，即不仅要实现“两不愁三保障”等指标层面的要求，而且要整体性改变贫困地区、贫困社区和贫困农户的精神面貌，促进其自我发展能力的提升。

第二章 抓党建引领脱贫攻坚

习近平总书记指出:“越是进行脱贫攻坚战，越是要加强和改善党的领导。”党的领导是中国减贫道路最突出的政治优势，兰考县将加强党的领导，弘扬新时代焦裕禄精神融入脱贫攻坚的全过程，督促党员干部在脱贫攻坚各时期、各环节都能够走在最前列，发挥模范带头作用；各级党委将脱贫攻坚作为首要政治任务，明确县、乡、村三级书记一起抓扶贫，同时将干部队伍思想建设、能力建设和基层党组织建设等各方面，贯穿精准扶贫实践始终。

一、焦裕禄精神与以党建促脱贫的兰考模式

兰考县位于河南省“三山一滩”的黄河滩区，黄河干流自孟津以西夹山区域流入平原地区的过程中，水流放缓，泥沙淤积，形成较高的河床和地上悬河。历史上黄河下游数次改道，由于历次治理河道，在主河槽和大堤之间形成了2714平方公里的黄河滩地，兰考县东坝头至濮阳高村河段，滩地面积386.47平方公里。[①]黄河滩区由于受到水患的影响，农业发展较慢，新中国成立以来，黄河下游滩区较严重的漫滩有29次，其中洪灾最严重的四次分别发生在1958年、1976年、1982年和1996年，前

① 杜军伟:《河南三山一滩农村扶贫开发问题研究》，华中师范大学硕士学位论文，2015年。

三次东坝头以下低滩区全部过水，1996 年洪水时东坝头以上也大部分过水，每次水灾毁耕地 100 万—146 万亩。由黄河水患带来的风沙与盐碱问题，侵蚀着兰考的土地，兰考人民生产生活饱受内涝、风沙、盐碱“三害”之苦。

（一）团结群众治理“三害”，铸就焦裕禄精神

新中国成立后，各级党委政府高度重视兰考治理“三害”工作。焦裕禄来到兰考任县委书记后，带领兰考的干部群众开展“三害”治理，有效遏制并扭转了生态恶化的趋势。与“三害”斗争的过程，构成了兰考的扶贫特殊经历，也铸就了不朽的焦裕禄精神。在脱贫攻坚时期，焦裕禄精神依然激励着兰考人脱贫致富的决心和信心。

1. 树立“四面红旗”

在治理“三害”期间，时任兰考县委书记的焦裕禄同志为了激励干部群众干事的热情，树立了象征先进典型的“四面红旗”。其中，第一面红旗：赵垛楼的干劲。赵垛楼的贫下中农在 7 季基本绝收以后，冒着倾盆大雨，挖河渠，挖排水沟，与暴雨内涝搏斗。1963 年秋天，这里一连下了 9 天暴雨，但赵垛楼人却夺得了好收成，卖了 8 万斤余粮。第二面红旗：韩村的精神。韩村是一个只有 27 户人家的生产队。1962 年秋天遭受了毁灭性的涝灾，每人只分了 12 两（当时的秤是 16 两 1 斤）红高粱穗。在这样严重的困难面前，生产队的贫下中农提出，不向国家伸手，不要救济粮、救济款，自己割草卖草养活自己。就在这年冬天，他们割了 27 万斤草，养活了全体社员，养活了 8 头牲口，还修理了农具，买了 7 辆架子车。第三面红旗：双杨树村的道路。双杨树村贫下中农在农作物基本绝收的情况下，雷打不散，社员们换鸡蛋卖猪、买牲口买种子，坚持走集体经济自力更生的道路，社员们说：“穷，咱穷到一块儿；富，咱也富到一块儿。”第

四面红旗：秦寨的决心。秦寨的贫下中农在盐碱地上刮掉一层皮，从下面深翻出好土，盖在上面。他们深翻地的时候，正是最困难的1963年夏季，村民饿着肚子将千亩盐碱地改造成良田。焦裕禄发现并树立“四面红旗”，发掘立得住、叫得响、群众公认的先进典型，把抽象的标准转化为具体的样本，让人们对照身边的榜样找差距、找不足、找方向，同全县干部和群众一起，与严重的自然灾害进行顽强斗争，努力改变兰考面貌。“四面红旗”体现了兰考人民自力更生、艰苦奋斗的精神品格，同时证明了贫困村和贫困户可以在党组织和党员的带领下，通过集体行动，有效改善贫困村的落后面貌和贫困户的贫穷状况。

2. 焦裕禄精神

焦裕禄当年带领群众战天斗地治理“三害”，用奋斗和生命谱写了“亲民爱民、艰苦奋斗、科学求实、迎难而上、无私奉献”的焦裕禄精神。

一切从实际出发，实事求是，求真务实，是党的思想路线的核心内容，也是焦裕禄精神的重要内涵。焦裕禄同志是党的思想路线的杰出实践者。在兰考工作期间，焦裕禄同志广泛深入群众调查研究，几年间走访了120多个大队，跋涉2500余公里，对全县的风口、沙丘、河渠一个个丈量并绘图编号，对风沙、盐碱、内涝现象发生发展的规律有了准确的认识和把握，并据此形成了治理“三害”行之有效的思路和办法。

焦裕禄精神的核心感染力就是他始终牢记党的宗旨，“心里装着全体人民，唯独没有他自己”。他常说：“我们不是人民的上司，我们都是人民的勤务员，必须同人民群众同甘苦、共患难。”焦裕禄是这样说的，更是这样做的，他顶风冒雪、强忍肝痛走村串户、访贫问苦，为群众排忧解难，把党的温暖送到群众的心坎上，焦裕禄以实际行动生动地诠释了共产党人爱民亲民为民的价值取向。具体来说，焦裕禄精神体现为“心中装着全体人民，唯独没有他自己”的公仆情怀，凡事探求就里、“吃别人嚼过的馍没味道”的求实作风，“敢教日月换新天”“革命者要在困难面前逞英雄”的奋斗精神，艰苦朴素、廉洁奉公、“任何时候都不搞特殊化”的道德情操。[①] 在焦裕禄精神鼓舞下，兰考干部群众赢得了治理“三害”的胜利，也为兰考持续与贫困做斗争，追求美好生活提供着不竭的动力。

（二）弘扬焦裕禄精神，扎实推进脱贫攻坚

习近平总书记两次来兰考视察指导工作，三次听取兰考县委工作汇报，多次了解活动进展情况，作出了一系列重要讲话和指示。兰考县牢记总书记的嘱托，将群众路线教育实践活动与弘扬焦裕禄精神打赢脱贫攻坚战相结合。

第一，“深学、细照、笃行”焦裕禄精神。县委常委带头认真学习焦裕禄精神的基本内涵，阐释焦裕禄精神的时代意义，强调要学习弘扬焦裕禄书记对群众的那股亲劲、抓工作的那股韧劲、干事业的那股拼劲。县委中心组坚持一字一句学言论，一点一滴学事迹，重点围绕公仆情怀、求实作风、奋斗精神、道德情操 4 个专题开展深入讨论，深刻领会群众路线的本质要求，准确把握改进作风的目标重点。通过系列学习活动，全县党员干部从焦裕禄书记身上再一次领悟了群众路线的真谛，升华了思想境界，提振起强大的精神正能量。兰考县党员干部深刻认识到，焦裕禄精神为打赢脱贫攻坚战提供了强大的精神动力，践行精准方略恰恰是新时代焦裕禄精神的生动体现。

第二，强化干部作风建设。一是深入开展“六问六带头”，教育引

① 习近平：《在河南省兰考县委常委扩大会议上的讲话》（2014 年 3 月 18 日），载《做焦裕禄式的县委书记》，中央文献出版社 2015 年版。

导全县党员干部在脱贫攻坚过程中，自觉学习弘扬焦裕禄同志的“三股劲”，践行“三严三实”，争做焦裕禄式好党员好干部，切实解决“深学不够”“细照不够”“笃行不够”的问题，把焦裕禄精神这一传家宝珍惜好传承好，把学习弘扬焦裕禄精神这份责任履行好。二是以焦裕禄精神为镜深查细照。组织全县各级党员干部开展“六问六带头”，自觉把焦裕禄精神作为查摆问题的一面镜子，认真对照焦裕禄精神，从里到外、从上到下，主动反思公仆情怀深不深、求实作风好不好、奋斗精神足不足、道德情操高不高，深入查找思想境界、素质能力、作风形象等方面的差距和不足。三是以焦裕禄精神为尺践行“三严三实”。此外，以焦裕禄精神为标杆，县委常委带头向全县人民公开作出“十项承诺”；参照51年前焦裕禄书记起草制定的《干部十不准》，专门制定出台新的党员领导干部“十不准”；对中央八项规定、省委省政府20条意见等有关要求细化具体化，制定《兰考县党员领导干部工作生活细节95条规定》，把改进作风的要求落实在平常，培养积极健康的生活方式和个人情趣。通过干部思想建设、作风建设、规范建设，兰考干部精神面貌和实干精神焕然一新，赢得了老百姓的好评和信任。

第三，把弘扬焦裕禄精神与践行精准方略有机结合。鼓励和支持党员干部到基层去、到群众中去、到服务对象中去，走上门主动听，敞开门请进来提，顺着民声民怨查，对照职能职责认真找，确保真听意见、听真意见。采取登门征集、谈心征集、会议征集、热线征集、网络征集等多种渠道，入村住户与老百姓共商脱贫大计。开展“三问五看”。县乡党员干部分别利用2—3天时间，到联系点入村住户调研，与群众田间地头话家常，同吃同住听意见，重点开展“三问五看”，即问群众最困难的事情是什么，问群众最不满意的事情是什么，问群众最期盼解决的事情是什么，通过基层看问题、通过群众看干部、通过民意看差距、通过工作看作风、通过下级问题看自己的问题。分类整理“梳辫子”。对听取到的意见建议，下去一把抓、回来再分家，搞好分类“梳辫子”和原汁原味对口反馈，涉及哪个单位、哪个人的意见，哪个单位、哪个人就主动认领，使所有问题都对应到事到人。

第四，把焦裕禄同志的好经验移植到脱贫攻坚领域。结合脱贫攻坚时期的形势与任务，兰考围绕脱贫攻坚、党的建设、产业发展、美丽村庄 4 项重点工作，开展重树“四面红旗”全面加强基层组织建设活动。通过典型示范引领，激发全县基层党员干部的干劲和决心，树立“比、学、赶、超”的竞争意识，带动全县农村各项工作整体上水平、上台阶。可以看出，不同历史时期，经济社会发展的形势和任务有别，但焦裕禄精神所蕴含的经验、干劲、方法，依然具有时代意义，激励着兰考干部群众为实现脱贫奔小康目标而不懈奋斗。

二、兰考以党建促脱贫的主要做法

党的领导是中国减贫道路独特的政治优势，打赢全面建成小康社会背景下的脱贫攻坚战，时间紧、任务重、要求高，需要“充分发挥各级党委总揽全局、协调各方的领导核心作用，严格执行脱贫攻坚一把手负责制，省市县乡村五级书记一起抓。切实加强贫困地区农村基层党组织建设，使其成为带领群众脱贫致富的坚强战斗堡垒”。兰考县在实践中，一方面通过抓党建为打赢脱贫攻坚战提供了有力组织保障和政治保障；另一方面在脱贫攻坚过程中党的建设水平不断提升，党员干部的群众观点、群众工作能力不断提升，党的基层组织战斗堡垒作用显著增强，执政基础不断巩固。

（一）夯实基层组织：增强农村党组织服务脱贫能力

在城乡构造剧烈变迁过程中，城乡之间的流动性显著加强，大量农村年富力强、知识素养高的精英群体向城市流动，知识界称这一现象为乡村的过疏化、空心化。这种现实对农村党组织建设带来了多方面挑战，体现为党组织薄弱涣散、党员干部队伍年龄结构老化、基层党组织凝聚力战斗力弱化等问题。在农业农村工作中，党组织处于核心地位，特别是在脱贫攻坚战中，涉及大量的群众工作，加强农村党组织建设，提升基层党组织团结和带领村民共同奋斗脱贫致富的精神和能力，恰恰是精准扶贫过程中需要解决好的重要问题之一。恰如习近平同志在担任宁德地委书记时强调的："党对农村的坚强领导，是使贫困的乡村走向富裕道路的最重要的保证。如何在农村实现党的领导，这是农村党组织的历史使命。如果没有一个坚强的、过得硬的农村党支部，党的正确路线、方针政策就不能在农村得到具体的落实，就不能把农村党员团结在自己周围，从而就谈不上带领群众壮大农村经济，发展农业生产力，向贫困和落后作战。"[①] 为此，兰考县在推进脱贫攻坚过程中，突出强调加强基层党组织建设的重要性，将整顿软弱涣散基层党组织和提升党员干部能力作为农村以党建促脱贫的主要抓手。

1. 整顿软弱涣散村，建强基层党组织

农村基层社区党组织是统领农村各项事业的战斗堡垒，特别是在贫困村，村党支部的凝聚力和战斗力决定着中央及各级政府扶贫政策举措能否落地。为解决农村党组织软弱涣散的问题，兰考县构建了党员互助和党组织协同的立体网络，通过向存在组织软弱涣散情况的贫困村派遣整顿队伍

① 习近平：《摆脱贫困》，福建人民出版社 1992 年版。

的方式，重建农村党组织的凝聚力、战斗力和创造力。

（1）对软弱涣散基层党组织的精准识别。精准扶贫中精准识别的理念与方法不仅可以应用在对贫困户进行精准识别从而找出致贫原因，也可以应用在对软弱涣散基层党组织的识别中，通过比较分析的方式，找出存在软弱涣散现象和问题的党组织，结合村情，分析导致该基层党组织软弱涣散的影响因素。对此，兰考县采用分类定级方式，按照“有坚强有力的领导班子、有本领过硬的骨干队伍、有功能实用的服务场所、有形式多样的服务载体、有健全完善的制度机制、有群众满意的服务业绩”的标准，结合分类定级具体指标，明确方法步骤，严格评定程序，对农村基层党组织客观公正地进行分类定级，结合分类定级情况，每年按 10% 的比例倒排一批后进村，这 10% 的后进村作为整顿软弱涣散基层党组织的对象。

（2）“六步工作法”整顿软弱涣散基层党组织。在精准识别出农村软弱涣散党组织的基础上，根据村情，制定了“六步工作法”，即选派整建队伍、吃透村情民意、联合会诊定案、开展集中整顿、评估验收问责、建立持续机制。

第一，选派整建队伍。选派整建队伍主要是针对以往通过选派第一书记入村帮扶农村党建效果不佳的一种改进机制。第一书记制度设计是为了改变农村基层领导力供给不足的问题，“第一书记扶贫政策目标是在精准扶贫的时代背景下，试图通过注入领导力加强农村反贫困治理的政策举措。”[①] 同时，选派驻村工作队，工作队一般由 2—3 名人员构成，队长由县直单位具有基层工作经验的科级干部担任，并兼任派驻村第一书记，队员由科级后备干部或优秀年轻干部担任，对于一些问题复杂、整顿难度较大的村，所在乡镇还要选派一名班子成员进入工作队。此外，兰考在工作实

① 王亚华、舒全峰：《第一书记扶贫与农村领导力供给》，《国家行政学院学报》2017 年第 1 期。

践中，创造性地建立了“支部连支部”模式：其一，关键在于驻村工作队的作用发挥，调整驻村工作队员，坚持“应调则调、选优配强”原则，优化驻村工作力量；其二，明确驻村工作制度，根据工作任务完成情况，科学合理确定工作时间，做好评估验收工作；其三，严格请假、工作报告制度；其四，加强驻村工作保障，严格落实驻村工作补助和专项工作经费的发放。

第二，吃透村情民意。做好农村基层党组织的固本培元工作，最终落脚点在于建设具有服务群众意识和能力的基层党组织，因此，整顿软弱涣散基层党组织需要了解精准扶贫背景下村民对农村党组织的基本需求。整顿工作队入村后，通过走访调查，掌握村情民意，并通过绘制“村情五图”即“两委”班子结构图、党员队伍状况图、基础设施平面图、经济发展现状图、贫困家庭状况图的方式，实现了信息在村民、工作队和基层党组织之间的对称共享。同时，在村情民意调研的过程中，通过运用田野调查的方式，实现工作队与村民之间的无缝连接，提高了村民对精准扶贫政策和整顿政策的知晓率，唤醒了村民的权利意识，有利于村民对精准扶贫政策实施有效监督。

第三，联合会诊定案。导致农村基层党组织软弱涣散的因素不同，有的是因为农村精英流失，有的是因为基层党组织人员能力弱化，有的是“富人治村”带来的“私人治理”。为此，工作队在前期开展村情民意调查的基础上，对于整顿难度较小的基层党组织，在乡镇党委和派出单位的指导下制定整顿措施进行整顿；对于问题复杂、整顿难度较大的整顿对象，工作队首先向兰考县委组织部提出“会诊”申请，县委组织部牵头组织纪检、民政、土地、农业、信访、计生等有关部门和乡镇党委，召开现场会诊会，共同商议整顿措施，制定整顿方案。

第四，开展集中整顿。工作队围绕治弱、治乱、治穷三种情况，根据制定的整改方案，建立有问题、有措施、有责任人、有完成期限的工作台账。在此基础上，设计了情况汇报工作制度，工作队每周向乡镇党委报告整顿工作开展情况，兰考县委组织部每月召开一次整顿工作汇报会，听取16个乡镇（街道）党委和45个驻村工作队队长有关整顿情况的汇报。同时，为防止制度供给不足造成的政策整体性效用的递减，兰考县强化了对制度实施的监督检查：通过暗访和随机抽查的方式，对乡镇党委和工作队工作态度和工作绩效进行监督。

第五，评估验收问责。兰考县为实现整顿弱化涣散基层党组织行动效果的最大化，构建了标准化的绩效考核标准，并将考核结果和问责相结合，从而形成了环环相扣的体系。按照村级组织申请、乡镇党委审核、组织部门验收的程序，对工作队的整顿工作进行绩效考核。考核结果认为基层党组织的软弱涣散问题得到解决，符合整顿退出标准的，认定整顿任务完成，工作队可以撤回；对于评估验收不合格的，工作队派出单位调整工作队员后继续驻村整顿。同时，将整顿工作纳入基层党建工作责任制范围。对于领导不重视、工作不得力、成效不明显的，提出批评并限期整改；对于搞形式、走过场、达不到目标要求的，进行通报批评；问题严重的，进行问责。

第六，建立持续机制。为实现整顿工作的长效性和可持续性，兰考县构建了“三会一课”等组织生活制度和激励约束机制，确保在工作队撤离后，基层党组织能够实现自我发展和肩负起引领脱贫攻坚工作的重要历史重担。“监督是一种直接的信息收集和处理机制，通过它能够获得更多、更为准确的关于代理人行为和业绩表现的信息，从而可以提高业绩评价的准确性，优化组织显性激励的整体效果。”①

---

① 黄再胜：《公共部门组织激励理论探析》，《外国经济与管理》2005年第1期。

2. 再树“四面红旗”，激发村干部干事热情

兰考县结合脱贫攻坚的时代背景，赋予了焦裕禄同志树立“四面红旗”激发干部群众干劲的做法以新的时代内涵——通过评选精准扶贫新时期的“四面红旗”为基层党组织建设提供正向激励。2016年，兰考县参照焦裕禄当年树立的“四面红旗村”做法，评选了“脱贫攻坚红旗村”“基层党建红旗村”“产业发展红旗村”和“美丽村庄红旗村”，按照乡镇（街道）分类推荐、联合评审组评选、县委常委会确定、评选结果公示的程序，开展了两批红旗村评选活动，分别评选出29个和40个红旗村。对获得红旗村称号的基层组织干部给予物质奖励，每评上一面“红旗”，所在村的支部书记工作报酬在每月1500元的基础上上调500元，其他村干部在1200元、900元的基础上上调300元，奖励可重复累计。例如，在第二批红旗村评选工作中，小宋乡东邵一村获得“脱贫攻坚红旗村”和“产业发展红旗村”两面红旗，其村支部书记的待遇增长到每月2500元。由此可见，新时期“四面红旗”，对村干部精神上有鼓励、绩效上有奖励，实现了干与不干不一样、干多干少有区别，建立起了创先争优激励机制。

3. 加强农村党组织能力建设

党的十八大报告指出，要“创新基层党建工作，夯实党执政的组织基础”，要“健全党的基层组织体系，加强基层党组织带头人队伍建设”。农村基层党支部书记是农村基层党组织的带头人，是贯彻党的路线方针政策、促进农村社会经济发展的关键力量。在推进精准扶贫过程中，党支部书记是凝聚全体村民打赢脱贫攻坚战的重要力量。因此，要把脱贫与农村基层党组织的带头人队伍建设相结合。为此，兰考县将现有农村党支部书记的培训、管理考核和后备力量培育作为农村党组织带头人队伍建设的主要抓手。

第一，农村党支部书记的培训和管理考核。兰考县制定了《兰考县村

级干部管理暂行办法》，明确要求采用集中轮训、专题培训、组织外出考察等学习方式，提高党支部书记的思想觉悟和带领贫困户脱贫致富的能力。将全县450名村党支部书记分四期进行培训，每期培训110名左右。与此同时，为提高党支部书记对于培训的体验感，抽调20名“驻村扶贫工作标兵”和县委组织部、县委农办、县农林畜牧局、县扶贫办等部门的20名业务骨干，采用小班辅导的方式，每名骨干负责从脱贫攻坚、基层党建、产业和集体经济发展、美丽乡村建设等方面辅导5—7名党支部书记，运用政策讲授、案例教学等方式，强化党支部书记对扶贫工作的重要意义和内容的获得感。此外，将互联网运用到支部书记的培训中，为每名党支部书记配备了安装有“智慧党建”“红色e家”“河南远教”“脱贫攻坚”等应用软件的智能手机，在网络上开展学习排名，实行通报制度，提高党支部书记学习的主动性。为加深党支部书记对培训内容的理解，兰考县将培训结果与“双述双评”相结合，每年年底，村党支部书记向乡镇党委政府进行工作述职并接受评议，向党员群众代表述职并接受评议，并将双向评议的结果作为年度考核和任职使用的重要依据。通过对农村党支部书记的培训和管理考核，一方面提升了党支部书记的能力，使其在开展扶贫过程中发挥模范带头作用，有利于提升农村党组织的凝聚力；另一方面，提高了党支部书记对党员作风建设的认识，消解了可能存在的农村党支部书记功能异化的潜在风险，提高了其在群众中的威信，获得了民众认同，从而为推动村集体经济和社会事业的发展提供了坚实的群众基础。

专栏一 “红色e家·网上党委”助推党员教育管理

“红色e家·网上党委”党员教育管理云平台的功能定位是：寓教于乐、创新管理、贴心服务、阳光监督。其运行基于“云”架构设计，将互联网、移动互联网技术与党员教育、党务管理等元素整合，采用计算机网页版和App移动客户端双平台，实行一套内容、双网发布、同步更新、同步管理，是开展党员教育管理及日常学习、活动、互动交流的新载体。

功能作用。1. 突出教育功能：及时将中央和省委的重大决策、重要部署以及各级领导的重要讲话精神上传到平台，实时更新学习内容，让广大党员第一时间了解党情、社情、民意，有效地改变传统资讯传递滞后、到达率不高等问题。2. 突出管理功能：把全县党员基本信息上传平台，对党员的学习情况进行实时监控，及时通知提醒开展组织活动，定期通报党务工作开展情况，让广大党员用户能够通过新的方式参与组织生活，真正实现组织生活“无处不在”，给广大党员在网上安“家”。3. 突出服务功能：把组织关系转接、党员发展程序在平台上公示，方便党员办理相关业务；通过平台了解党员诉求，倾听党员心声，为党员群众提供一个方便快捷的交流互动场所，形成“有话大家谈”“有成果大家享”“有困难大家帮”的良好氛围；把平台作为宣传推介地方特产、优势资源的媒介，发布资源信息，促进党员群众增收。4. 突出监督功能：引导党员干部在平台上及时上传综合试验示范县各项工作的推进情况，晒成效、比进度、鼓干劲，营造比学赶超的生动局面。

栏目设置。1. 网上党课：把中央、省、县有关领导的重要讲话、专题内容、业务知识、反腐倡廉、外地经验等学习内容整合到一个平台上，采用动画、3D场景等多种元素，以文字、视频、微课程的形式加以呈现，便于党员干部学习了解中央的大政方针、全省及兰考县的工作重点，学习党的知识及党务工作知识。2. 焦裕禄精神：重点将关于焦裕禄的小说、电影、电视剧、歌曲、理论研讨等内容分类整理，打造学习弘扬焦裕禄精神的新平台。3. 党建动态：基层党组织在平台上晒工作进度，全面、真实、快速地展示基层党建工作动态；县委组织部利用平台对各项重点工作跟踪指导、督查督办。4. 党内关怀：主要目的是畅通沟通渠道，解决党员群众的生产生活难题。5. 美丽兰考：主要以图文并茂的方式宣传兰考，搭建区域电子商务推介平台。6. 通知公告：通过平台发布通知公告，让党组织和党员可以第一时间了解掌握上级精神，提高工作效率。7. 学习排名：平台自动生成党组织和党员的学习排名，同时统计各个维度的学习数据。对统计出的数据，客观、详尽地进行分析，为后续的教学决策和计划提供参考。

第二，加强后备力量建设，保证农村党组织带头人队伍后继有人。2015 年，兰考县制定出台了《兰考县村级后备干部暂行管理办法》，明确村级干部后备力量选拔的标准是：思想政治素质好，拥护党的领导，能认真贯彻党的路线方针政策；道德品行好，为人公道正派，有一定的群众基础；致富能力强，自身有致富门路，具备引领发展的能力；服务意识强，热衷于村内发展，有带领群众增收致富的愿望和信心。注重从现任党员村干部、致富带头人、种养大户、专业合作经济组织负责人、大中专毕业生和退伍军人、村民组长和村民代表、返乡创业的优秀外出务工人员中培养后备人才，组建了由 523 名优秀党员组成的党支部书记后备库和 942 名优秀人才组成的其他村干部后备库，构建了党组织带头人梯队。党员后备力量是未来农村公共事务治理和党组织建设的主体，如何使其习得公共事务治理和党组织建设的知识，必须建立一个学习的机制，这种学习的机制是一个对后备党员力量的授权赋能的过程。为此，兰考注重党员互助机制，主要是通过建立后备干部结对帮带制度，包村干部结对帮带村党支部书记后备干部，现任村干部、驻村工作队、第一书记都与 1 名以上其他村后备

干部建立结对帮带关系，帮助他们熟悉村级事务、掌握处理复杂问题的能力。明确村级后备干部列席村“两委”班子会议、村民代表会议等，承担急、难、险、重任务，在实际锻炼中提高后备干部的综合素质。

4. 强化党群服务中心功能

农村实行改革以来，农村集体经济的弱化，限制了公共空间建设和维护的经济基础。当公共空间消失后，村民之间缺少了沟通和交流的物理空间，农村公共事务缺少了集体协商的舞台，进一步加剧了乡村社会原子化问题。在精准扶贫背景下，无论是贫困户的精准识别，还是扶贫项目设计、扶贫资金使用、扶贫绩效考核等，都具有公共事务的属性，直接涉及老百姓利益，其决策与执行过程应当在村民中实现充分的协商和参与，因此，村一级的服务阵地建设便成为精准扶贫政策的必要需求。

为重构农村社区凝聚力，为村级公共事务协商和村民沟通交流提供平台，兰考县自 2014 年开始把打造党群服务中心作为扶贫脱困的重要工作内容，投入 1500 万元村室建设资金，实现了所有农村社区村室平台的全覆盖，此后，2015 年和 2016 年又相继投入 1000 余万元的资金，改造提升 88 个低矮破旧村室，2017 年再次投入 1000 余万元，建设 20 个高标准、环保装备村室。为充实村级公共平台内容，避免村室的空壳化，兰考县将党员活动室、卫生室、计生室、农家书屋、便民服务室、老年活动室、儿童之家等功能整合进村室公共平台建设，从而为重构村民公共精神提供了基础。此外，为实现党群服务中心建设和运营的规范化，兰考县制定出台了《关于进一步规范村级组织活动场所建设的意见》《关于加强农村（社区）党群服务中心规范化建设的意见》等文件，提出党群服务中心建设应当按照“建改因地制宜、功能逐步完善、位置统分结合”的原则，对室内设置、室外设置和软件匹配等提出了具体要求：拆除围墙大门、统一场所标识、建设文化广场、实施绿化亮化、配齐文体器材、完善便民服务设施、设置诊所超市。按照“七项标准”对全县所有行政村党群服务中心进行改造提升，增强服务职能，使村室成为村里最热闹、群众最愿意去的地方，村级党组织的凝聚力、战斗力、号召力不断增强。

为改变传统农村社区建设重硬件建设、轻服务提升的问题，在党群服务中心硬件的基础上，如何实现党群服务中心作为农村公共服务载体的功能，需要建立相应的服务机制。目前，兰考县将党员学习、党员活动、便民服务、村民议事、教育培训和文化娱乐等服务功能放在了党群服务中心，一方面实现了对农民服务的有效供给；另一方面通过服务功能，训练了村民参与农村公共事务的意识和能力，为对接精准扶贫提供了软实力支撑。

（二）加强干部队伍建设，克服本领恐慌

脱贫攻坚是一个系统工程，涉及产业扶贫、教育扶贫、金融扶贫、健康扶贫、社会保障政策兜底等，党的十八大以来，以习近平总书记关于扶贫工作的重要论述为根本遵循，各级政府、各行业部门纷纷出台了相关政策举措，加大对脱贫攻坚的投入力度，这些政策和资源要精准地传递到贫困村和贫困户，需要村级组织发挥重要的作用。兰考县在推进精准扶贫过程中，通过选派第一书记和驻村工作队的办法，积极推动新时代的“干部下乡”，将党员干部下沉到扶贫工作第一线，实现各类政策资源的精准传递。

兰考县通过县级领导下基层、乡镇级领导驻村，推动领导干部在推进精准扶贫过程中积极作为，通过多种形式，建立健全了新时期“干部下乡”的制度。

1. 形成“三联三全”工作机制

2016 年 6 月，兰考县开展“三联三全”活动，即县级干部联系所有

重点项目和所有贫困村；科级干部联系所有党组织软弱涣散村和贫困户中的政策兜底户；县直单位党员联系所有未脱贫户中的一般贫困户和困难党员，实现对重点项目、贫困村和党组织软弱涣散村、贫困户和困难党员的全覆盖。为落实联系帮扶责任，兰考县对已确定的联系帮扶对象全面落实联系帮扶责任人，实行“一对一”或“一对多”联系帮扶：（1）县级领导干部（包括县四大班子领导和其他单位县级领导干部），每人至少联系帮扶1个重点建设项目，至少联系帮扶1个贫困村；（2）党组织软弱涣散村原则上由派出工作队的单位一把手联系，一把手不是党员的，由其他党员领导班子成员联系；（3）科级以上领导干部（含副主任科员、主任科员，在职享受副科级待遇和正科级待遇的人员），每人帮扶5户以上政策兜底贫困户；（4）县直单位的一般党员干部，每人联系帮扶至少1户未脱贫的一般贫困户。考虑到不同层级领导干部的工作性质，在推动“三联三全”过程中，兰考县采用因人施策和分类管理的方式。对于县级干部联系的贫困村要求干部定期到联系村走访贫困户，听取乡、村干部和驻村扶贫队员、贫困群众的意见和建议，全面掌握所联系贫困村的情况；根据联系贫困村的实际情况，帮助查找发展中存在的问题，厘清工作思路，研究脱贫政策，及时帮助解决脱贫攻坚工作中遇到的问题和困难；加强对驻村扶贫工作队帮扶工作的督促和指导，教育引导他们严格遵守工作纪律，认真完成各项扶贫工作任务。联系党组织软弱涣散村和贫困户方面，科级干部的主要任务包括：建强基层组织、推动脱贫致富、落实基础制度、办好惠民实事。县直单位党员联系贫困户和农村困难党员的主要任务是：制定帮扶措施，贯彻落实各项惠农政策，帮助发展增收项目。

2. 配强乡镇干部队伍

兰考县在乡镇领导班子换届选举中，从县直机关选拔了39名有驻村工作经历的优秀年轻干部进入班子，从乡镇选拔了14名乡镇事业编制人员、大学生村干部和优秀党支部书记进入乡镇党委班子。将具有驻村工作经验的年轻干部充实到乡镇领导干部队伍中，一方面，拓宽乡镇领导在扶贫开发方面的思路；另一方面，可以激励更多年轻干部投身到农村扶贫开发工作中。

专栏二　仪封乡党委换届为扶贫能人提供上升通道[①]

2016年，河南兰考仪封乡举行乡党委换届选举，被选为乡党委委员的80后村支书代玉建说，“这次选举让实实在在干事的人看到了上升空间，干事更有劲头，工作更有奔头”。代玉建对此次换届选举的评价表明扶贫已成为基层政府政治生活中的重要内容，扶贫已成为年轻党员干部实现自身价值的重要载体，仪封乡共有37个党支部1070名党员。2016年5月，乡党委先后召开3次专题会议和3次乡村干部大会，对换届工作进行专题研究和动员部署，成立了仪封乡党委换届选举工作领导小组。在新当选的9名乡党委委员中，年龄最大的47岁，最小的只有27岁，平均年龄37.8岁，学历都在大专以上，最高为研究生学历。他们中有从村党支部书记岗位选拔的优秀干部，有奋战在扶贫一线的驻村工作队干部，有从事业单位选拔的优秀干部，还有优秀大学生村干部。换届后担任仪封乡党委副书记的张升奇是兰考县第一批扶贫标兵，过去一直在县委办公室工作。他说：“得到了群众的认可，自然也会得到党委政府的认可。”他认为扶贫工作为自己到乡镇工作奠定了基础，增强了信心。而对42岁的潘刚岭来说，这次当选“非常意外”。2016

① 根据《人民日报》2017年1月16日第6版《河南兰考仪封乡党委换届——干事有劲头 工作有奔头》、《河南日报》2017年1月16日第3版《河南兰考仪封乡换届选举——发扬民主 择优选用》、《经济日报》2017年1月15日第2版《河南兰考县仪封乡：让基层党组拧成一股绳》整理而成。

年已是潘刚岭在仪封乡工作的第19个年头，2004年就已是后备干部的他，因为这次换届选举取消了“事业编制人员必须在副科实职岗位上干满3年才可当选”的条件限制，所以高票当选。换届选举对候选人资格严格把关。仪封乡起初提出131名候选人，最终确定了127名候选人，其中有4名党员的候选人资格被取消。县委组织部组织科科长房磊说：“通过一一查阅资料档案发现，这4名党员在近5年受到过党内处分或行政处分。为了从严管理，对其下达了审查结果通知书，并对所在支部下达了更换或撤销候选人的通知书。”在仪封乡1070名党员中，35%是外出务工的流动党员。本着“不落一人”的原则，乡党委换届选举工作领导小组对于就近务工的党员电话召回，由支部书记个别传达；对于常年在外务工或工作所在地较远、不方便回来的党员，通过打电话、微信、视频等方式，向其传达换届的相关精神及换届进度。“换届选举唤醒了我的党员意识，虽然人在外地，却心系家乡发展。”流动党员代金胜说。

---

3. 发挥驻村工作队作用

驻村扶贫工作队是整合农村社区内外部资源，实现精准扶贫公共政策效用最大化的重要保障。兰考县的驻村扶贫工作队原则上是由县直单位2名人员和乡镇1名人员组成，队长由县直单位科级干部担任。工作队员由后备干部和优秀年轻干部担任，通过个人报名和组织推荐方式，选派了345名科级干部、优秀年轻干部进驻到115个贫困村，其中，115名机关企事业单位党支部的支部委员担任驻村工作队的队长，并兼任驻村第一书记。围绕着选好用好第一书记和驻村工作队，兰考县制定了一整套专门的办法，厘清了驻村工作的若干体制机制问题，为第一书记和工作队发挥好效用提供了制度支撑。

一是在工作方式上，为处理好驻村工作队与乡镇之间的关系，兰考县明确驻村第一书记接受乡镇党委的领导，日常管理以乡镇为主，由乡镇党委负责工作队员的日常考勤、工作安排和表现认定；乡镇党委每月至少召开一次第一书记碰头会，帮助解决工作中的实际问题；第一书记任期一般为1—2年，不占村“两委”班子职数，不参加换届选举，明确划清了驻村工作队与乡镇之间的权力边界。在驻村工作队和村党组织之间的关系方面，兰考县的驻村扶贫工作队实行“五天四夜”工作机制，要求驻村干部与原工作岗位脱离，吃住在村室，驻村扶贫期间的工作要依靠村党组织，通过这种长期与村“两委”和村民的共同生活，构建了具有半熟人性的人情网络，有效解决了工作队与村“两委”之间可能存在的矛盾冲突。在与县委组织部等部门的关系方面，县委组织不但对第一书记进行统一管理，有计划地对第一书记进行培训，帮助驻村工作队掌握政策，还和县委县政府督查局组成5个督导组，对驻村工作队进行监督检查；其他部门，如农业部门、扶贫部门针对驻村工作队开展涉农、扶贫等政策和技能培训，加强业务指导。在驻村工作队与派出单位关系方面，根据河南省委提出的“干部当代表、单位做后盾、领导负总责”的工作要求，兰考县明确驻村工作队不承担派出单位工作，原人事关系、工资和福利待遇不变；此外，派出单位主要负责人及班子成员每周到村工作一天一夜，帮助开展工作；驻村工作队的原部门发挥部门优势，在资金、项目等方面为驻村工作队提供资源支持。

二是在监督和考核方面，采用常态化和动态化相结合的方式。对于驻村扶贫工作队的考核主要有日常督导、季度绩效考核和半年考核、年终考核三种方式，其中日常督导是指县委组织部、县发改委（扶贫办）通过定期或不定期对驻村干部遵守工作纪律情况、阶段任务完成情况、工作成效等进行督导检查，为年度考核提供参考依据；季度绩效考核和半年考核是指采用“2+4”考核法[所驻村“两委”鉴定、所在乡镇党委鉴定，乡镇总队长排名、乡镇党委排名、发改委（扶贫办）排名、组织部排名]对驻村工作队进行季度评定和半年评定，为年终考核提供参考依据；年终考核是指县委组织部、县发改委（扶贫办）组成联合考核组，通过书面述职、实地调查、民主评议、综合评定等方式，对驻村工作队及队员进行考核。

三是在措施激励方面，将考核和评优与晋升挂钩。制定了《兰考县驻村扶贫工作考核办法》和《兰考县驻村扶贫工作考核评价细则》，对于民主测评群众满意率低于80%的工作队，限期进行整改；民主测评群众满意率低于60%的，对驻村工作队通报批评（该工作队成员年度考核不能评为“优秀”等级）并及时调整工作队成员，派出单位重新选派驻村干部。驻村干部考核综合评定特别优秀且符合条件的，优先提拔重用；被评为“不合格”等级的，驻村工作队员年度考核认定为“不称职”，按照干部管理权限由组织部或派出单位进行诫勉谈话，是后备干部的，取消后备资格。此外，为充分调动驻村工作队员的积极主动性，进一步发挥优秀驻村工作队员在脱贫攻坚中的工作标杆、示范引领作用，确保脱贫攻坚扎实有效推进，如期实现“率先脱贫”目标，兰考县2016年开始在全县驻村工作队中开展评选“驻村扶贫工作标兵”活动，通过贫困对象的精准识别情况、贫困群众对扶贫政策的知晓率、群众对驻村队员的满意度、扶贫资金和产业发展结合情况、驻村工作队员在扶贫工作中的作用发挥情况等标准进行考核。评选出两批共70名“驻村扶贫工作标兵”，并全部予以提拔重用，有效地激发了党员干部投身脱贫攻坚工作的热情干劲。

（三）强化作风建设，克服形式主义

优良的作风是我们党巩固执政地位的重要保障，为此我们党历来重视

作风建设。在精准扶贫背景下，党风建设是强化党在脱贫攻坚中发挥引领作用、实现2020年全面建成小康社会的重要支撑。习近平总书记三次视察兰考，每次都对兰考县的作风建设提出具体要求。习近平总书记对兰考在作风建设方面的要求，其深远意义在于通过学习焦裕禄精神，让兰考干部形成一种内在的约束，这种约束一方面建立在为人民服务的精神上；另一方面建立在自我情操的提升上。外部约束和内部约束保证作风建设沿着正确方向发展，有利于实现公共政策的高效落地和公民道德水平的提升。

兰考县在全县党员干部中开展群众路线教育实践活动的基础上，将作风建设与扶贫脱困相结合，通过扶贫工作检验作风建设成果。我们党是领导一切的，为发挥党的引领作用，需要通过组织建设将党组织的思想、路线和方针下沉到社会事务的各个层面，在这一过程中，党员是实现党的领导主体。在贫困治理过程中，党员是实现以党建促脱贫的主体，是凝聚其他主体的关键，党员的作风情况直接关系到党的形象，关系到工作的推进效果。围绕着加强脱贫攻坚领域作风建设，兰考县制定了一系列的制度，有效激发了党员干部的热情，将参与精准扶贫伟大实践作为坚定信念、提升认识、磨炼能力从而实现个人成长与进步的舞台，让全县党员干部认识到扶贫不仅是一项工作，更是一种责任，这种责任体现在其党员和干部的身份上，从而形成群众对自身在扶贫攻坚战中表现的评价心存敬畏之心。同时，兰考县坚持以督查促工作推进、促作风建设，组建了由县委督查室、县政府督查室、县政府目标管理办公室、县行政效能监察中心组成的县委、县政府督查局，把脱贫攻坚作为督查重点，对精准识别、精准帮扶等进行全程督查。兰考将督查工作与纪检监察工作有机结合，构筑督促检查推动工作落实、纪检监察强化责任追究的双重督查问责机制，不断加大监督执纪问责力度。同时，充分发挥目标考核导向作用，把脱贫攻坚纳入年度目标考核体系，对成绩突出的单位和个人予以表彰，并将其作为评先评优的重要依据；对落实不力、敷衍推诿的单位或个人进行通报约谈问责。强化督查结果运用，督查局的利剑作用越来越明显，全县各级干部庸懒散、中梗阻的现象得到了有效遏制，标准意识、效率意识明显提升，主动作为、奉献发展的热情空前高涨，县委、县政府重大决策得到有效落实，重点项目建设得到快速推进，经济社会得到快速健康发展。

三、兰考以党建促脱贫的经验与启示

回顾兰考以党建促脱贫的主要做法，我们可以发现抓党建促脱贫是有效的脱贫攻坚实践经验。抓好党的建设是推动精准扶贫工作扎实开展的有效方法，另外，精准扶贫也为县域全面从严治党，提升党建水平提供了有形的抓手。

（一）脱贫攻坚是新时期乡村基层党建的重要抓手

贫困地区自我发展能力弱、贫困人口项目参与率低、贫困村集体经济薄弱、基层党组织力量涣散等主观因素减弱了国家扶贫政策的落实力度，国家扶贫政策需要依靠基层党组织和党员群众来实施，能否克服主观上的各项因素，摆脱发展的桎梏，也需要依靠健全的基层党组织领导。党建力量的强弱实际上也影响了脱贫攻坚的政策实效，基层党组织建设以及群众动员工作都是党建的重要方面，村集体经济的发展亦需要党建力量在其中发挥引导和监督作用。脱贫攻坚作为一项惠民利民的系统性工程，提升党建能力，建立和谐的干群关系，发挥党建功能是其重要的目标。不能简单机械地将脱贫攻坚看作提高贫困人口的收入使其高于贫困线，而应当将脱贫攻坚与社区的各项公共服务结合起来，促进社区综合发展水平的提高。

（二）加强基层党建为脱贫攻坚提供了组织保障

基层党组织处在推动落实脱贫攻坚任务的最前沿，“精准滴灌”最终都要靠基层党组织实施。如果一个村级党组织不健全、缺乏战斗力，那么党员群众就是一盘散沙，脱贫攻坚各项工作都难以开展。可以说，整顿软弱涣散基层党组织，是脱贫攻坚战中的攻坚战。没有基层党组织动员党员和群众，各项政策都将成为空中楼阁，更谈不上发挥作用。脱贫奔小康必须与农村党的基层组织建设紧密结合，为贫困村建立一个具有开拓进取精神的好支部，选出一个积极能干、廉洁奉公、联系群众的带头人，从而引导和培养他们，真正使他们成为农民致富的示范者，产生“能人效应”，以先富带后富，以点带面，实现共同富裕。

（三）脱贫攻坚过程提升了基层党组织服务能力

贫困的成因是多维度多层次的，贫困地区生态资源破坏、经济上的物质资源匮乏、生计发展上的能力不足、医疗教育卫生等社会保障缺失等都会引起贫困问题，贫困治理也是一个多元的问题。换句话说，贫困治理是针对贫困问题的多维度治理，在政治、经济、社会、文化、生态等诸多方面形成综合性社区解决方案。脱贫攻坚过程中，核心工作就是有针对性地、精准地解决贫困户个体贫困问题和群体性贫困问题，为社区整体发展奠定基础。脱贫攻坚主战场作为锤炼、识别和使用干部的前沿阵地，广大党员干部在具体开展脱贫攻坚工作中，亲身体验到了泥土之辛、稼穑之苦、百姓之难，将心比心、换位思考，想问题、办事情的角度也发生了很大变化，执行党和政府的决策更加主动自觉，解决实际问题的能力显著提升。其主要措施就是为社区贫困人口提供有效的公共服务，建立农村基层服务型党组织，提升农村基层党员干部服务农民群众的能力、形成服务群众方式的多元化、解决群众常见矛盾的组织保障。各级党组织和党员干部聚焦脱贫攻坚，基层的村级班子组建好了，村干部和村里党员的工作积极性调动发挥起来了，群众才能更加便利地享受到服务。办事更加方便快捷，社区纠纷调解和公共文化等方面都有组织有规划，干群关系更加和谐，为贫困群众建基础设施、抓致富产业，群众对党的感情才更加深厚，热爱党、跟党走的信念更加坚定。贫困户的素质得到提升，社区公共服务供给更加充分，形成良好的带动氛围，逐渐促进贫困人口的社区融入，缩小社区内部的贫富差距。

第三章 以脱贫攻坚统揽经济社会发展全局

脱贫攻坚任务重的地区党委和政府要把脱贫攻坚作为“十三五”期间头等大事和第一民生工程来抓，坚持以脱贫攻坚统揽经济社会发展全局。

——习近平《在中央扶贫开发工作会议上的讲话》

2015 年 11 月 27 日

深度贫困地区党委和政府要坚持把脱贫攻坚作为“十三五”期间头等大事和第一民生工程来抓，做到人员到位、责任到位、工作到位、效果到位。县委书记要统揽脱贫攻坚，统筹做好进度安排、项目落地、资金使用、人力调配、推进实施等工作。脱贫攻坚期内贫困县县级党政正职要保持稳定。要夯实农村基层党组织，选好书记，配强领导班子，发挥好村党组织在脱贫攻坚中的战斗堡垒作用。要把深度贫困地区作为锻炼干部、选拔干部的重要平台。

——习近平《在深度贫困地区脱贫攻坚座谈会上的讲话》

2017 年 6 月 23 日

一、以脱贫攻坚统揽经济社会发展全局的理论方法

消除贫困，改善民生，是社会主义的本质，是全面建成小康社会的底线目标。在新时期脱贫攻坚战中，“中央统筹、省负总责、市县抓落实”的扶贫开发管理体制[①]是国家贫困治理体系基本的结构安排。县一级需要结合国家脱贫攻坚的总体部署和县域扶贫开发工作实际，合理安排工作进度，统筹好人力、财力、政策、项目等各项资源，并具体组织各项工作有序开展。同时，县域脱贫攻坚直接面对老百姓，直接接触群众工作，人民群众能否从国家政策中有实实在在的获得感，是否在扶贫开发过程中增进对国家政策的认同和对执政党的真心拥护，很大程度上取决于县域脱贫攻坚工作做得是否扎实，是否有成效，是否扶到了点上、扶到了根上、扶到了心里。

（一）发挥政治优势和制度优势是打赢脱贫攻坚战的根本保障

全面建成小康社会背景下的脱贫攻坚战，“一线战场”在县域，能否高质量打赢 832 个县脱贫摘帽的攻坚战役，决定了中央既定战略部署是否能够实现，决定了全面建成小康社会的庄严承诺能否赢得人民的认同。

党的十八大以来，在习近平总书记关于扶贫工作重要论述的指引下，

---

① 具体为：党中央、国务院主要负责统筹制定扶贫开发大政方针，出台重大政策举措，规划重大工程项目。省（自治区、直辖市）党委和政府对扶贫开发工作负总责，抓好目标确定、项目下达、资金投放、组织动员、监督考核等工作。市（地）党委和政府要做好上下衔接、域内协调、督促检查工作，把精力集中在贫困县如期摘帽上。县级党委和政府承担主体责任，书记和县长是第一责任人，做好进度安排、项目落地、资金使用、人力调配、推进实施等工作。资料来源：《中共中央、国务院关于打赢脱贫攻坚战的决定》，2015 年 11 月 29 日。

全党全社会高度动员，上下齐心，脱贫攻坚取得了巨大成就。中国农村贫困人口数量稳步下降，2013—2016年，年均减贫1391万人，4年时间累计减贫5564万人，贫困发生率从2012年底的10.2%下降至2018年底的1.7%。[①]但同时也应当看到，全面建成小康社会背景下的脱贫攻坚战，任务依然十分艰巨。截至2018年底，中国仍有农村贫困人口1660万，而且这些存量贫困人口主要分布在深度贫困地区，属于困中之困，是“难啃的硬骨头”。习近平总书记在深度贫困地区脱贫攻坚座谈会上指出：“这些地区多是革命老区、民族地区、边疆地区，基础设施和社会事业发展滞后，社会文明程度较低，生态环境脆弱，自然灾害频发，贫困人口占比和贫困发生率高，人均可支配收入低，集体经济薄弱，脱贫任务重，越往后脱贫成本越高、难度越大。脱贫攻坚本来就是一场硬仗，深度贫困地区脱贫攻坚更是这场硬仗中的硬仗，必须给予更加集中的支持，采取更加有效的举措，开展更加有力的工作。”[②]

必须清醒地认识到，打赢脱贫攻坚战是中央既定的战略部署，是补齐全面建成小康社会短板的关键之举。距离2020年的时间节点，只剩下不到2年的时间，要解决1660万贫困人口的脱贫问题，赢得深度贫困地区脱贫攻坚这场硬仗的胜利，需要以过硬办法、过硬手段有效推进。过去30多年间，中国政府主导的扶贫开发事业之所以能够取得举世瞩目的成就，其基本经验之一在于始终加强党对扶贫开发工作的领导、充分发挥好中国特色社会主义集中力量办大事的制度优越性，汇集全党全社会的力量，集中优势资源全力以赴响应贫困地区的发展需求和贫困人口的脱贫期盼。县一级是统筹各类资源，推进脱贫攻坚工作有序开展的“一线战场”。

---

① 黄承伟：《为全球贫困治理贡献中国方案》，《人民日报》2017年7月20日，第3版。

② 习近平：《在深度贫困地区脱贫攻坚座谈会上的讲话》（2017年6月23日），新华网，http://www.xinhuanet.com/politics/2017-08/31/c_1121580205.htm，2017年8月31日。

县域坚持以脱贫攻坚统揽经济社会发展全局，体现在县一级党委政府把脱贫攻坚作为“头等大事”和“第一民生工程”来抓，将制度优势充分体现，最大限度地聚合各种资源，把分散的项目、资金、人力有效整合向脱贫攻坚聚焦，更好地运用政府、市场和社会三种力量、三种机制，形成强大合力，从而为赢得脱贫攻坚战提供制度上、组织上、资源上的保障。

（二）对中国农村贫困问题及贫困治理的科学认识

科学认识是有效行动的先导，形成关于中国贫困问题成因的科学认识，是制定有效减贫政策，合理安排贫困治理结构，从而确保打赢脱贫攻坚战的基础。总体而言，准确理解中国农村贫困问题的实质，不仅需要掌握贫困问题研究的一般理论工具和研究方法，还需要结合中国农村改革与发展实践，在历史性、现实性、趋势性的历史思维框架下厘清中国农村贫困问题的复杂成因。研究者认为，中国农村贫困问题受到多重因素影响，既体现了中国农村改革与发展的一般性问题，又具有自身的特殊性。① 从致贫因素来看，新时期中国农村贫困地区的减贫与发展面临着基础设施支撑不足、公共服务水平不高、产业基础薄弱、基层党组织战斗堡垒作用弱化等多重短板因素制约。因此，有效的贫困治理必然是在认识到贫困成因具有系统性、综合性的基础上，统筹各类资源，协调各种力量，形成合力，系统性地改善贫困地区的发展面貌。

同时，从贫困治理的角度来看，中国国家贫困治理体系中，政府主导的减贫行动是基本推动力量，各项改革措施、各项政策扶持构成了农村减贫与发展的有力支撑体系。从改革与发展的制度和政策支持来看，农村改革、各项强农惠农政策、扶贫开发政策投入为中国农村贫困治理营造了良

① 吕方、梅琳：《精准扶贫不是什么？——农村转型视阈下的中国农村贫困治理》，《新视野》2017年第2期。

好的制度和政策环境。在中国政府组织架构中，县一级位置十分特殊，发挥着承上启下的作用。中央的决策部署，各个行业部门的扶贫开发政策和资源，各种社会力量，需要在县一级统筹安排，通过认认真真抓落实，保证中央一级、省一级的政策安排能够真正落到实处，通过深入推进各项改革，因地制宜地发挥地方首创精神，将外部发展环境、政策利好与地方减贫和发展实际、特色优势更好对接，保证各项改革措施、各项利好政策具体落实为促进贫困地区实实在在的内生发展动能。此外，还应看到，贫困治理能否取得好的绩效，很大程度上取决于能否发挥好政府和群众两个方面的积极性，其中贫困社区和贫困农户的有效参与至关重要。如果贫困社区和贫困人口没有自我发展的愿望，“等、靠、要”的思想严重，自然难以取得好的成效。县域治理直接面对群众工作，是否能够自觉践行中国共产党人“实事求是”的思想路线和“从群众中来、到群众中去”的工作路线，是否下足了“绣花”功夫，把国家脱贫攻坚各项政策和老百姓的发展愿望结合起来，不仅是保证扶贫开发取得实效的根本，也是增进贫困人口对扶贫开发政策认同，夯实党的执政根基的关键。综上所述，以脱贫攻坚统揽经济社会发展全局，源于对中国农村贫困问题本质和对农村贫困治理基本规律的科学认识，是打赢全面建成小康社会背景下脱贫攻坚战的正确方法论。

（三）以脱贫攻坚统揽经济社会发展全局的基本问题

习近平总书记指出，脱贫攻坚任务重的地区党委和政府要把脱贫攻坚作为“十三五”期间头等大事和第一民生工程来抓，坚持以脱贫攻坚统揽经济社会发展全局。具体而言，在实践层面，需要把握好脱贫攻坚与经济社会发展之间的辩证关系。要确保县域脱贫攻坚“一线战场”赢得胜利，对于脱贫攻坚战战略全局具有基础性和支撑性。当前，脱贫攻坚任务依然十分艰巨，以脱贫攻坚统揽经济社会发展全局，是有效贫困治理的基本方法。以脱贫攻坚统揽经济社会发展全局需要处理好以下几个方面的关系。

第一，脱贫攻坚与县域发展之间的关系。脱贫攻坚统揽经济社会发展全局，体现在县域发展的谋篇布局要贯穿新发展理念的要求，把县域贫困治理发展纳入全县发展全局来谋划和推进，体现在县一级在谋划县域发展规划、重大建设项目、重大工程时，始终围绕着促进贫困人口参与和分享改革与发展红利，补齐制约县域城乡协调发展的短板因素，为县域贫困地区和贫困人口脱贫增收提供各方面的支撑。

第二，脱贫攻坚与县域改革之间的关系。县级处于承上启下的关键位置，负责将国家层面、省级层面的各项政策结合地方实际落到实处。研究者指出，在中国国家治理体系中，国家层面和省级层面出台的文件、政策，多是指导性、纲领性的，需要在县及县以下行政层次结合地方实际，逐级细化、逐级“转译”，从而保障政策供给与地方实际需求的有效匹配。[①] 同时，县级以下层级是政策执行的关键环节，担负着将国家政策不折不扣地传递给政策对象的角色，长期以来政策执行的“最后一公里”问题，对“政策下乡”形成阻滞，影响着政策绩效的良好发挥。在“中央统筹、省负总责、市县抓落实”的管理体制下，县一级需要结合国家关于精准扶贫政策体系的顶层设计和县域减贫与发展实际，形成县级层面的精准扶贫政策体系，并保障各项政策能够精准传递到贫困社区和贫困农户。打赢县域脱贫攻坚战，不仅要加大财力投入补齐各类短板因素，同时还需要以深化改革的思维，让市场机制有效运转并有利于贫困人群。在这一过程中，通过“放管服”的改革，更好发挥政府作用至关重要。换言之，通过深化县域改革的办法，破除制约脱贫攻坚有效开展的体制机制障碍，至少

---

① 吕方、梅琳:《“复杂政策”与国家治理——基于湘西 F 县连片开发式扶贫的讨论》,《社会学研究》2017 年第 3 期。

包含两个方面的内涵：一是因地制宜抓好各项精准扶贫政策的落实；二是在县域层面明晰政府、市场与社会的边界，发挥市场的决定性作用和更好履行政府的职能。

第三，脱贫攻坚与基层治理之间的关系。作为习近平总书记关于扶贫工作重要论述的核心内容——“精准扶贫”，无疑是中国国家贫困治理体系建设的重要理论创新和实践创新，其核心在于增强国家扶贫开发行动对于多元化、差异化需求的更好回应，将各项政策、资源精准地与贫困人口的需求相匹配。在实践层面，政策不仅需要“落实到基层”，政策和服务的传递也是“落实靠基层”。在既往的扶贫开发实践中，存在着政策资源难以有效传递到贫困人口，政策供给与实际需求契合程度低等问题，其根本原因在于基层治理体系不完善、治理能力相对薄弱。因而，县域脱贫攻坚需要与基层治理体系建设和基层治理能力提升相结合，以基层治理体系建设和能力提升的办法为脱贫攻坚保驾护航，同时以脱贫攻坚为契机、为抓手，促进基层治理体系不断完善和基层治理能力不断提升。其关键内容包括：首先，加强党建引领，为脱贫攻坚和基层治理体系建设提供政治保障、组织保障和思想保障。其次，加强组织体系建设，形成合力推进脱贫攻坚的工作格局。再次，加强执行体系建设，打通政策执行的“最后一公里”。复次，强化服务导向体系，明确脱贫攻坚要着力践行“以人民为中心”的发展理念，以促进贫困人口福祉改善、自我发展能力提升以及贫困县、贫困乡镇、贫困社区内生发展动能成长为根本。最后，完善社区治理体系，让国家精准扶贫政策能够在社区有效贯彻，排除干扰，搭建结构完整、运转高效的社区治理体系。

可见，不同于一般性的发展项目，贫困治理需要掌握并合理运用减贫与发展的系统思维和辩证思维。贫困的成因具有复杂性和综合性，有效的贫困治理内在地要求着力补齐制约贫困地区减贫与发展的短板因素，要求通过各项制度改革实现贫困地区整体发展环境的改善，要求“一户一策”地促进贫困人口各项能力的提升以及对“差异化需求”的有效回应。可以说，贫困治理涉及县域治理的方方面面，以脱贫攻坚统揽经济社会发展全局，是打赢脱贫攻坚战的根本保障。

二、兰考以脱贫攻坚统揽经济社会发展全局的做法

兰考县坚持以脱贫攻坚统揽经济社会发展全局，赢得了县域脱贫摘帽攻坚战的胜利，其基本经验在于：深刻体认打赢脱贫攻坚战的重大意义；在发展布局、产业布局、社会事业布局等方面体现脱贫攻坚的统揽性意义；尊重县域贫困治理实际，结合实际科学谋划县域精准扶贫的政策体系；形成良好的治理体系，以“苦干实干”的精神，下一番“绣花”的功夫，抓好各项政策落实和各项改革的有力有序有效推进。

（一）凝聚共识：为县域脱贫攻坚战提供思想保障

科学认识是有效行动的先导，认识的深度决定了工作的力度。兰考在推进精准扶贫过程中，始终重视思想体系建设工作，强调必须提高政治站位，切实解决脱贫攻坚的思想认识问题。在思想认识体系建设中，兰考县的实践有以下几方面的突出特点。

其一，县委县政府高度重视提升政治站位，深刻认识脱贫攻坚的战略意义。党的十八大以来，习近平总书记就脱贫攻坚发表了一系列重要讲话，做出一系列重要指示批示。在这些重要论述的引领下，国家精准扶贫政策体系和治理体系不断完善。加强学习、提高政治站位、提升理论认识，是指导各项工作有序开展并取得预期成效的关键。为了准确把握脱贫攻坚的战略意义，兰考系统学习习近平新时代中国特色社会主义思想，特别是

习近平总书记关于扶贫工作的重要论述。学习过程注重系统学习和原原本本学习，将对脱贫攻坚战略意义的理解置于习近平总书记治国理政思想体系中认识，置于贯彻落实新发展理念的总体背景下认识，置于对中国共产党执政为民的初心体认和巩固党的执政基础的政治高度上认识。特别是在学习习近平总书记关于扶贫工作重要论述的过程中，注重结合习近平总书记关于扶贫工作重要论述的形成和演化、中国减贫道路演进历程及当代农村贫困问题以及贫困治理的理论研究和实践经验，来准确把握县域精准扶贫的工作方向和重点。

经过深入扎实的学习，兰考认识到实施脱贫攻坚事关全面建成小康社会，事关国家长治久安，事关巩固党的执政基础。脱贫攻坚不是一个简单的补短板问题，而是一个全局性的战略问题。中国改革走过了 40 多年的历程，中国经济建设取得了举世瞩目的伟大成就，同时也面临着诸多的挑战。目前，中国进入了经济运行的新常态，随着利益格局的分化，各种社会矛盾也到了积聚期，这是对党的执政能力的巨大考验。经过“十三五”的努力，我们将面临第一个百年目标的实现。全面建成小康社会，从总量来看达到目标不成问题，重点在于更好促进贫困群体的脱贫致富。脱贫攻坚不仅能够补齐全面小康的短板，同时是重大的民生战略和民心战略，体现着中国共产党执政为民的初心，是巩固党的执政基础的关键之举。实施脱贫攻坚，有利于促进区域协调发展、城乡统筹发展，为中国扩大对内开放，培育经济增长新动能，促进发展模式转型具有重要的发展战略意义。同时，打赢脱贫攻坚战，需要通过深化改革完善基层治理体系，提升基层治理能力，脱贫攻坚与基层治理体系完善和治理能力提升具有辩证关系。就此而言，实施脱贫攻坚具有基础战略意义。

其二，以多种形式带动全县干部认真学习、主动学习，做到入心入脑。基层工作开展得好坏，干部是关键，要形成县域脱贫攻坚的合力，统一干部思想是基础。兰考县以多种形式带动全县干部提高认识，鼓励干部认真学习、主动学习，做到科学认识入心入脑。在精准扶贫工作推进过程的开始阶段，基层干部面对成倍增加的工作，面对不断叠加的政策举措，也出现了不理解甚至抵触的情绪。随着县一级干部政治站位和思想认识水平的提升，进一步在科级干部中统一认识，有利于鼓舞干劲、形成合力。为了达到这一目标，兰考县采取了多方面的举措。一是利用党校干部教育阵地，讲授脱贫攻坚专题党课。专题党课系统介绍了中国扶贫开发的历程、精准扶贫政策理念的缘起与政策体系的构成、打赢脱贫攻坚战的重大意义、兰考县域经济社会发展和贫困问题的现实情况、工作推进中遇到的难题以及工作的重点和思路。通过专题党课的形式，参训学员提升了对脱贫攻坚重大战略意义的认识，对县域精准扶贫的政策部署、治理体系、主要问题、工作重点等内容有了全面的认识。二是以会代训，进一步提升认识水平，提高业务能力。仅以 2016 年为例，当年全县召开了 7 次“千人大会”①，县乡村干部和驻村工作队员全部参加，针对脱贫攻坚各个阶段的工作任务，细化分工、明确责任，确保压力传导到位，工作落实到位。值得注意的是，“千人大会”的目的绝不仅仅在于营造氛围，除了解决上面提到的工作部署、传导压力之外，“千人大会”上县级决策部门直接面向乡村两级干部和驻村工作队对政策意图、政策要求、分工安排进行部署，从而消除了政策传达的中间链条，最大限度地降低了政策传达的“失真”。三是发挥标兵示范带动作用，以先进带动后进。在全县驻村工作干部、乡村干部中评选工作认真负责、成效显著，深得群众认可的“标兵”，发挥“标兵”示范带动作用，为全县干部形成确立努力的方向和学习的榜样。值得一提的是，兰考县“标兵”评选对于调动各类扶贫干部的积极性，鼓

① 兰考县“千人大会”指的是县、乡、村三级干部大会。三级干部大会的做法体现了政府扁平化管理的理念，是统一思想、工作部署、抓落实的重要制度载体。

舞干劲，促进业务能力提升发挥了重要作用。

其三，结合精准扶贫实际工作，以学习指导实践，以实践促进学习。学习的目的是更好地指导实践，反过来，在实践中，学习阶段的困惑得以澄清，学习到的理论和方法得以巩固和提高。精准扶贫是以政策为导向、以服务为导向的，是“实践着”的“以人民为中心”的发展。“以学习指导实践”，指的是通过提高各级干部的政治站位，深刻理解打赢脱贫攻坚战的重大意义，通过系统学习精准扶贫的政策理念和政策体系，指导县域各项工作有序开展，在每个时间节点上，在每个岗位上的工作人员，能够理解自身当前工作对于整个县域脱贫攻坚大局的作用与意义，能够在实践中有基本遵循，形成工作标准。“以实践促进学习”包括两个方面的内涵：一是在实践中体认、巩固和深化对脱贫攻坚战略意义、对精准扶贫理论方法的认识；二是在各项工作开展过程中，遇到了困惑和疑难，通过进一步学习，促进工作方式的优化和改善。特别是在实践过程中，各级干部通过科学运用精准扶贫的工作方法，感受到了国家精准扶贫政策体系和治理体系安排的科学性，感受到了老百姓实实在在的满意和认同。以“精准识别”为例，在工作开展的早期阶段，存在着较为普遍的遗漏和偏差，“优亲厚友”的现象不仅造成了政策资源难以精准扶持到真正贫困的农户，而且在群众中造成了不好的影响，老百姓对党和国家的政策缺乏认同。在随后几轮的“精准扶贫回头看”和“精准扶贫再回头”纠偏过程中，驻村工作队发现，只要坚持科学合理的标准，主动依靠群众，严守识别程序，识别的精度不仅可以提高，而且老百姓对政策的理解和认同也在同步地提升。通过“精准帮扶”，驻村干部看到了贫困人口生活实实在在的改善，增进了对自身工作价值、对精准扶贫工作部署的自信，也进一步激发了干劲，干部作风在实际工作中稳步改善，干群关系也进一步融洽。国务院扶贫办委托中国科学院地理科学与资源研究所开展的第三方评估报告指出：基于对 348 个村

3704户的入户调研，兰考县脱贫摘帽成果真实可信，其核心指标“三率一度”表现突出，抽样错退率0.72%，漏评率0.75%，群众认可度98.96%，综合测算贫困发生率1.27%。

（二）规划统领：总体布局脱贫攻坚与县域发展治理

兰考县以脱贫攻坚统揽经济社会发展全局，同时体现在将脱贫攻坚视为第一位的民生工程和各项工作中的“头等大事”，将脱贫攻坚置于经济社会发展规划的突出位置，县域经济社会发展规划都是围绕着“稳定脱贫奔小康”的目标来布局谋篇的。

具体体现在以脱贫攻坚统揽产业体系布局、新型城镇化建设和公共服务供给安排等方面。

1. 产业体系促进脱贫攻坚

产业扶贫在新时期的脱贫攻坚战中，依然是最为主要的帮扶手段。扶产业才是扶根本，对于那些有劳动能力的贫困人口，通过人力资本提升，促使其能够参与到产业发展的过程中。通过诚实劳动合法经营获得收益，是助推贫困人口脱贫的基本手段。同时还应看到，产业体系的建设同时关乎县域经济的发展与转型，新时代按照新发展理念，推进供给侧结构性改革，抢抓发展机遇，从而实现县域产业的合理布局和可持续发展，是县域内生动力建设的核心命题。兰考的产业体系安排，生动体现了脱贫攻坚与县域经济发展之间的辩证关系。一方面，围绕着脱贫攻坚目标的实现，通过产业带动的方式促进贫困人口增收脱贫；另一方面，贫困农村地区劳动力、土地、资本等潜在的生产要素得以激活，结合技术创新的手段，劳动生产率得以提升，为应对经济下行压力，促进县域经济繁荣和产业体系进一步优化、完善提供了有力支撑。总体而言，兰考的产业体系布局遵循三个方面的准则：一是坚持产业发展要能够带动贫困人口有效参与，促进其脱贫增收；二是产业体系安排要能够契合地方特色优势资源禀赋，符合国家的产业政策导向；三是产业体系发展要符合产业体系优化与完善的一般规律，补齐制约产业提质增效的短板。由此实现了强县与富民的统一，脱贫攻坚与县域发展的统一。

具体来说，兰考在深入研判经济形势和深耕地方特色资源、发展优势的基础上，摒弃盲目承接沿海地区产业转移的发展道路，确立了家居制造、食品加工和战略性新兴产业 3 个主导产业，坚持招大引强，突出龙头带动，不断培育壮大特色产业体系。经过不懈努力与探索，逐渐形成了城乡统筹、一二三产业融合发展的产业布局。特别是在产业链条的空间布局上，形成城乡统筹的体系化安排。在城区的产业集聚区，主要以强县和吸引青壮年劳动力就业为目的，重点打造了以恒大家居联盟产业园为龙头的品牌家居和以正大、禾丰为龙头的食品加工两个产业集群，同时大力发展战略性新兴产业，相继引进格林美、富士康、光大等行业龙头企业，为增强县域综合实力打下坚实基础。在乡镇，主要以带动 40—60 岁年龄人群就业为目的，按照"一乡一业"或"多乡连片一业"的原则，积极引进主导产业配套企业，建设 6 个乡镇产业园区，带动群众创业就业。在农村，主要以带动 60 岁以上年龄人群和闲散劳动力就业为目的，积极培育龙头企业引领、畜牧规模养殖支撑、饲草种植配套"三位一体"的畜牧产业化，同时大力发展群创产业，培育了堌阳镇范场、南彰镇周庄、红庙镇青龙岗等一批"一村一品"示范村，吸纳贫困人口在家门口就业。[①] 调研中，我们发现各贫困村产业发展效果明显，特别是已经逐渐吸引外出务工人口回流，通过配套的技术培训，许多贫困户进入县城和乡镇务工，留守人口借助农村土地制度新一轮改革、普惠金融政策、产业扶贫政策等多重

① 兰考县委、兰考县政府：《干字当头、精准发力，全面加快稳定脱贫奔小康步伐》，2017 年 6 月 20 日。

利好，发展家庭生产，拓展收入来源，实现了稳定脱贫。

兰考以产业体系建设促进脱贫攻坚的规划布局，有效破解了区域发展和脱贫攻坚相结合的命题，有效促进了城乡统筹发展。产业体系吸纳劳动力能力强，对贫困人口发展生产的带动效应显著，注重通过制度改革强化产业发展与贫困人口的利益联结机制，较好地解决了产业扶贫的益贫性问题。在脱贫攻坚过程中，不仅贫困人口增收效应明显，而且县域产业链条更加完整，竞争力稳步提升，真正实现了“强县与富民”的统一。

2. 城镇化带动脱贫攻坚

在县域脱贫攻坚过程中，城镇化对于带动贫困人口脱贫增收具有重要意义。一方面，在县域的范围讲城镇化，主要包括三个体系，即县城、中心乡镇和一般乡镇。城镇体系的空间结构与产业体系的空间结构有紧密的耦合关系，城镇发展是产业发展的延伸，同时对于产业发展也会有促进作用。县域内城镇建设水平的高低，直接影响到地方产业发展水平和质量，合理的产业布局与合理的城镇化推进模式，共同作用于县域可持续发展内生动能的成长。兰考的城镇化，体现了“把强县和富民统一起来”和“把城镇与乡村贯通起来”的理念与要求，中心城区产业聚集区布局带动能力强的龙头企业；乡镇主要依据当地资源禀赋和发展优势，安排配套产业，并着力补齐乡镇基础设施短板，发挥其更好连接城市与农村，促使乡镇发挥连接区域市场、全国市场，贯通城乡的作用。城镇化与农业产业化同步发展，使农村贫困社区的各类生产要素得以在市场机制的配置下，提升效能，获得更多的经济效益；同时，城镇发展带来的非农就业，为贫困人口特别是中年农村留守人口提供了就业岗位和收入。

另一方面，沿海地区产业转移、农业现代化促进外出劳动力回流，开启了中国小城镇建设的第二波，对接这些契机有利于促进贫困人口脱贫增收。毫无疑问，城镇化是推动中国发展的重要引擎，是提振内需的重要方式，但不恰当的城镇化，往往成为矛盾积聚的过程。新时期国家推动以人为中心的新型城镇化，强调城镇化过程应当契合人的发展、人的需求实现，尊重市场经济的规律，而不能以行政意志简单替代发展的内在逻辑。从县域范围来看，随着近年来农业现代化进程的加速，特别是三产融合的深度发展，以及沿海地区产业向中西部欠发达地区转移，小城镇的建设与发展迎来了全新的契机。随着县域经济的变动，外出务工人员纷纷返乡就业创业，家庭经济、家庭生活的代际分工更趋合理，就地就近的城镇化不仅促进了贫困人口增收，也为破解“三留守”等农村问题提供了机遇。小城镇作为各种人才、资源、技术、物流的聚集地，是农村生产市场与区域、全国消费市场对接的重要节点，是农业社会化服务体系的重要节点，是各类政策、资源进入农村的重要节点，其建设水平直接决定了对农村贫困社区和贫困农户的带动能力的高低。

兰考在谋划脱贫攻坚统揽经济社会发展全局的过程中，高度重视城镇化对脱贫攻坚促进作用的发挥。按照习近平总书记“把城镇和乡村贯通起来”的要求，坚持城乡统筹发展与脱贫攻坚同步推进，形成了以中心城区为核心，以中心镇为重点，以一般乡镇为支点的新型城镇化发展思路。[①]县域城镇化体系与县域产业体系发展的经济规律高度契合，在推进城镇化建设的过程中，有力地促进了产业体系对贫困人口脱贫增收的带动作用。经过不懈努力，城区面貌明显改观，得到了群众的广泛认可，为产业发展和招商引资提供了良好环境，吸纳了大量农村贫困人口进城安家落户，同时也为农村留守人员扩大生产规模、增加收入创造了更加有利的条件。中心镇建设，突出服务配套产业，带动贫困人口就业，服务农村分散种养殖业发展，为贫困农户就业、创业提供了有力支撑。

---

① 兰考县委、兰考县政府：《干字当头、精准发力，全面加快稳定脱贫奔小康步伐》，2017 年 6 月 20 日。

3. 补齐公共服务短板

从现实来看，农村贫困问题的成因十分复杂，特别是因病致贫、因灾致贫、因学致贫的现象较为突出，一定范围内出现了贫困代际传递的现象。还应看到，农村贫困地区公共服务体系建设较为滞后，是推进城乡公共服务均等化的突出短板。补齐短板，有利于更好保障贫困人口的权益和福祉，有利于实现稳定脱贫，有利于阻断贫困的代际传递。同时还应看到，公共服务是重大的民生问题，直接回应老百姓生活的实际困难，是重大的民心事业，深刻体现了中国共产党执政为民的“初心”。补齐公共服务短板，回应百姓的民生关切，有利于增进贫困群众对党的政策的认同，巩固执政之基。2020 年全面建成小康社会，要实现现行贫困线以下贫困人口“两不愁三保障”的目标，也正是基于上述认识做出的科学判断，体现了脱贫攻坚作为民生之举、民心之举的战略意义。

从县域范围来看，优质公共服务资源向中心城区聚集，农村地区特别是农村贫困地区公共服务体系建设相对滞后，严重制约着对贫困群体需求的有效回应。因此，习近平总书记提出对于困难群众要“格外关注、格外关爱、格外关心”。2015 年底，习近平总书记在中央扶贫开发工作会议上，明确提出“精准扶贫”过程中要解决好四个问题，在回答“怎么扶”的问题时，习近平总书记提出要坚持“五个一批”的减贫战略，其中发展教育脱贫一批、社会保障兜底一批和异地扶贫搬迁脱贫一批等几项内容，都涉及补齐公共服务短板的要求。兰考县着力推进兜底保障式扶贫工作，特别是重视教育扶贫和健康扶贫的工作。三年脱贫攻坚期间，教育、医疗卫生的公共服务短板快速补齐，基层教育、医疗机构的服务能力显著增强，有效解决了贫困人口因病致贫、因病返贫和因学致贫的问题，为阻断贫困的代际传递发挥了重要作用。兜底保障体系不断完善，特殊困难群体的供养和服务水平明显提高。

（三）保障体系：完善县域脱贫攻坚治理体系提升治理能力

中国农村贫困问题的成因具有系统性、复杂性的特点，有效的贫困治理不仅需要依赖科学设计的政策体系，还需要以治理的思维看待减贫与发展的问题。完善县域贫困治理体系、提升县域贫困治理能力，同样是精准扶贫的内在要求，是以脱贫攻坚统揽县域经济社会发展全局的具体体现。基于对兰考县经验的总结，我们分三个部分介绍县域贫困治理体系建设的内涵与方法。

1. 抓党建促脱贫

在脱贫攻坚领域，抓党建促脱贫是中国国家贫困治理体系的突出政治优势，加强和改善党的领导为打赢脱贫攻坚战提供了有力的政治保障和组织保障。首先，脱贫攻坚涉及众多的行动主体，通过加强党的领导形成统一认识、统一行动，有利于集中各类资源，聚合积极力量，形成脱贫攻坚的广泛合力。其次，“一切为了人民、一切依靠人民、从群众中来，到群众中去”的工作路线和“实事求是”的思想路线，为各项扶贫开发政策的有效落实提供了指引和保障。再次，通过动员“干部下乡”，打破传统科层体制的封闭运转逻辑，促进国家精准扶贫各项政策在社区层面、农户层面有效落实，并将一线的信息迅速反馈到决策层面，为进一步优化各项政策提供了基础；同时，脱贫攻坚有别于一般性的工作，需要干部在工作中不断提升能力，学会驾驭各种复杂局面，协调各方关系，“干部下乡”在实践中历练，有助于干部自身的成长。最后，夯实基层组织建设，将贫困社区党组织建设成为带领村民特别是贫困农户脱贫增收的“红色引擎”，在脱贫攻坚的过程中凝聚民心、民智、民力，密切干群关系，增进农户对党和国家政策的认同，从而巩固党的执政基础。兰考高度重视党建工作对脱贫攻坚的引领和促进作用，着力通过党建工作为脱贫攻坚提供强大的政治保障、组织保障，以抓党建带动群众有效参与，发挥群众优势。其主要工作包括三个方面。

（1）以群众路线教育实践活动和弘扬焦裕禄精神为载体，提升全县干部对于脱贫攻坚重大意义的认识，提高政治站位和业务水平。通过深入学习和理解习近平新时代中国特色社会主义思想特别是关于扶贫工作的重要论述，通过体会和弘扬焦裕禄精神，通过系统研究中国扶贫开发的道路与历程、新时期的扶贫开发工作形势与精准扶贫工作要求，通过系统全面的县情教育，兰考干部提升和巩固了关于打赢脱贫攻坚战重大意义的认识，为打赢县域脱贫攻坚战奠定了坚实的思想基础。在兰考，主要领导以身作则、率先垂范，带头深入研学习近平总书记关于扶贫工作的重要论述和中央、省相关文件精神。针对工作中存在的问题，按照当年焦裕禄书记“白天要搞调查研究，晚上要‘过电影’”的要求，四大班子在白天调研的基础上，利用晚上时间进行多层次、大范围的集中讨论研判，通过广泛的集中研学和对扶贫政策制定的反复推敲，县级干部对脱贫攻坚的认识逐步提高、理解更加深刻。同时，在原有县级干部分包乡镇的基础上，兰考建立了县级干部联系贫困村制度，每名县级干部联系 2—3 个贫困村，在百日攻坚、稳定脱贫整改提升大会战期间，要求每名县级干部每周至少驻村 1 夜，走访贫困户、召开群众座谈会、研究脱贫政策，督促检查驻村工作队的工作，及时指导解决遇到的问题和困难；同时，要求行业扶贫部门班子成员每周驻村 1 夜，及时发现解决行业扶贫中出现的政策落实不畅等问题。县科级干部的主动作为，让广大基层干部特别是扶贫一线干部看到了党委政府真抓实干的决心和态度，带动基层干部进一步摒弃了形式主义，在全县营造了务实重干的浓厚氛围。

（2）选派优秀干部组成驻村工作队，开展扎实有效的驻村帮扶工作。驻村工作队是解决“谁来扶”问题的重要载体之一，在脱贫攻坚中发挥着政策宣传员、服务传递员、信息反馈员、沟通协调员等多重角色，是县域精准扶贫工作取得实绩的关键群体。抓好驻村帮扶工作，是兰考经验的重要组成部分，也是以党建促脱贫工作的重要板块之一。一些地区在驻村工作开展过程中，不同程度地暴露出干部“派而不驻、驻而不帮、帮而不能”的问题，难以有效发挥好这一关键群体应有的作用，甚至驻村干部自身对驻村工作、对精准扶贫政策产生了不理解的现象。兰考为了更好发挥驻村工作队的作用，形成了系统的工作思路和办法。其一，在干部选派方面，兰考从后备干部队伍中选拔精干力量，参与驻村工作。实际上，选派驻村工作队是我党群众工作的重要方法。但一定时期内，驻村工作形式化问题较为突出，派出单位对驻村工作认识不够、支持不足，往往选派一些单位中的“闲人”下乡，驻村工作也多是流于形式，其效果自然可想而知。兰考在驻村干部选派方面，坚持正确导向，从后备干部队伍中选拔精兵强将，这些干部干事有热情、有思路、有魄力，是开展好驻村工作的人才基础。其二，压实责任，强化管理。推行“五天四夜”工作法，所有驻村干部纳入乡镇统一管理，实施驻村干部召回制度，严格考察监督、执纪问责。据统计，在兰考实施脱贫攻坚一年多的时间里，共有 8 人因驻村工作不力被撤职、7 人被降职。其三，完善机制，明确权责。各地在驻村工作中暴露出“驻而不帮、帮而不能”的问题，很大程度上是因为机制不顺、权责不清。深入中国农村基层治理的实践场景便会发现，新时期农村治理复杂性激增，一个重要的特点是对乡村治理产生影响的主体十分多元化，如村干部、乡镇“包片”干部、驻村工作队、第一书记等，如何压实责任，在各主体之间形成有效的协作而非互相掣肘，这是发挥好最大效能的关键。在推进驻村工作开展中，一些地方出现了驻村工作队在干，村干部在冷眼旁观、不配合的局面，极大影响了驻村工作成效，亦不利于基层治理体系的完善和治理能力的提升。兰考在派驻干部的同时，着力理顺工作机制。明确脱贫攻坚的第一责任人是乡镇党委书记和村党支部书记，驻村工作队有帮扶责任，驻村工作队长兼任第一书记。同时，在到村产业发展资金等涉及脱贫攻坚重大事项的决策过程中，驻村干部有重要的决定权。通过这样的安排，各主体权责清晰，各司其职，驻村干部干事热情更好调动起来，开展工作也有了资源和制度的保障。其四，注重考核结果的应用。驻村工作处在脱贫攻坚"一线战场"的"前沿阵地"，驻村扶贫是锻炼干部的重要手段，能够很好地完成驻村工作任务、创造性开展工作，表明驻村干部具有做好群众工作的能力，具有协调各方、驾驭复杂问题的能力。兰考将驻村工作的实绩作为干部提拔任用的重要依据，在全县驻村干部中先后评定两批"标兵"，第一批 20 人，第二批 50 人，70 人中除 1 人因档案问题未获得提拔以外，其余 69 人全部得到提拔重用。在科学严谨的考核基础上，注重考核结果的应用，注重在实践中磨炼干部、培养干部，这是兰考驻村工作的一大特点，不仅激励了驻村工作队开展好工作，也为干部成长提供了舞台，为干部队伍建设提供了支持。驻村工作不仅提升了干部能力，更在脱贫攻坚"前沿阵地"上升华了党性认识，坚定了理想信仰。兰考的驻村工作，总体来看有几个突出特点：一是认识到位、措施到位；二是不仅给驻村干部压担子，同时做好服务支撑和能力建设；三是将驻村工作与干部培养结合起来，在实践中锻炼干部、提升干部党性认识和理想信仰，坚定干部的群众观点，提升干部的工作能力。

（3）强化基层组织建设，夯实村一级组织的"战斗堡垒"作用，巩固党的执政根基。"扶贫开发要给钱给物，还要给个好支部。"村一级组织是否能够发挥凝聚群众智慧和力量，带领村民脱贫增收的"战斗堡垒"作用，很大程度上决定了脱贫攻坚成效的好坏。首先，村级脱贫攻坚是县域脱贫攻坚"一线战场"的"前沿阵地"，各项政策举措和服务传递的过程中，村一级作用发挥至为关键。特别是村一级作为国家与社会的结合点，最直接面对群众工作，最直接面对各种具体问题。既有研究显示，如果村一级能力不强，政策资源的分配往往不能真正惠及贫困人口，会出现“精英俘获”的现象。就此而言，村一级组织在精准扶贫过程中，要能够有效促进国家精准扶贫的政策意图有效贯彻。其次，贫困群众的有效参与是各项政策取得实绩的基础。在一定范围内，群众“等、靠、要”的思想问题还比较突出，如何通过村级组织建设，帮助群众纠正认识，凝聚减贫与发展的共识，涉及政策执行能否获得群众基础，政策成效能否得以彰显。最后，脱贫攻坚离不开强大的基层治理体系保障，以脱贫攻坚为抓手，也有利于进一步健全和完善贫困村治理体系，提升治理能力，从而巩固党的执政根基。前文已述，村级治理水平的高低，很大程度上决定了政策实施的效果，决定了市场主体是否对到村发展生产项目具有信心，也就决定了减贫与发展的前景与成效。脱贫攻坚是基层老百姓都非常关注和关心的事情，将办好脱贫攻坚的事作为抓手，有利于基层治理体系的完善和治理能力的提升。

在推进村级党组织建设促进脱贫攻坚方面，兰考形成了宝贵的经验。第一，针对既有村干部年龄结构老化、引领发展能力不强的问题，配强村级干部队伍；同时，规范村级党建工作和村级组织决策与议事程序。第二，实施“双提升工程”，提升村集体经济实力和村集体经济服务能力。农村改革以后，村级公共产品供给一直是难点问题，村级组织的凝聚力也受此影响，特别是在贫困地区表现得尤为突出。在脱贫攻坚过程中，提升集体经济实力和集体经济服务能力，不仅有利于村级公共产品的生产和维护，也有利于增强村级组织凝聚和带领村民脱贫致富以及改善村落治理的能力。实施“双提升工程”，结合财政扶贫资金和涉农资金管理重心下沉，为村级组织团结和带领村民脱贫致富提供了资源的保障和支撑。第三，为了调动村干部干事热情，结合弘扬焦裕禄精神，开展新时期农村组织建设“四面红旗”评选活动，即“脱贫攻坚红旗村”“基层党建红旗村”“产业发展红旗村”和“美丽村庄红旗村”。“四面红旗”涵盖了基层党建、脱贫攻坚、产业发展和村容村貌改变，全面、综合地展现了新时期基层组织建设和村落经济社会发展的要求，体现了治理能力提升的要素。“四面红旗”属于“流动红旗”的性质，每半年评选一次，在上述四个方面中某一个或几个具体方面工作突出的村，可以荣获“四面红旗”中相应的荣誉，并且有实际的物质激励和荣誉相伴。经过不懈的努力，配强了村级班子，村干部干事热情高涨，村组织凝聚力、战斗力大为增强，为村级脱贫攻坚提供了有力的保障，基层治理能力显著提升。

2. 完善县域大扶贫格局

中国减贫道路和中国国家贫困治理体系的基本经验在于，发挥好党对扶贫开发事业领导这个最大的政治优势和制度优势，通过改革创新的办法，汇聚起政府、市场主体、社会力量和人民群众有序参与，共同推进扶贫开发事业的合力，综合运用政策机制、市场机制、基层治理能力提升等多重手段，促进贫困地区经济社会发展面貌的改变，提升贫困社区和贫困人口的内生发展能力。与专项扶贫、行业扶贫、社会扶贫等专门的领域不同，县域贫困治理具有综合性的特点，可以说，县域贫困治理是国家贫困治理体系的“微缩版”。为赢得县域脱贫攻坚“一线战场”的胜利，县一级统筹各方、形成合力至关重要。特别是应当明确如何发挥市场的决定性作用和更好发挥政府作用，以及如何有效促进群众的参与热情，凝聚民心、民智、民力。

贫困地区基础设施薄弱、基本公共服务供给不足，市场运行的制度环境、政策环境还不完备，这是重要的致贫因素，因此在中国国家贫困治理体系中，始终坚持政府对扶贫开发工作的主导，承担好政府责任，做好各类服务。一方面，党的十八大以来特别是《中共中央 国务院关于打赢脱贫攻坚战的决定》颁布以来，政府各行业部门围绕着决定的落实，颁布了各自的行业脱贫攻坚规划或政策，涵盖了补齐基础设施和公共服务短板等，涉及水电路网、保教养医等多项内容，这些政策的有效落实、这些资源和服务的有效传递，需要在县一级统筹实施。尤其是涉农行业部门的政策、资金，需要在县一级更好地整合，以期优化公共资源配置，保证行业政策之间的衔接、协作，促进政策对贫困乡镇、贫困社区需求的整体性响应能力提升。因此，县一级的“再规划”“再设计”能力至关重要，不仅要结合地方实际情况，落实好到村到户政策，还要结合地方减贫与发展实际需求，积极谋划、主动争取各类政策资源。另一方面，从建档立卡信息的统计和分析来看，扶持生产，通过产业发展带动脱贫依然是新时期主要的减贫方式。特别是在县域中，县一级最直接地接触到经济发展的实践，通过因地制宜谋划产业项目，出台相应政策措施服务产业发展，促使产业发展有效带动贫困人口脱贫增收，需要形成完整的政策体系和服务体系，特别是建立好利益联结机制以及有序推动各项配套改革措施的出台和落实。新时期的产业扶贫，涉及整体性安排政策、资本、金融、土地、农民等多重要素的优化组合，其中各个环节都需要在发挥市场决定性作用的基础上，更好地发挥政府作用。政府主导并不意味着政府包办，以行政思维、政治动员思维代替市场思维和发展思维，而是在促进地方产业发展、带动贫困人口脱贫增收方面，要运用好市场机制，鼓励市场主体的作用发挥，用市场经济的办法求解减贫与发展的问题。从中国农村贫困实际来看，制约贫困地区、贫困社区和贫困人口脱贫发展的关键因素之一是劳动力、土地、资本各类生产要素的活力未被充分释放，劳动生产率整体水平不高。因此，在农村改革和发展、农业现代化、新型城镇化的大背景之下，思考如何通过改革措施和政策手段营造良好的发展环境，服务企业更好开展经营活动，拓展产业链条，提升全产业价值，依然是谋划县域脱贫攻坚的具体方略和重要依据。市场运行的基本骨架搭建起来，产业发展与农民的利益联结机制建立起来以后，就需要让市场机制发挥决定性作用。此外，广泛的社会力量参与和贫困群众的有效参与，不仅能够最大限度聚集物力财力，也能够保障各项脱贫攻坚举措赢得认可和理解。尤其是激发群众发展生产的主观愿望和内生动力，摆脱“等、靠、要”的思想，是“扶贫先扶志”的基本内涵，也是促进贫困社区和贫困人口形成可持续的自我发展能力的根本。

贫困治理是一项复杂的系统工程，有效的贫困治理需要充分发挥政治优势和制度优势，需要实现政府各部门的协同、联动，需要增进政策供给对差异化需求的有效回应，需要综合运用政府、市场和社会三种资源、三种手段。兰考在脱贫攻坚过程中，缜密布局、科学谋划，形成了合理、高效的脱贫攻坚治理结构，政府、市场、社会主体，各司其职、各就其位，三种资源得到充分开掘，三种机制得到合理应用，最为广泛地凝聚了资源、合力，形成了各主体互相补位、有序参与的格局，为取得脱贫攻坚战的胜利奠定了治理结构的基础。而这种治理结构的安排，统一在县域脱贫攻坚统揽经济社会发展全局要求的贯彻中，各部门、各主体围绕着打赢脱贫攻坚战，各尽其责，形成了强大的合力。

3. 有力推动配套改革

贫困的成因具有复杂性、综合性，从而贫困治理也是一项复杂的系统工程。党的十八大以来，中央密集部署各项改革任务和政策措施，共同构筑起新时期国家贫困治理体系的“四梁八柱”。县域贫困治理是国家贫困治理体系的基础性环节，涉及各项改革任务和政策措施的“再设计”“操作化”，而总的方法是协调推进“四个全面”战略布局。具体而言，无论是为县域脱贫攻坚和经济社会发展营造良好政策环境，还是解决政策执行的“最后一公里”问题，都会涉及大量的改革任务。一些地方在精准扶贫工作开展过程中，不同程度地存在着形式主义、官僚主义的问题，精准扶贫异化为“精准填表”，以文件落实文件，以会议贯彻会议，以行政思维政治动员思维替代减贫与发展的内在逻辑，不仅导致脱贫攻坚事倍功半，也影响着干部和群众对于国家精准扶贫政策的理解和认同。其根本问题在于片面倚重政治动员、片面强调指标完成，从而忽视精准扶贫要促进内生动力形成与成长的根本理念，缺乏以全面深化改革的思维和举措为脱贫攻坚保驾护航的认识与担当。我们应当看到，贫困治理不同于一般性的经济发展，需要具备系统思维、辩证思维，统筹安排县域各项工作，解决好制约政策落地的体制机制问题，在清晰界定各自角色边界的基础上，综合运用好政府、市场和社会三种资源、三种机制。

以精准帮扶为例，兰考县为了提升政策供给对贫困社区、贫困农户实际需求的响应能力，在“四到县”体制的基础上，立足县域实际，勇于改革创新，将财政扶贫资金和各项涉农资金的管理权下放到乡镇，而项目的安排权限则进一步下沉到村。从信息经济学的理论视角来看，相对于高层级的决策者而言，基层组织掌握着更为完备的“在地信息”，更为熟悉地方的特色、优势，更易于接近老百姓的发展偏好，因而决策重心下沉，将有利于增强政策供给对政策需求的回应性，避免资源错配现象的发生。但同时还应当看到，将决策重心下沉，并不必然意味着政策资源能够精准对接贫困人口的需求，地方行动者以及基层决策者的偏好，很大程度上会影响政策资源分配的过程，从而导致“精英俘获”或执行偏差的现象。为此，兰考在授权乡村两级组织的同时，制定了涉及审计、监理、第三方评估、执纪问责等系统完备的管理办法，在“放活”的基础上，实现管理好、服务好。同时，狠抓精准识别工作，提升贫困识别的精度，通过有效的监督和管理，结合群众广泛参与，确保政策资源得到合理的使用。就此而言，脱贫攻坚不是鼓励的政策传递过程，而是需要以全面深化改革的思维，整体谋划，协调推进，注重政策措施、改革举措之间的内在关联性，以系统思维求解实际工作中遇到的问题。

再以做好产业扶贫工作为例，在以往的产业扶贫项目中，往往出现产业综合效益不高，可持续性差，产业益贫性不高，富了企业、富了大户，却扶不好贫的问题。兰考在推进产业扶贫工作过程中，统筹考虑市场因素、产业选择、扶持政策、新型城镇化建设和利益联结机制的问题，不仅有力地促进了县域经济发展，也收到了很好的扶贫效果。首先，在产业项目选择环节，一头紧跟市场需求，一头把握地方特色和农户发展意愿，通过深入细致的调查研究，选择具有良好市场前景、符合地方实际和农户发展意愿的产业项目。其次，综合运用政策、金融、土地、税收等多项政策，助力产业的成长和产业链价值的提升。尤其是在金融扶贫领域，不仅用好小额信贷的资源，更着力推进资本市场扶持农业产业带动脱贫攻坚功能的发挥。再次，将产业布局和城镇体系布局有效结合，以产业为基础促进城镇建设。最后，建立有效的利益联结机制，在激活贫困农村沉睡的土地、劳动力等生产要素的同时，注重通过人力资本建设、利益联结机制建设，增强贫困人口参与发展、分享发展成果的能力。

综上所述，全面深化县域各项改革，是以脱贫攻坚统揽经济社会发展全局的应有之义。以解决脱贫攻坚过程中实际问题为导向，以全面深化县域各项改革为方法，不仅有助于脱贫攻坚各项政策目标的实现，而且能够有效完善县域治理体系，提升县域治理能力。反之，片面强调政治动员，不仅难以收到好的效果，还会带来众多非预期的后果。

三、兰考以脱贫攻坚统揽经济社会发展全局的经验与启示

以脱贫攻坚统揽经济社会发展全局，有力地促进了贫困地区政治发展、经济建设、社会和谐、文化传承与保护和生态建设，而协调推进“四个全面”战略布局，是打赢县域脱贫攻坚战的根本方法。截至2016年底，在习近平总书记关于扶贫工作重要论述的指引下，中国国家贫困治理体系顶层设计的“四梁八柱”已经搭建完成，在脱贫攻坚的“一线战场”，因地制宜科学谋划、缜密推进，确保县域脱贫摘帽目标实现，对于打赢脱贫攻坚战，补齐全面建成小康社会短板，具有基础性和支撑性的意义。兰考成功实现脱贫摘帽，充分体现了习近平总书记关于扶贫工作重要论述的思想性、战略性、前瞻性和指导性，体现了中国共产党领导下国家贫困治理体系的政治优势和制度优势，体现了国家精准扶贫的贫困治理体系顶层设计的科学性和有效性，体现了脱贫攻坚政策“组合拳”与县域经济社会发展实际结合、与贫困村及贫困户内在脱贫需求相结合的治理结构安排的运行成效。从兰考脱贫摘帽的实践经验来看，确保县域脱贫攻坚“一线战场”取得预期的成效，有几个关键的问题要解决好。

（一）深化对打赢脱贫攻坚战重大意义与方法的认识是基础

党的十八大以来，习近平总书记高度重视扶贫开发，发表了一系列重要讲话，作出了一系列重要指示，深刻阐述了扶贫开发的极端重要性、艰巨性，系统阐述了打赢脱贫攻坚战的根本路径是精准扶贫、精准脱贫。习近平总书记关于扶贫开发的一系列重要讲话，形成了逻辑严密、内涵丰富、思想深刻、体系完整的关于扶贫工作的重要论述。在习近平总书记关

于扶贫工作重要论述的指引下，中国国家贫困治理体系“四梁八柱”的顶层设计已经搭建起来，为各地结合实际打赢脱贫攻坚战提供了根本遵循。概括来讲，习近平总书记关于扶贫工作的重要论述，解决了为什么要坚决打赢脱贫攻坚战，如何认识和理解中国农村贫困问题，怎样科学有序地推进贫困治理等根本性理论和方法问题。脱贫攻坚是补齐全面建成小康社会短板、践行社会主义本质要求的重大政治战略，只有贫困人口和全国人民共同步入小康社会，才能更好体现社会主义制度的优越性，才能确保贫困人口分享改革与发展的成果，有实实在在的获得感，进而增进对党的政策和党的领导的认同，巩固党的执政之基。同时，脱贫攻坚是促进区域协调发展、城乡协调发展，扩大对内开放，应对经济下行压力，培育经济增长新引擎的重大发展战略。过去 40 多年间，中国改革取得了举世瞩目的经济成就，但这种成就是不均衡的，不利于长期可持续发展。在脱贫攻坚过程中，贫困地区基础设施、公共服务各项短板快速补齐，发展环境显著改善，有利于中国经济转型与提升，特别是在世界经济格局发生重大变化的时代背景下，脱贫攻坚是主动适应新常态的重要举措。此外，脱贫攻坚是完善县域治理体系、提升县域治理能力、培育县域内生动力的基础战略。一方面，以脱贫攻坚统揽县域经济社会发展全局，内在地要求以协调推进“四位一体”战略布局的思维，加强政策的规范性、科学性，全面深化县域各项改革。在此过程中，整个县域治理体系逐步完善，治理能力逐步提升，特别是延伸到乡镇和村一级，国家的基层治理体系更加稳固，运转更加高效有序。另一方面，对中国农村贫困问题的科学认识和理解，既要深入研判贫困地区、贫困社区和贫困人口多维的致贫因素，辩证看待普遍性问题和差异化现象，又要结合中国农村改革与发展的时代背景看待农村贫困的治理。中国农村贫困人口主要分布在集中连片特困地区，这些地区多具有自然地理条件的复杂性和经济社会文化的多元性特征，片区之间、片区内部、社区之间、农户之间的致贫因素组合和资源禀赋各不相同。因此，有效的贫困治理需要坚持精准扶贫、精准脱贫的基本方略，实现“四个转变”，切实做到“六个精准”，下一番大功夫、苦功夫。此外，中国农村贫困治理无法脱离中国农村改革与发展、城乡关系新一轮变动的总体大背景，求解农村贫困有效治理的问题，需要辩证地看待减贫与发展之间的关系，需要在历史思维的指引下，明白中国农村贫困问题的来龙去脉，把握农村转型与发展的历史趋势。

科学认识是有效行动的先导。近五年来，中国脱贫攻坚取得了不平凡的成绩，2013—2016 年，年均实现减贫 1391 万人，贫困地区基础设施和公共服务短板快速补齐，经济发展内生动力逐渐形成，已脱贫的贫困户实现了“两不愁三保障”的既定目标。这一切成就的取得，得益于习近平总书记关于扶贫工作重要论述的科学指引，得益于国家精准扶贫的贫困治理体系的有力保障。然而，我们还要理性而务实地看待时下的脱贫攻坚工作开展情况，局部地区还存在着推进力度不够、形式主义严重等实际问题，而首先需要解决的就是认识层面的问题。兰考成功脱贫摘帽的经验，最根本的一点恰恰在于通过系统学习、原原本本学习习近平总书记关于扶贫工作重要论述，提升了政治站位，提高了解决驾驭脱贫攻坚复杂问题的能力。存量贫困人口大多具有深度贫困的特征，属于最难啃的“硬骨头”，为确保 2020 年高质量打赢脱贫攻坚战，既要高度重视、提高认识，避免拖延症，拿出更过硬办法、更过硬措施有力推进，又要尊重减贫与发展的内在规律，避免急躁症，不以主观意志、行政动员思维盲目推进。

（二）科学设计县域“精准扶贫”政策体系和治理体系是关键

县域是脱贫攻坚的“一线战场”。一方面，县一级需要将中央和省级的决策部署，结合地方实际有效贯彻，特别是要坚持因地制宜的方法，形成符合实际需求的政策体系；另一方面，县一级要统筹资源、协调各方，形成脱贫攻坚的合力，确保各项工作有序推进。兰考的经验表明，在习近平总书记关于扶贫工作重要论述的指引下，“精准扶贫”的国家贫困治理体系顶层设计具有科学性、有效性，关键是结合县域实际抓落实，并且在抓落实的过程中既要有全局观，又要坚持重点论，注重脱贫攻坚与县域经济社会发展之间的关联性。

实现县域“精准扶贫”政策体系的科学设计，不仅要坚决贯彻中央和省级的决策部署，同时也要加强调查研究，契合地方实际。一些县域在精准扶贫工作开展过程中，政策安排脱离县域减贫与发展实际，群众满意度不高，其主要原因在于决策没有立足深入研判县域发展的内外部环境，没有坚持从群众中来、到群众中去的工作路线。以易地搬迁扶贫为例，一些地方在推进过程中，片面强调集中安置，只看到实施该项政策拉动县域经济增长、促进城镇化指标改善的作用，没有深入了解群众意愿，没有合理安排搬迁后生计建设和社区融合等事项，遂造成大量搬迁安置点入住率低、群众不满意的状况。兰考在政策制定过程中，坚持问计于民、问需于民。县级干部、科级干部利用驻村工作的机会，走到群众中去，掌握了大量的有用信息。此外，注重政策的实验、反馈和跟进与优化，对实践中出现的问题及时分析原因，做出相应的政策调整，收到了良好的效果。前文所述，驻村工作队的选派、管理以及配套机制建设，正是基于在实践中发现和研究问题的决策成果。

强化县域贫困治理体系建设，应注重厘清政府、市场和社会的角色边界，发挥好各自作用，互相补位。兰考成功脱贫摘帽，很好地体现了各类主体有序参与协同行动的特点。党组织在统揽全局协调各方的过程中，发挥着关键作用。通过统一干部思想，形成了一致行动的基础；通过做好驻村干部选派、能力建设、机制建设、管理和激励，提升驻村工作的效能；

通过基层党组织建设，夯实村一级脱贫攻坚的“战斗堡垒”。政府各部门之间有效衔接，协同行动，注重政策之间的统筹性和联动性，以有力措施补齐各类基础设施和公共服务短板因素，为市场机制促进减贫提供良好的制度环境。注重引导、培育和服务市场主体，激活贫困农村地区各类沉睡的生产要素，发挥好市场机制促进脱贫攻坚的作用。建立完善的社会力量参与扶贫工作机制，形成最为广泛的合力。

兰考注重问题导向，促进政策体系优化和治理体系完善，按照中央的部署和要求，在精准扶贫工作中勇于直面问题，善于研究问题，科学解决问题，整个政策体系和治理体系不断成熟，为打赢县域脱贫攻坚战提供了有力保障。

（三）强化督查问责，打通政策执行“最后一公里”是保障

长期以来，政策执行的“最后一公里”问题，是制约公共政策效能的突出问题之一。科学设计的政策体系和精巧设计的治理体系如果不能有效落实、有效运转，依然无法解决实际问题。在推进精准扶贫的过程中，政策执行的“最后一公里”问题，主要有以下几个方面的原因：其一，县一级政策“再设计”能力薄弱，决策科学性不够，导致政策不适合贫困社区和贫困人口的实际需求。其二，配套改革不到位，机制没有理顺，干部有干事热情，但缺乏解决问题的资源、能力和手段，表面上看高度动员，下了一番功夫，但多数流于形式，解决不了实际问题。其三，各项政策措施设计合理、改革布局完备，但督查落实不够，无法形成有效的监督。

国家精准扶贫的各项政策部署以及县域出台的各项具体措施能够落实到位，最终体现为贫困人口实实在在的获得感，体现为家庭经济面貌的改变和对政策的满意与认同。兰考在推进精准扶贫工作过程中，不仅很好地解决了政策设计和治理结构安排的问题，同时也非常重视各项政策法规的

落地。兰考在县委县政府既有督查机构的基础上，成立了专门的督查局。围绕着脱贫攻坚工作的有序推进，督查局与各部门、各乡镇签订目标责任书、建立工作台账，定期检查，对于落实不到位的单位限期整改。县委县政府高度重视督查工作，根据督查结果评价各单位工作，有力地促进了脱贫攻坚各项部署的有序落实。同时，督查局还具备督查调研、工作协调等职能，对于地方落实工作中遇到的难题，积极予以协调解决，对地方政策执行中遇到的困惑、普遍问题，形成专门的调研报告，报县委县政府协商解决，推进政策优化和体制机制改革。

总体而言，压实责任、狠抓落实，不仅体现在层层签订责任书方面，而且反映在政策的执行体系以及执行体系与决策系统的关联上。科学设计、精心谋划是有效落实的基础，同时在政策实践的过程中，不断完善和优化政策体系，促进体制机制改革，从而形成良性运转的政策闭环。

（四）以脱贫摘帽为目标提升内生动力是根本

“两不愁三保障、一高于、一接近”是基本的脱贫目标，保证时间节点完成脱贫攻坚目标是实现脱贫摘帽的基本要求。需要看到，稳定脱贫的实质是贫困地区、贫困社区和贫困人口的内生动力得以有效提升。正如习近平总书记指出的，贫困地区发展要靠内生动力，如果凭空救济出一个新村，简单改变村容村貌，内在活力不行，劳动力不能回流，没有经济上的持续来源，这个地方的下一步发展还是有问题。一个地方必须有产业，有劳动力，内外结合才能发展。换言之，脱贫攻坚的根本目标在于，通过外部政策扶持，助力贫困地区内生动力成长，使之具有“造血”功能，进而实现稳定脱贫，与全国人民一道步入小康社会。

兰考始终坚持以内生动力建设为根本，以此提升整个县域治理能力，以此布局补短板、强基础的各项工作。

首先，兰考县委、县政府对内生动力形成了体系化的理解与认识。就县域而言，内生动力包含四个层次的内容，即党的领导、政府能力、市场能力和社会治理。加强和改善党的领导是根本，特别是各级干部队伍和基层组织建设。焦裕禄书记说“干部不领、水牛掉井”，提高干部队伍的政治站位、理论水平和实际工作能力，形成“领导领着干、干部抢着干、群众跟着干”的鲜活局面，是各项事业取得成功的关键。而发挥好基层各单位党组织的战斗堡垒作用，凝聚人心、凝聚力量，众志成城，恰恰是中国特色社会主义道路的最突出优势所在。政府的各项政策措施、改革措施要科学谋划，政府责任要勇于承担，各部门之间有序协作，共同推进改革与发展形成强大的合力。充分激活市场主体的积极性和创造性，营造良好的发展环境，提升适应市场经济、新常态，抢抓新一轮发展机遇的能力。完善社区治理体系、提升社区治理能力，保障各项政策能够在社区层面有效贯彻，从而提升贫困社区和贫困人口参与改革与发展的能力，走上脱贫致富的道路。在社区和农户层面，内生动力指的是通过外界的帮扶，自力更生，艰苦奋斗，改善发展环境，形成自我发展能力。

其次，从兰考的实践经验来看，以内生动力为根本不仅是打赢脱贫攻坚战的要求，也是促进县域各领域改革、完善县域治理体系、提升县域治理能力的方法。兰考制定了“三年脱贫、七年小康”的奋斗目标，经过三年“脱贫攻坚”的努力，县域、村、农户各层面的短板因素得以基本补齐，在未来的发展中，逐步具备了自我发展的能力，县域经济社会发展迈上了新台阶。可以预见，兰考在实现“七年小康”的道路上将会取得更大的成就。换言之，以内生动力建设为根本，实施精准扶贫、精准脱贫的基本方略，不仅是完成脱贫摘帽各项指标要求的方法，也是促进县域经济社会发展水平提升和县域治理体系完善治理能力提升的关键。

最后，以内生动力为根本的脱贫攻坚，促进了贫困社区和贫困农户自我发展能力的改善，体现在人民群众对脱贫攻坚的满意度方面。在第三方评估中，兰考脱贫攻坚群众满意度达到了98.96%，取得优异的成绩，恰恰是因为各项政策、各项改革措施精准落地，贫困群众减贫与发展的需求和对美好生活的期盼得到了有效的回应。实践证明，以习近平总书记关于扶贫工作重要论述为指引，坚持内生动力为导向，因地制宜、科学谋划，完善县域脱贫攻坚的政策体系和治理体系，以精准思维狠抓落实，久久为功，就一定能够取得真实、有效的脱贫成绩，一定能够赢得人民的满意。

第四章 以“绣花”功夫落实精准扶贫

要坚持精准扶贫、精准脱贫，重在提高脱贫攻坚成效。关键是要找准路子、构建好的体制机制，在精准施策上出实招、在精准推进上下实功、在精准落地上见实效。

——习近平《在中央扶贫开发工作会议上的讲话》

2015 年 11 月 27 日至 28 日

2013 年 11 月，习近平总书记在湖南湘西十八洞村考察时提出了关于精准扶贫的重要论述，他指出：“扶贫要实事求是，因地制宜。要精准扶贫，切忌喊口号，也不要定好高骛远的目标。”[①] 2015 年 1 月，习近平总书记在云南考察时强调，“要以更加明确的目标、更加有力的举措、更加有效的行动，深入实施精准扶贫、精准脱贫，项目安排和资金使用都要提高精准度，扶到点上、根上，让贫困群众真正得到实惠”。[②] 2015 年 6 月，习近平总书记在贵州省与部分省区市党委主要负责同志座谈时明确提出了“四个切实、六个精准”的脱贫要求，强调要切实落实领导责任、切实做到精准扶贫、切实强化社会合力、切实加强基层组织，指出，扶贫开发贵

---

① 腾讯网：《习近平：扶贫切忌喊口号 也不要定好高骛远目标》，https://finance.qq.com/a/20131103/006164.htm，2013 年 11 月 3 日。

② 人民网：《习近平考察云南：坚决打好扶贫开发攻坚战》，http://politics.people.com.cn/n/2015/0121/c70731-26427089.html，2015 年 1 月 21 日。

在精准，重在精准，成败之举在于精准。各地都要在扶持对象精准、项目安排精准、资金使用精准、措施到户精准、因村派人（第一书记）精准、脱贫成效精准上想办法、出实招、见真效。要坚持因人因地施策，因贫困原因施策，因贫困类型施策，区别不同情况，做到对症下药、精准滴灌、靶向治疗，不搞大水漫灌、走马观花、大而化之。[①] 2015 年 11 月 27 日至 28 日，中央召开扶贫开发工作会议，习近平总书记在明确精准扶贫的工作举措时，提出要根据贫困地区和贫困人口的具体状况实施“五个一批”工程，一是发展生产脱贫一批，二是易地搬迁脱贫一批，三是生态补偿脱贫一批，四是发展教育脱贫一批，五是社会保障兜底一批。[②] 2017 年 3 月 8 日，习近平总书记来到十二届全国人大五次会议四川代表团驻地参加审议，再次强调脱贫攻坚全过程都要精准，要找对“穷根”精准帮扶，“手榴弹炸跳蚤”不行，大水漫灌更使不得，“扶持谁、谁来扶、怎么扶、如何退，全过程都要精准，有的需要下一番‘绣花’功夫”。[③]

可以说，切实贯彻落实精准扶贫精准脱贫基本方略是打赢脱贫攻坚战的根本保证。在实践中，要求告别“大水漫灌”式的花架子，找到“精准滴灌”的金点子。具体到县域脱贫攻坚工作中，要绣好脱贫攻坚的“壮丽图景”，首先要制好绣花“底板”，按照中央要求绘制好脱贫攻坚战的蓝图，地方党政主官作为第一责任人，做好统一部署安排，制定脱贫攻坚战的时间表、任务书和路线图，发动政府行政组织机构，保障打赢脱贫攻坚战所需的人力、资金、项目等供给；其次要找准“针眼”，做好贫困人口的精准识别工作，一个贫困户就好比是一个针眼，看准了针眼再下针才能做到有的放矢，真正让各项扶贫政策落到实处；最后要注重绣花“针法”，

---

① 习近平：《习近平论扶贫工作——十八大以来重要论述摘编》，《党建》2015 年第 12 期。

② 新华网：《习近平：脱贫攻坚战冲锋号已经吹响 全党全国咬定目标苦干实干》，http://news.xinhuanet.com/politics/2015-11/28/c_1117292150.htm，2015 年 11 月 28 日。

③ 中共中央党史和文献研究院编：《习近平扶贫论述摘编》，中央文献出版社 2018 年版。

找准贫困人口和贫困地区的致贫原因，因户因地施策，做到开发式扶贫和保障兜底相结合，针针扎到“穷穴”上，招招治到“穷根”上，针针扎实，持续发力，久久为功。[①] 兰考县在2014年向习近平总书记作出了“三年脱贫、七年小康”的庄严承诺，三年来，兰考县委、县政府高度重视脱贫攻坚工作，全县上下凝聚共识、铆足干劲，在精准识别、精准帮扶、精准退出各环节上下足了“绣花”功夫，最终不负习近平总书记重托，在2016年底全县如期实现全面脱贫目标。

一、抓好精准识别，切实解决“扶持谁”的问题

扶贫开发贵在精准，重在精准，成败之举在于精准，而“精准”的首要含义和基础就是要摸清“底数”，对扶贫对象进行精准识别。换言之，精准识别扶贫对象对整个扶贫工作的成败具有非常重要的基础性意义。2014年，兰考县按照《国务院扶贫办关于印发〈扶贫开发建档立卡工作方案〉的通知》(国开办发〔2014〕24号)要求，开展精准识别建档立卡工作。为做好该项工作，兰考成立了建档立卡和信息化建设工作领导小组，出台《兰考县扶贫开发建档立卡工作实施方案》。组织乡镇扶贫干部，开展业务培训，对精准识别的标准、流程、要求等工作方法进行培训，保障工作的顺利开展。从实践层面来讲，兰考县围绕着精准识别开展工作，形成了“六个六”的工作方法，[②] 具体包括：

一是六查：即村干部查、工作队查、管区查、乡镇政府查、县扶贫办查、县督查局查。

1. 村干部对照名单，逐户排查，发现问题如实记录并反馈到工作队。

---

① 王向红：《练好“绣花”功 打好“脱贫”仗》，《领导科学》2017年第7期。

② 兰考县扶贫办提供总结材料。

2. 工作队再与村干部入户落实问题并记录真实情况，以便为下一步信息更正提供真实依据；3. 村干部与工作队查完后上报乡镇政府，乡镇政府为确保所查出问题的真实性，委派各管区干部展开重查，再落实再发现，验证其真实性与正确性；4. 乡镇政府派出督导小组，不经过村、工作队、管区，直接到户督查，发现问题及时反馈；5. 成立县级联合督查组，不打招呼直接进村入户，直接与户主交谈，确保贫困户信息的准确性；6. 县委、县政府责令县督查局进行暗访，再次进村入户调查，发现问题及时反馈、现场交办并更正，同时发布动态通告，确保各单位在思想上、行动上重视。

二是六看：即入户看人、看户口本、看房、看家具及用具、看地、看环境。

1. 到贫困户家看家庭人口数，与名单信息人口数对照，如果家庭成员见不到，户主需说明其成员去向；2. 实际家庭人口数与户口本人数是否对应，如不对应，现场落笔记录；3. 到户看贫困户所住的房子，直观、真实反映贫困户的居住条件；4. 进屋看贫困户家具及用具，看生活条件，看劳动用具；5. 到贫困户地里看其耕种的作物，为下一步统计打好基础；6. 看贫困户生活环境，现场点评，甚至现场帮助整改，达到“三无一规范”（院内及房前屋后无垃圾、无杂草、无污水，各种物品摆放整齐），提振贫困户精神面貌。

三是六对照：即对照贫困户基本信息、生产生活状况、致贫原因、收入来源、收入水平、帮扶措施。

工作队、村干部、户主本人、户口本集中在一起鉴证，对照信息库中信息并再结合贫困户家庭实际情况进行对照。1. 按照户口本信息，对照贫困户基本信息的正确性，如家庭成员姓名、身份证号码、年龄、电话号码、与户主关系等是否正确。2. 通过询问贫困户户主，提供其耕地亩数等相关信息，记录在户表上，贫困户现场签字认同。3. 询问、了解、查找贫困户造成贫困的原因，再与村干部交流，确定该贫困户致贫主要原因和其他致贫原因。4. 收入来源，在村干部、工作队的鉴证下，对照贫困户家庭实际情况，确认贫困户收入来源，大家共算明白账，贫困户的收入来源更明白；5. 收入水平，主要看是否达到了脱贫标准。贫困户主要收入有种植、养殖、打工等收入，收入水平高低要看经济来源的多少。6. 帮扶措施，通过与贫困户面对面交谈，让贫困户知道自己是通过什么措施脱贫的。

四是六明确：即明确维护信息库时间、明确地点、明确人员、明确责任、明确标准、明确方法。

1. 明确维护信息库时间，在规定时间内统一修改信息；2. 明确地点，全县在扶贫办统一领导下明确地点，集中到一个地点，统一吃住，统一工作；3. 明确人员，各乡镇挑选懂得电脑业务、思路清晰的精兵强将，由县扶贫办对他们进行专业培训；4. 明确责任，分工明细，以扶贫办统管，各乡镇修改各自信息，如有疑问，现场解答；5. 明确标准，按照“应进则进、应出尽出、应纠则纠”的原则，对贫困户重新审查，做到不落一户，不落一人；6. 明确方法，在信息库中根据不同的类型，采取不同的方法进行更正，分清类型，明确方法。

五是六改：即改作风、改思想、改策略、改信息、改收入账、改生产生活条件。

1. 改作风，通过精准识别“回头看”，各级部门都认识到了精准识别的重要性，把以前重视不够的思想消除；2. 改思想，思想认识上把精准识别提高到前所未有的程度，改变了慵懒散的思想；3. 改策略，改变了以前关于扶贫工作的策略，找到了更好实现精准扶贫的方案；4. 改信息，在信息库及时地新增、清除、维护贫困户基础信息，确保贫困户基础信息准确；5. 改收入账，更新贫困户收入，精准掌握贫困户的最新实际收入数据；6. 改生产生活条件，通过开展“春风行动”“三联三全”活动，改善贫困群众生活面貌和精神面貌，提振精气神，增强人们脱贫致富的信心。

六是六认：即贫困户认、全村群众认、村“两委”认、工作队认、乡镇政府认、县委和县政府认。

1. 贫困户认，在精准识别后，让贫困户认识到，这次帮扶绝不是走过场、走形式，而是实实在在的工作。2. 全村群众认，公开地认定评选程序，让非贫困户认识到贫困户的评选符合实际情况，大家心服口服，不造成新矛盾，反而更稳定。3. 村“两委”认，村干部也对此次精准识别有了新的认识，从各级干部的工作作风、态度上感染了他们，使村干部工作作风大有提高。4. 工作队认，他们全程参与，认识到精准识别非常有必要，这是正确的选择。如果没有这次精准识别，无论什么时候都是错的，更谈不上其他五个精准。5. 乡镇政府认，乡镇政府提高了对这次精准识别的认识，也把始终困惑他们的问题彻底解决了，为以后的精准打下了坚实的基础。6. 县委和县政府认。县委、县政府下了这么大功夫，是对全县人民负责，是一次对上级有力的交代。

脱贫攻坚初期，兰考县同全国大多数地方一样，在贫困户认定上存在着识别不够精准的问题，群众对精准扶贫政策执行情况不理解和不信任。2015 年以来，兰考县先后开展多次精准识别，对全县的贫困人口、贫困程度、致贫原因等进行摸底排查，为因村施策、因户施策、因人施策提供了依据。2015 年 3 月，全县 115 个驻村扶贫工作队配合村“两委”，按照国家、省贫困人口建档立卡暨信息动态管理工作程序，采取“四议两公开”工作法，对全县的贫困人口进行了精准再识别，实现“户有卡、村有册、乡镇有簿、县乡有平台”。2015 年 6 月，为更好地发挥效益到户增收项目资金的作用，兰考县再次开展入户调查，重点排查 2015 年预脱贫户，为贫困户制定后期脱贫规划，帮助贫困户定措施、上项目。2015 年 10 月，针对国家审计署在河南省建档立卡贫困户审计工作中发现的问题，兰考县依照“应进则进、应出尽出、应纠则纠”的原则，对全县所有行政村排查一遍，将最新因病、因灾致贫的家庭纳入贫困户范围，给予政策扶持。2016 年 4 月，兰考县组织开展了精准识别“回头看”，再次对全县贫困户进行全面排查，逐村、逐户、逐人“过筛子”，同步建立“一户一档”。从各乡镇抽调 170 人组成专业队伍，集中将精准识别结果及时录入贫困户建档立卡信息系统。同时，围绕“六个精准”，反复征求各乡镇和驻村工作队的意见后，开展标准化档案建设，包括扶贫手册、贫困户信息、帮扶情况等 11 项内容，实现一户一个编号、一户一个档案。

“一户一档”的建立，不仅细化了贫困户各项信息指标，明确了帮扶责任人、帮扶措施，记录了脱贫过程及成效，更重要的是纠正了建档立卡系统中贫困户信息错误等问题，成为后续精准施策全过程最基础的资料、最有效的抓手。为确保处于贫困线边缘的人口不因病、因灾返贫，兰考县也将这部分人口纳入建档立卡贫困系统进行帮扶。同时，对“回头看”识别结果进行专项督查，现场交办督查中存在的信息不准、误写、错登、漏登等问题。通过精准识别“回头看”，结合“两不愁三保障”统筹认定，截止到 2015 年底，兰考县共有建档立卡贫困户 22058 户 72100 人，未脱贫户 6152 户 15184 人，其中需要兜底的 3541 户 7233 人，剩余一般贫困户 2611 户 7951 人，为后续精准帮扶、精准脱贫奠定了坚实的基础。

二、因村派人精准，着力解决“谁来扶”的问题

推进脱贫攻坚，关键是责任落实到人，充分发挥好驻村工作队、第一书记和村“两委”的作用。在一些地方，驻村工作队刚开始驻村时，有的对村情民意不熟悉，工作流于形式；有的基层经验不足，工作无从下手；有的政策吃得不透，给群众讲解不准确、宣传不到位；有的派出单位认识

兰考县贫困村位置示意图

图 例

▲ 贫困村

● 县 城

■ 乡 镇

不到位，安排单位里的所谓“闲人”驻村扶贫，难堪重任，导致驻村帮扶工作效果不理想。

针对这些问题，各乡镇、各行政村分别签订了脱贫攻坚目标责任书，立下了军令状，明确了乡镇党委书记、乡镇长和各行政村党支部书记是脱贫攻坚第一责任人。坚持在驻村干部的“选、派、配、管、用”等环节上下功夫，做到精准选派、精准发力，努力建设一支能打硬仗的扶贫攻坚突击队。2014 年，兰考县成立驻村扶贫工作领导小组，实行县级领导分包乡镇（街道），科级干部当队长、科级后备干部当队员的驻村帮扶机制。2015 年，对 115 个驻村扶贫工作队进行充实调整，在全县范围内抽调 345 名后备干部和优秀干部派驻到 115 个贫困村，同时建立驻村工作管理机制；针对非贫困村缺乏帮扶的问题，2016 年，从各乡镇（街道）抽调 335 名优秀干部驻村专职从事基层党建和扶贫工作，确保每个贫困村都有帮扶工作队、每个贫困户都有帮扶责任人，做到不脱贫、不脱钩，不拔穷根、不撤队伍。全县驻村干部发扬焦裕禄精神，坚持“五天四夜”吃住在村，深入群众了解实情，帮助群众发展产业，带领群众增收致富。兰考县把脱贫攻坚作为锤炼干部、转变作风的主战场，评选表彰 70 名“驻村扶贫工作标兵”，提拔重用驻村干部或一线扶贫干部 124 人次。

表 4-1　兰考县直单位选派驻村扶贫工作队员任务分配表（2015 年）

单位名称	工作队数量（个）	队员人数（人）	单位名称	工作队数量（个）	队员人数（人）
县委办	4	8	卫计委	4	8
人大办	2	4	发改委（扶贫办）	3	5
政府办	3	6	民政局	2	4
政协办	2	4	财政局	2	3
县纪委（监察局）	2	4	残联	1	2

续表

单位名称	工作队数量（个）	队员人数（人）	单位名称	工作队数量（个）	队员人数（人）
组织部	4	7	供销社	1	2
宣传部	2	4	行政服务中心	1	2
统战部	2	4	招投标中心	2	4
政法委	2	4	公安局	2	4
老干部局	1	1	检察院	2	4
县直工委、党史办	1	2	兰考第二高中、兰考第三高中	1	2
编办	1	1	法院	2	4
农办	1	2	公路局	2	4
群工部（信访局）	2	4	司法局	1	2
党校	1	2	民族宗教委	1	2
档案局	1	2	住房和城乡规划建设局	3	6
总工会	1	2	环保局	2	4
妇联	1	2	国土资源局	2	4
团县委	1	2	审计局	2	4
科协	1	2	人力资源和社会保障局	2	4
安全监管局	1	2	交通运输局	2	4
焦裕禄干部学院	1	2	环卫局	3	6
民防局	1	2	市场发展中心	1	2
房地产管理服务中心	1	2	物价管理办	1	2
文广新局	1	2	广播电视总台	1	2
工商联	1	2	商务中心区	2	3

续表

单位名称	工作队数量（个）	队员人数（人）	单位名称	工作队数量（个）	队员人数（人）
商务局	2	4	机关事务管理局	1	2
科技工信委	2	4	质监局	1	2
教体局	2	4	食品药品监管局	1	2
农机中心	1	2	工商局	2	4
水利局	2	4	焦裕禄纪念园	1	2
统计局	2	4	综合执法局	2	4
农林畜牧局	7	13			

为了理顺驻村工作队与村“两委”干部之间的关系，兰考县明确了村“两委”干部在脱贫攻坚中的主体责任，以及驻村工作队的帮扶责任和监督责任。为了提升村“两委”干部的工作干劲，兰考县将村干部工资从每人每月 300 元、400 元、500 元提高到 900 元、1200 元、1500 元，同时对离任村党支部书记生活补贴标准提高 50%。此外，为了在村庄之间形成比、学、赶、超的竞争氛围，激发基层组织活力，兰考在全县开展以争创“脱贫攻坚红旗村”“基层党建红旗村”“产业发展红旗村”“美丽村庄红旗村”为主要内容的重树“四面红旗”活动。“脱贫攻坚红旗村”要达到“四有”，即有规范档案、有产业支撑、有落实措施、有脱贫成效。具体实施中，重点对档案标准化建设任务、主导产业、贫困户参与产业发展、发展扶贫创业园或示范园、贫困户对扶贫资金使用了解、扶持政策贯彻落实情况满意度、扶贫资金使用操作程序、脱贫成效和脱贫户会算账、认账等方面的情况进行考核。“基层党建红旗村”要达到“六好”，即“两委”班子好、党员队伍好、阵地建设好、服务能力好、制度落实好、群众反映好。突出对“两委”班子建设情况、支部书记带头作用发挥情况、组

织生活开展情况、党员先锋模范作用发挥情况、党群服务中心建设情况、村级集体经济发展情况、基层四项基础制度和机制落实情况及党员群众对村“两委”的认可情况进行考核。“产业发展红旗村”要达到“四化”，即产业特色化、产品标准化、发展规范化、企业龙头化。重点考核土地流转或规模化种植、养殖情况，主导农产品培育及发展情况，农民专业合作社发展情况及农业产业化龙头企业发展情况。工业产业专业村要达到企业规范化、产业集约化、用工本地化、企业规模化。重点考核是否有带动力明显、符合“2+1”主导产业的企业以及全村企业发展规模、吸纳本村劳动力和年创产值情况。“美丽村庄红旗村”要达到“四美”，即规划布局美、村容整洁美、日常生活美、生态环境美。突出考核村内路、井、水、电、桥等基础设施建设情况，环卫设备和保洁工作运行情况，村庄集会、梗会市场规范情况，村内环境绿化、美化、亮化情况。兰考县每半年评选出10个“红旗村”，每评上一面“红旗”，所在村党支部书记工作报酬每人每月上调500元，其他村干部上调300元，上调数额可重复累计。评选新一批“四面红旗”村的时候，对已评为“四面红旗”的村进行复核，符合标准的，保留“红旗村”称号；不符合标准的，及时撤销称号，村干部不再享受有关奖励。兰考县通过重树“四面红旗”，对村干部起到了激励效果，也发挥出了红旗村在脱贫攻坚中的示范引领作用。

三、推进精准施策，突出解决“怎么扶”的问题

新时期我国有680个连片特困地区贫困县和152个片区外国家扶贫开发工作重点县，主要分布在中西部地区22个省。总体来看，这832个扶贫开发工作重点县固然有共性的致贫因素，如基础设施薄弱、公共服务体系建设滞后、产业基础差等。但深入分析便不难发现，县与县之间在资源

禀赋、致贫因素组合、发展优势等诸多方面，存在着显著的差异。因此，中国国家贫困治理体系始终坚持“中央统筹、省负总责、市县抓落实”的管理体制，各层级政府间有明确的职责划分。中央层面的顶层设计明确了精准扶贫的总体目标、政策框架和各项改革的布局；省级层面则在国家顶层设计的基础上，结合省域实际形成指导性的方案；市县一级着力将国家和省级层面政策设计结合县域工作的实际，形成操作方案。整体来看，兰考在布局县级层面“精准扶贫”政策体系的过程中，呈现三个方面的突出特点。

（一）践行“三级精准”的政策理念

县一级作为脱贫攻坚的“一线战场”，中央和省级层面的各项政策部署，需要县一级统合资源、合理安排进度，有序推进，最终保证各项政策高质量地传递到服务对象。而县以下，各县直行业部门、乡镇和村，各主体如何更有序、有效地参与，都需要在县一级做好统筹部署。就此而言，县一级政策体系的构架，直接决定了脱贫攻坚各项政策部署能否落到实处，各项工作能否有序推进，以及贫困人口的实际需求能否得到“精准”回应。概言之，在中国贫困治理的政府管理结构中，县一级的位置非常特殊，体现在直面贫困社区和贫困人口丰富、多元化的减贫与发展需求，体现在需要根据地方实际将中央、省、市各级扶贫开发政策细化部署、有序推进，落到实处。

兰考在县级“精准扶贫”政策体系设计中体现了“三级精准”的理念。首先，把国家和省一级的政策落实到位。党的十八大以来，中央层面“精准扶贫”的政策体系逐步完善，内容涉及“精准扶贫”的战略意义、目标体系、专业扶贫、行业扶贫、社会扶贫、重点领域、改革措施、工作方法等多方面的内容；省一级根据中央的总体部署，结合省域脱贫攻坚工作特点出台了“一揽子”政策文件，将中央和省一级的各项政策结合县域实际细化部署、分工协作，是县域“精准扶贫”工作的基本内容。其次，根据县域脱贫攻坚的形式、特点，谋划一批有针对性的政策，特别是以问题为导向，破解县域精准扶贫工作开展所面临的难题，是兰考谋划的“第二级精准”。具体来讲就是对已脱贫户实施保险、产业扶贫、外出务工补助、大学生补贴等6项政策，确保其稳定增收不返贫。这类群体，我们将其作为产业扶贫的重点，配套多项金融扶贫措施跟进，使其成为脱贫致富奔小康的主体。对未脱贫户中的一般贫困户，除落实以上6项政策外，新增加了医疗救助、中小学教育救助、光伏扶贫3项政策，确保贫困户不因学因病致贫。对兜底户，除落实以上9项政策外，再落实兜底人员全部纳入低保，60岁以下人员给予临时救助，人均土地不足1亩按每亩收益500元差额补助等3项政策，确保兜得起、稳得住。最后，对特殊困难家庭、重点户、难点户，形成“一对一”的帮扶。从公共政策的一般原理来看，行政层级越高，制定的政策往往越倾向于解决普遍性问题、解决共性问题，解决基本认识论和基本方法论的问题。基层工作除了细化落实上级政府的各项改革、各项政策之外，还需要应对实际工作中遇到的各种“特殊案例”。以医疗保障为例，目前农村医疗保障体系逐渐形成了新型农村合作医疗制度为基础，医疗保险和医疗救助为补充的三层保障体系，对于大多数群体健康需求的保障能够发挥较好的作用，但个别案例如地方病、罕见病，既有的保障体系可能难以有效“兜底”，就需要我们因地制宜地做出“精准”的回应。再如，在精准识别过程中，虽然我们有一整套规范的技术手段和操作规程来保障识别精准，但现实中，仍然会遇到政策安排难以和实际情况有效对应的现象，通过“一对一”的精准帮扶来解决这样一些问题，就成为必然的要求。而恰恰是在这些细微之处，体现出“执政为民”的情怀与担当，体现出

“以人民为中心”的发展思想。

（二）因地制宜，形成精准扶贫操作文本

因地制宜是精准扶贫的基本要求，也是精准扶贫的基本方法之一。从县域减贫与发展的角度来看，因地制宜包括以下几个层次的含义。

首先，国家政策要因地制宜地“转译”为契合地方实际的操作文本。[①]前文已述，国家层面和省级层面关于精准扶贫的顶层设计和“二次顶层设计”多属于指导性和纲领性的，县一级需要根据县域减贫与发展的实际进行细化和部署。以“五个一批”为例，发展生产脱贫一批、易地扶贫搬迁脱贫一批、生态补偿脱贫一批、教育扶贫脱贫一批以及社会保障兜底一批，是中央层面基于新时期农村贫困现状和脱贫攻坚总体形势做出的“顶层设计”。省一级基于省情特点，做出了进一步的明确要求，但具体到县域精准扶贫工作的实际，仍需要在尊重地方减贫与发展实际的基础上，细化“操作方案”，形成具有实操性、有效性的政策“操作文本”。从信息经济学的视角来看，县级及以下基层政府组织更为接近地方实际，掌握着对于有效治理至为关键的“情境知识”，在政策细化的过程中，这些“情境知识”往往发挥着重要的作用。兰考县在形成县级“精准扶贫”政策体系的过程中，坚持对照习近平总书记关于扶贫工作的重要论述，对照国家精准扶贫贫困治理体系的要求，在深入调研、问计于民、问需于民的基础上，形成科学、细致、规范的政策体系，并且在实践过程中，根据实践的发展、脱贫攻坚形式的变动做出及时的跟进和优化。

其次，县域发展的谋划，特别是扶贫产业的谋划，既要面向发展机遇，对接国家政策，更要基于地方特色优势资源，尊重百姓发展的意愿。

---

① 吕方、梅琳：《“复杂政策”与国家治理——基于国家连片开发扶贫项目的讨论》，《社会学研究》2017 年第 3 期。

县域贫困治理和经济社会发展的核心问题之一是“找准发展的路子”，即站在发展机遇的面前，根据地方优势、地方特点，选择具有生命力、可持续的产业。特别是产业扶贫项目的规划与实施，如果脱离地方实际，背离贫困群众的发展愿望，以行政思维代替发展思维，不仅产业扶贫实际效果会大打折扣，还会影响群众对政府发展政策的信心。正如2012年习近平总书记在河北阜平县视察工作时指出的：“推进扶贫开发、推动经济社会发展，首先要有一个好思路、好路子。要坚持从实际出发，因地制宜，厘清思路、完善规划、找准突破口。……要做到宜农则农、宜林则林、宜牧则牧、宜开发生态旅游则搞生态旅游，真正把自身比较优势发挥好，使贫困地区发展扎实建立在自身有利条件的基础之上。”[①] 这些理念体现在兰考经济工作的总体思路中，就是以脱贫攻坚为统领，实现把强县和富民统一起来、把城镇和乡村贯通起来，在引进产业、企业的过程中，注重立足地方实际，因势利导。例如，兰考堌阳镇是中国民族乐器之乡，如今堌阳出产的桐木发音板在全国民族乐器市场中占有超过90%的比重。回顾堌阳民族乐器产业发展的历程，我们会发现近年来兰考民族乐器产业发展迅猛，并形成了徐场村等民族乐器专业村，对贫困户脱贫的带动效应十分显著，其经验恰恰在于用好了地方发展的特色优势资源。再如，兰考县谋划鸡、鸭、牛、羊、驴等十大扶贫产业，这些产业一端由龙头企业连接着市场需求，另一端当地老百姓有养殖的传统，在新一轮产业扶贫中对这些产业的发展有意愿和信心。政府因势利导，引进深加工企业、延伸价值链条，并从金融、保险等多维度为产业扶贫保驾护航，逐渐形成了贫困社区和贫困人口发展的内生动力。

最后，要以问题为导向，化解制约贫困村和贫困人口脱贫增收的实际

① 习近平：《在河北省阜平县考察扶贫开发工作时的讲话》(2012年12月29日、30日)，载《做焦裕禄式的县委书记》，中央文献出版社2015年版。

问题。贫困的成因具有复杂性和综合性的特点，通过加强政策支持，补齐基础设施、公共服务、制度环境的短板因素，通过市场机制促进贫困地区产业发展固然是贫困治理的重要手段，但还应看到，在社会治理的视角下，贫困还表现为社区社会资本的匮乏、社会良俗的缺失等复杂的社会性因素。兰考在推进脱贫攻坚过程中，发现当地老百姓中盛行红白喜事铺张大办、互相攀比，甚至一些农户因“办事”返贫。以小宋乡为例，下辖各村每年办红白喜事支出超过 2000 万元，给农户增加了巨大负担。有鉴于此，小宋乡出台了红白事简办政策，倡导老百姓“小事不办、大事简办”，通过移风易俗的方式，为老百姓减轻了人情负担。再如，兰考注重引导社会良俗，在农村评选“好媳妇”“好儿女”“好家庭”，通过政府主动引导，换取群众的互动和认同，取得了较好的效果，一些原来因“争取低保”而让老人分家独居的农户，在政策和良俗的引导下将老人接回了家。

（三）需求导向，促进政策服务精细化供给

所谓需求导向，指的是一切政策、一切工作的出发点和落脚点是回应贫困人口的减贫与发展需求，贯彻以“人民为中心”的发展思想。“需求导向”首先需要解决政绩观的问题，“精准扶贫”固然有指标层面的要求和时间节点的要求，但“精准扶贫”的要义在于通过改善政策供给方式，促进扶贫开发政策对于贫困社区和贫困人口多元化、差异化需求的有效回应，最终实现贫困人口稳定脱贫，促进贫困地区、贫困社区、贫困人口内生动力的成长。从这个角度来衡量各项政策、各项工作，就能够摆脱将贫困治理偏狭地理解成指标管理，[①] 真正回归“精准扶贫”的本意。更具体地说，“需求导向”还意味着让县域经济发展能够更好地带动贫困人口脱贫

---

① 吕方、程枫、梅琳：《县域贫困治理的“精准度”困境及其反思》，《河海大学学报（哲学社会科学版）》2017 年第 2 期。

增收，产业的选择能够体现地方实际和贫困人口的发展意愿，避免以行政思维替代减贫与发展内在逻辑的扭曲政绩观。

兰考在推进精准扶贫工作开展过程中，体现了鲜明的人民立场、人民观点，一切从贫困人口的实际需求出发，坚持问计于民、问需于民，将弘扬焦裕禄精神、践行群众路线贯穿于县域精准扶贫政策体系设计与优化的始终。以兰考推动畜牧业经济和林业经济发展促进贫困人口增收的产业扶贫政策为例，兰考县选择了鸡、鸭、牛、羊、驴以及瓜果、蔬菜、食用菌、水产、经济林十个扶贫产业作为抓手。之所以确定这十个产业，主要基于两个方面的考虑：一是从老百姓的发展意愿来看，这些产业项目都是兰考百姓传统经营、相对熟悉的，通过典型示范，老百姓的发展热情很高。在一些乡镇和贫困村，一些产业原本就已经形成了一定基础，问题在于市场化程度不高、产业链条短、产品附加值低、市场不稳定等因素制约影响产业的发展。二是这些产业在兰考发展比较有潜力，市场需求稳定且比较旺盛。基于此，兰考确定了产业扶持的重点，着力通过补齐产业发展短板因素，并综合运用政策扶持、金融支持、保险兜底、技术培训等政策工具提升贫困农户自我发展能力，取得了较好成效。

为了促使产业扶贫政策更好响应贫困社区和贫困农户需求，兰考在扶贫资金管理使用方面大胆创新，在国家“四到县”要求的基础上，在全省率先建立了“先拨付、后报账，村决策、乡统筹、县监督”的资金分配运行机制，2015 年兰考县将 1150 万元到户增收资金、4600 万元贫困村整村推进建设资金、2000 万元支持肉鸭产业化发展专项资金全部下拨到乡镇（街道），各乡镇（街道）结合实际，运用“四议两公开”的方法，根据各村实际情况进行自主调配使用，自主决定实施项目。通过扶贫资金使用机制的改革，实现了四个转变：一是从“等安排”到“拿主意”的转变。改革之前，县里等省里安排，乡、村等县里安排；现在，县、乡、村都要自己拿主意，如果自己没主意，即便“等来”资金，也会成“烫手山芋”。二是从“空管道”到“真滴灌”的转变。派驻工作队，只解决了铺设“管道”问题。给每个贫困村都分配资金，就如同给这个“管道”中注入了活水，让“滴灌”真正能够实现。三是从“与己无关”到“以我为主”的转变。资金到乡、村，乡、村由原来的被动承接转变为主动运作；项目到农户，农户自己有了项目选择权，积极性、主动性自然就提高了。四是从“业主”到“监理”的转变。扶贫资金新的分配使用机制理顺了扶贫资金管理关系，把业务部门从分资金、干项目、“当业主”的传统工作方式中解放出来，使他们把主要精力用到资金项目监管上。[①]

这些政策体系形成的方法以及配套改革的设计，都体现了鲜明的“需求导向”，体现了“扶真贫、真扶贫”的精准扶贫工作要求，体现了“以人民为中心”的发展思想。从实践效果来看，各项政策不仅取得了预期的成果，更赢得了老百姓的真心认同和拥护。

① 兰考县委、兰考县政府:《干字当头、精准发力，全面加快稳定脱贫奔小康步伐》，2017 年 6 月 20 日。

表 4-2　兰考县建档立卡贫困户政策覆盖情况

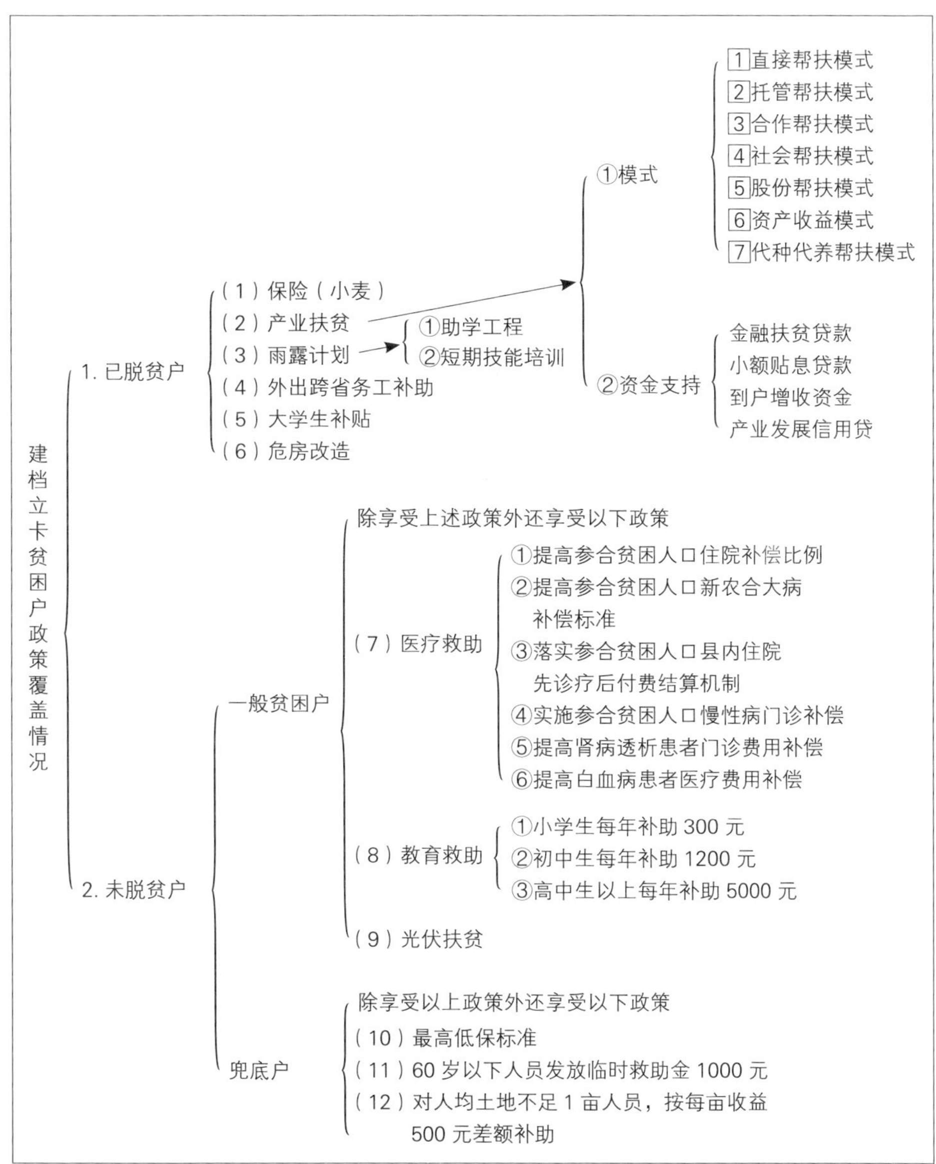

四、严格标准程序，认真解决“如何退”的问题

在贫困户退出的过程中，如果退出程序不严格、不标准，群众就会不买账、不认账。在国家推动的脱贫攻坚历程中，有的从扶贫政策中尝到了甜头，不想退；有的摆贫装困不愿退；有的认为签字以后，享受的优惠政策就会被取消，害怕退；等等。针对这些问题，兰考县按照中央和省有关要求，结合地方实际，制定了《兰考县贫困退出工作方案》，并从2016年11月开始，按照相关程序进行了贫困户、贫困村、贫困县的有序退出。贫困户退出方面，在充分动员部署、组织开展培训的基础上，兰考县整合有关工作力量，严格按照“1+2+3”的贫困户退出标准（即贫困人口退出主要衡量该户年人均纯收入稳定超过国家扶贫标准，且不愁吃、不愁穿，义务教育、基本医疗、住房安全有保障），实事求是地逐户核查贫困户家庭状况，并按照“两公示、一公告”的程序，对脱贫户、返贫户和新致贫户进行公示公告，实施贫困户有序退出。贫困村退出方面，在省定贫困村退出“1+7+2”（“1”即贫困村贫困发生率降至2%以下；“7”即基础设施建设和基本公共服务等7项指标达到标准；“2”即统筹考虑产业发展和集体经济）标准的基础上，兰考县自我加压，增加了脱贫发展规划、帮扶规划、标准化档案建设、兜底户精神面貌改观、政策落实5项内容，形成了“1+7+2+5”退出标准体系。退出程序方面，由乡镇提出书面申请；县调查核实组对预退出贫困村进行入村调查、摸底核实；对于符合退出标准的贫困村，在乡镇政府所在地和所在村内显著位置进行公示；公示无异议后，由县扶贫开发领导小组进行审核公告退出。贫困县退出方面，2016年10月25日，兰考县聘请了中国科学院地理科学与资源研究所作为第三方，对该县贫困退出工作进行初验，通过对全县7个乡镇27个贫困村开展实地调研，综合评估得出：兰考县贫困发生

率为 0.7%，基础设施保障率为 97.8%，政策惠及率为 93.85%，发展贡献率为 76.99%，兰考的退出可行度为 95.68%，可以稳定退出。2016 年 12 月 25 日，对照贫困退出标准，兰考县经自查后正式向省扶贫开发领导小组提出贫困退出申请，12 月 28 日，省扶贫开发领导小组对该县贫困退出进行了省级核查，并将退出情况向社会公示。

2017 年 1 月 9 日至 21 日，国务院扶贫办委托中国科学院地理科学与资源研究所对兰考县贫困退出进行第三方评估。这次评估是四项任务叠加：一是省际互查，二是对 2016 年的脱贫户进行普查，三是对 2014—2015 年的脱贫户进行抽查，四是抽选 5 个自然村的脱贫户、未脱贫户和非贫困户进行普查。此次评估共入村 348 个，调查 3704 户。评估指标主要是“三率一度”，即贫困发生率（低于 2%）、漏评率（低于 1%）、错退率（低于 2%），群众认可度（高于 90%）。评估的数据当日录入评估系统上传国务院扶贫办，并与相关部委的信息进行数据比对。第三方评估仅对国务院扶贫办负责，入户时不让县里干部跟随，评估方案、指标体系、评估情况等不以任何形式向县里反馈。国务院扶贫开发领导小组反馈结果显示，兰考县抽样错退率 0.72%，漏评率 0.75%，群众认可度 98.96%，综合测算贫困发生率 1.27%，符合贫困县退出标准。

五、兰考精准扶贫实践的经验与启示

三年来，兰考县委、县政府以脱贫攻坚统领县域经济社会发展全局，围绕供给侧结构性改革，选准适合县域发展的主导产业；紧扣新型城镇化，加快改变城乡整体面貌；突出民生改善，不断提高群众满意度和幸福感；以问题为导向，全民落实“四个切实、六个精准、五个一批”的脱贫攻坚总体要求，最终如期兑现了向习近平总书记做出的“三年脱贫”的承诺。兰考县在脱贫攻坚中求真务实、稳扎稳打的工作作风，以及在实践中所积累的宝贵经验，可以为全国范围内其他县域的脱贫攻坚提供借鉴。

第一，精准扶贫战略在当前具有深远的政治意义和政策意义。1978年以来，国家通过在农村实行土地联产承包责任制改革，以及在全国范围内实行计划经济向市场经济转变的经济体制改革，国民经济得到了快速发展。伴随着经济快速发展，社会分化也普遍发生，城乡分化、职业分化、贫富分化日益严重，公平开始成为一个严重的社会问题。公平的问题如果不能得到妥善的解决，执政的合法性会受到质疑，政权的存续也会受到威胁。党的十八大以来，以习近平同志为核心的党中央将脱贫攻坚上升为国家战略，这是国家促进社会公共资源在城乡之间、不同职业群体之间、富人与穷人之间更加公平分配的政策部署，农村贫困地区的发展和贫困人口的帮扶被提升到前所未有的高度。习近平总书记讲道，“我们讲宗旨，讲了很多话，但说到底还是为人民服务这句话。我们党就是为人民服务的。中央的考虑，是要为人民做事。各级干部也不能眼睛总是向上看。任何事情都要向上看看，向下看看。要经常问问自己，我们是不是在忙着与党的根本宗旨毫不相关的事情？有没有一心一意在为老百姓做事情？是不是在围绕党和国家中心任务而工作？古时候讲，食君之禄，忠君之事。现在就是要服务人民。多想想我们干的事情是不是党和人民需要我们干的？要一心一意为老百姓做事，心里装着困难群众，多做雪中送炭的工作，常去贫困地区走一走，常到贫困户家里坐一坐，常同困难群众聊一聊，多了解困难群众的期盼，多解决困难群众的问题，满怀热情为困难群众办事。各级干部要把工作重心下移，深入实际，深入基层，深入群众，认真研究扶贫开发面临的实际问题，创造性开展工作”。[①] 兰考县通过脱贫攻坚实践，加

① 习近平：《习近平论扶贫工作——十八大以来重要论述摘编》，《党建》2015年第12期。

深了干部和群众的情感联系，贫困农户切切实实感受到了各级政府和干部对他们的关心和帮助，达成了对各项扶贫政策的一致肯定，增进了对党和政府的高度认同。

第二，脱贫攻坚具有以点带面的功效，可以全面提升县域治理能力，并促进县域经济社会协调发展。习近平总书记强调，要把脱贫攻坚作为“十三五”期间头等大事和第一民生工程来抓。兰考县认识到，脱贫攻坚绝不是一项局部工作和单项业务，而是事关全局的系统性工程，必须作为贯彻新发展理念、全面建成小康社会的内在要求来抓，作为科学发展、县域治理的重要方略来抓，聚焦各项工作，聚集各种资源，聚合各方力量，以脱贫攻坚的实际成效带动县域经济社会各项事业全面发展。因此，这就要求县级党政领导班子切实提高对脱贫攻坚的思想认识，转变传统观念，切实将脱贫攻坚作为引领县域经济社会发展的头等大事来抓，通过抓实干部驻村工作来提高县乡各级政府的治理能力，引导农村产业结构调整，推动农业的供给侧结构性改革，完善教育、医疗、养老等各项社会政策，促进社会公共资源在不同群体之间更加公正分配，并逐步提高人们的社会保障水平，把城市和乡村联通起来，促进城乡协调发展并实现农村的有序城镇化。

第三，精准扶贫的各个环节是环环相扣的，脱贫攻坚是一个系统性工程。精准扶贫包括精准识别、精准施策、精准脱贫等各个环节。精准识别是整个脱贫攻坚的基础，一方面识别出贫困人口，找准扶贫政策的瞄准对象；另一方面弄清各贫困户的致贫原因，为后续的因户施策提供依据。在当前的贫困识别中，普遍只关注了贫困的物质维度，而对贫困的能力和权力维度有所忽视。贫困是一个动态的过程，对贫困人口的界定需要进行相应的动态调整，对于那些因病、因灾致贫以及脱贫后返贫的人口应及时纳入帮扶的范畴。精准施策既包括对有发展能力的贫困户进行开发式扶贫的帮扶，也包括对那些丧失劳动能力的贫困户进行兜底保障，还包括对那些因病因学的贫困户进行医疗和教育的救助，但对贫困户的精准施策必须建立在精准识别的基础上，这样才能真正使人民群众中的贫困人口得到针对性的帮扶，才不会在人民群众中进一步激发新的矛盾。精准脱贫建立在精准帮扶的基础之上，只有针对贫困户的致贫原因对症下药，才能助推贫困人口实现脱贫。但在当前农村社会中，因病致贫和因病返贫仍然占有较大的比重，因此一方面需要提高全体人民的医疗保障水平，避免人们看不起病；另一方面也要对贫困人口实时进行动态监测和调整，使得新增贫困人口能够得到及时的政策帮扶。在整个脱贫攻坚过程中，精准识别、精准施策、精准脱贫等任何一个环节出了问题，都会使脱贫攻坚的成效大打折扣，因此在每一个环节上都要做到尽量精准。

第四，精准扶贫的过程控制和脱贫考核要科学合理，避免指标管理代替贫困治理。上级政府为了规范下级政府的减贫行动，使得中央意志和各项扶贫政策能够在农村地区得到严格的贯彻落实，一方面通过设定一些指标对脱贫结果进行考核；另一方面委托第三方机构进行独立评估。基层政府、驻村干部、村“两委”干部为了迎接各级政府的检查和验收，尽可能地从形式上保证相关资料的规范性，再加上贫困人口识别不精准所引发的不断回头看，使得驻村干部在资料填写和整理上耗费了大量的精力，而扶贫干部真正能够用在村庄发展和解决贫困户实际问题方面的精力比较有限。无论是上级政府下村检查，还是委托第三方机构进行评估，他们也大多是根据材料做出结论，而对于一些无法通过表格反映的工作和成效缺乏深入的客观了解，最终使得脱贫攻坚陷入了表格扶贫的形式主义。有鉴于此，要坚持科学考核、精准考核，通过考核发现问题，改进工作；通过考核发现典型，树立标杆；避免以扭曲的考核伤害干部热情，损害扶贫事业。

第五章 推动脱贫攻坚改革创新

改革创新，扩大开放。适应社会主义市场经济要求，创新扶贫工作机制。扩大对内对外开放，共享减贫经验和资源。继续办好扶贫改革试验区，积极探索开放式扶贫新途径。

——中共中央、国务院《中国农村扶贫开发纲要（2011—2020 年）》

2011 年 5 月 27 日

实现《中国农村扶贫开发纲要（2011—2020 年）》（以下简称《纲要》）提出的奋斗目标，必须深入贯彻党的十八大和十八届二中、三中全会精神，全面落实习近平总书记等中央领导同志关于扶贫开发工作的一系列重要指示，进一步增强责任感和紧迫感，切实将扶贫开发工作摆到更加重要、更为突出的位置，以改革创新为动力，着力消除体制机制障碍，增强内生动力和发展活力，加大扶持力度，集中力量解决突出问题，加快贫困群众脱贫致富、贫困地区全面建成小康社会步伐。

——中共中央办公厅、国务院办公厅

《关于创新机制扎实推进农村扶贫开发工作的意见》

2014 年 1 月 25 日

坚持因地制宜，创新体制机制。突出问题导向，创新扶贫开发路径，由“大水漫灌”向“精准滴灌”转变；创新扶贫资源使用方式，由多头分散向统筹集中转变；创新扶贫开发模式，由偏重“输血”向注重“造血”转变；创新扶贫考评体系，由侧重考核地区生产总值向主要考核脱贫成效转变。

——《中共中央、国务院关于打赢脱贫攻坚战的决定》
2015 年 11 月 29 日

脱贫攻坚工作要与经济社会发展各领域工作相衔接，与新型工业化、信息化、城镇化、农业现代化相统筹，充分发挥政府主导和市场机制作用，稳步提高贫困人口增收脱贫能力，逐步解决区域性整体贫困问题。加强改革创新，不断完善资金筹措、资源整合、利益联结、监督考评等机制，形成有利于发挥各方面优势、全社会协同推进的大扶贫开发格局。

——《“十三五”脱贫攻坚规划》
2016 年 11 月 23 日

习近平总书记指出，扶贫开发工作依然面临十分艰巨而繁重的任务，已进入啃硬骨头、攻坚拔寨的冲刺期。这是对当前中国扶贫开发总体形势的客观研判，为贫困地区的脱贫攻坚指明了方向。在严峻的脱贫攻坚形势下，也需要通过进一步改革创新来破解脱贫攻坚过程中的各种难题，消除脱贫攻坚中的各种体制机制障碍。改革创新对于打赢脱贫攻坚战具有重要意义。

其一，改革创新是推动脱贫攻坚的内在动力。2014 年出台的《关于创新机制扎实推进农村扶贫开发工作的意见》指出，要“以改革创新为动力，着力消除体制机制障碍，增强内生动力和发展活力”；2015 年出台的《中共中央、国务院关于打赢脱贫攻坚战的决定》指出，要创新体制机制，创新扶贫开发路径，创新扶贫资源使用方式，创新扶贫开发模式，创新扶贫考评体系等。2016 年出台的《“十三五”脱贫攻坚规划》再次指出，要加强改革创新，不断完善资金筹措、资源整合、利益联结、监督考评等机制，形成有利于发挥各方面优势、全社会协同推进的大扶贫开发格局。从脱贫攻坚的政策指向来看，改革创新是打赢脱贫攻坚战的重要驱动。脱贫攻坚必须坚持问题导向，以改革为动力，以构建科学的体制机制为突破口，充分调动各方面积极因素，用心、用情、用力开展工作。要通过改革创新，解决扶贫开发中不断出现的新情况新问题。创新驱动为新时期的脱贫攻坚工作提供了持续的动力。

其二，改革创新是践行精准扶贫精准脱贫的基本保证。2015 年 6 月，习近平在贵州考察时，指出了扶贫开发“贵在精准，重在精准，成败之举在于精准”，并提出扶贫开发工作“六个精准”的基本要求，即扶持对象精准、项目安排精准、资金使用精准、措施到户精准、因村派人精准、脱贫成效精准。此后，“六个精准”的战略思想分别被写入《中共中央、国务院关于打赢脱贫攻坚战的决定》和《“十三五”脱贫攻坚规划》，成为现阶段脱贫攻坚的基本原则。精准扶贫精准脱贫目标的实现需要进一步改革创新，切实解决脱贫攻坚中“扶持谁”、“谁来扶”、“怎么扶”和“如何退”等问题。践行精准扶贫精准脱贫的战略，必须通过改革创新把精准扶贫和精准脱贫置于一个系统体系中来处理，既能够从宏观层面把握贫困的全局性和现状特征，又能够从中观层面理解贫困问题的行业结构、区域差异和治理性质，还能够在微观层面上掌握贫困的致贫因素的复杂性、脱贫政策的具体性和因人而异因户而异的扶贫手段有效性，从而做到了贫困识别科学性、扶贫举措针对性和脱贫成效稳定性的统一。

其三，改革创新是破除扶贫开发体制机制障碍的根本手段。传统扶贫开发的方式对于缓解普遍性贫困问题和解决一般性贫困问题起到了重要的作用，但是面对当前的贫困形势，传统扶贫开发中的体制机制障碍更加突出，“人、财、事”的安排已经不能适应当前脱贫攻坚的需要。例如，在扶贫开发“人力”的配置方面，传统扶贫开发中缺少合理的动力机制、考核机制、参与机制等；在“财力”的配置上，传统扶贫开发资源不足、资源整合不够、资源分配不合理、资金运行效能较低、资金管理不够科学等；在“事”的安排上，传统扶贫开发中对贫困对象的识别不够精准、驻村工作机制不够健全、产业发展持续性不足、贫困地区内源性发展较低等。破除这些扶贫开发过程中的体制机制障碍，必须进一步解放思想，开拓思路，深化改革，创新机制。通过改革创新能够更好地破除扶贫开发实践中的体制机制障碍，是脱贫攻坚系列政策在县域层面落地的重要保障。

一、兰考脱贫攻坚改革创新的背景与思路

前文已述，新时期兰考迎来了减贫与发展的重要时期和难得机遇。在此背景之下，兰考县将脱贫攻坚视为全面建成小康社会的底线目标，以脱贫攻坚统揽经济社会发展全局，通过持续的改革创新，谋划和推动县域脱贫攻坚。

（一）兰考脱贫攻坚改革创新的背景

兰考自 2002 年被确立为国家重点贫困县以来，扶贫开发面临重重困境，扶贫效果不够理想，主要表现在以下几个方面：一是脱贫效率低。兰考县 2002 年被确定为国家级贫困县，截止到 2011 年，十年左右的时间累计脱贫人口仅为 2 万多人，2011 年被确定为大别山连片特困地区重点县，直到 2014 年经过精准识别后，建档立卡贫困人口仍有 7.7 万。十多年来的减贫历程，脱贫的贫困人口比例不超过 50%，减贫效率低下。二是脱贫意识不强。无论是贫困人群还是领导干部对脱贫的积极性都不高。一方

面，贫困人群长期的精神贫困，导致缺少脱贫的意识、信心和能力。“不敢干、不会干、不愿干”曾是兰考贫困群众的“通病”。另一方面，干部的思想意识不够，没有认识到脱贫攻坚的重要战略意义，没有将脱贫攻坚提升到治国理政的认识高度，缺少紧迫感和脱贫动力。三是扶贫开发的思维固化。长期以来受惯性思维影响，在脱贫攻坚过程中缺少改革创新，缺少积极担当。中国几十年的扶贫开发遵循着政府主导和自上而下的行动模式，扶贫开发的理念、机制和政策等在县域层面的创新落地非常欠缺，固化思维成为脱贫攻坚的巨大障碍。这些问题导致兰考长期以来扶贫开发成效不够突出，唯有改革创新才是破解困境的唯一出路。

（二）兰考脱贫攻坚改革创新的思路

几年来，兰考以习近平总书记关于扶贫工作的重要论述为根本遵循，以改革创新破解关键制约，取得了重大成果，其基本思路体现在以下几个方面。

1. 瞄准脱贫攻坚关键问题、关键环节

习近平总书记关于扶贫工作的重要论述是习近平新时代中国特色社会主义思想的重要组成部分，为打赢全面建成小康社会背景下的脱贫攻坚战提供了根本遵循。践行习近平总书记关于扶贫工作的重要论述，重在坚持民本理念，勇于改革创新，突出责任担当。首先，在脱贫攻坚过程中，必须坚持“民本理念”，脱贫攻坚本质上要服务于贫困人群，同时脱贫攻坚也要坚持人民的主体地位，充分激发贫困人群的发展动力和发展信心。其次，脱贫攻坚的改革创新必须以问题为导向，要勇于发现问题，客观呈现问题，积极解决问题，问题倒逼全面深化改革，为脱贫攻坚提供了重要驱动力。再次，在脱贫攻坚过程中应全面强化党员干部的责任担当，充分激发党员干部为贫困人群服务的积极性。兰考在脱贫攻坚过程中坚持以习近

平总书记关于扶贫工作重要论述为指引，大力传承弘扬焦裕禄精神，干字当头，推动脱贫攻坚；坚持以人民为中心，在脱贫攻坚过程中服务贫困人群，走群众路线，激发贫困人群的内生动力；坚持问题导向深化改革，推动精准扶贫、精准脱贫；坚持党员干部的担当精神，改善工作作风。最后，坚持政策的刚性执行，将国家脱贫攻坚的顶层设计在县域层面创新落地等，有效推动了兰考的脱贫攻坚。

2. 以全面深化改革破解体制机制障碍

兰考以全面深化改革为脱贫攻坚破除各种思想认识和体制机制障碍。首先，坚持民本理念。一是改革创新以服务百姓为目标。特别是在改善工作作风方面体现了一切为人民服务的宗旨。二是脱贫攻坚始终围绕民生展开。兰考创新性地出台了12项扶贫政策，不仅惠及贫困户，而且惠及已经脱贫户，涉及提高生活水平，“两不愁三保障”等各个民生领域。三是在脱贫攻坚过程中优先支持民生项目，如畅通出行工程、水利改造工程、改善人居环境等。其次，坚持问题导向推动改革。兰考县在脱贫攻坚改革创新过程中，始终贯穿问题导向，特别是针对精准扶贫、精准脱贫中存在的问题改革创新，在“扶持谁”、“谁来扶”、“如何扶”和“如何退”等方面立足于当下存在的问题，以破解难题作为改革创新的起点。最后，坚持责任担当推动改革。习近平总书记强调在改革推进过程中，要引导领导干部树立与全面深化改革相适应的思想作风和担当精神。在脱贫攻坚过程中，积极推进的全面深化改革必须要有担当精神。兰考县在脱贫攻坚改革创新过程中充分体现了责任担当：一是建立层层负责的责任机制，从县领导到乡村干部，驻村工作队员，层层压实责任。二是在脱贫攻坚过程中敢于创新，不墨守成规，不囿于传统。三是严格督查，从严治党，让党员干部担当起脱贫攻坚重任。四是坚持刚性执行推动改革。2013年2月28日，在党的十八届二中全会第二次全体会议上，习近平总书记提出，要以

“钉钉子”的精神抓好改革落实，抓住关键，精准发力，敢于啃硬骨头，盯着抓，反复抓，直到抓出成效。“一分部署、九分落实”是对刚性执行的精辟概括。以全面深化改革推动脱贫攻坚的重中之重是抓落实，是对精准扶贫精准脱贫基本方略的刚性执行。兰考在脱贫攻坚过程中紧扣顶层设计的落地，以督察考核作为刚性执行的重要推动力量。

3. 以脱贫攻坚统揽县域发展和治理全局

习近平总书记强调，要把脱贫攻坚作为“十三五”期间的头等大事和第一民生工程来抓，要坚持以脱贫攻坚统揽经济社会发展全局。兰考脱贫攻坚中的改革创新也是坚持以脱贫攻坚统揽经济社会发展全局作为重要导向。

第一，将经济社会发展向脱贫攻坚聚焦。2015 年中央扶贫开发工作会议上，习近平总书记指出，脱贫攻坚任务重的地区，党委和政府要把脱贫攻坚作为“十三五”期间的头等大事和第一民生工程来抓，坚持以脱贫攻坚统揽经济社会发展全局。可以说，贫困县市“十三五”期间经济社会发展的头等大事就是脱贫攻坚，经济社会发展要立足于脱贫攻坚，要围绕脱贫攻坚展开。如果脱贫攻坚工作做好了，就为经济社会发展奠定了坚实的基础。兰考县在脱贫攻坚的战略规划中明确要求以脱贫攻坚来统揽经济社会发展全局，将经济社会发展的全部工作重心向脱贫攻坚聚焦。兰考县“十三五”规划中也明确提出了“十三五”时期是全面建成小康社会的决胜阶段，是兰考“如期脱贫、率先小康，争当全省县域发展排头兵”的攻坚阶段。

第二，以脱贫攻坚作为经济社会发展的契机。“十三五”时期，随着新型工业化、信息化、城镇化、农业现代化的同步推进和国家重大区域发展战略的加快实施，为贫困地区发展提供了良好环境和重大发展机遇，特别是国家综合实力不断增强，为打赢脱贫攻坚战奠定了坚实的物质基础。

1986年以来，国务院扶贫开发领导小组办公室在全国范围内，依据科学标准和严格程序确定国家扶贫开发工作重点县，国家先后出台各种政策对这些贫困县给予帮扶。特别是党的十八大以来，以脱贫攻坚统揽经济社会发展成为全面小康脱贫攻坚阶段的重要理念。从中央到地方各级政府，对贫困县市的脱贫工作高度重视，从领导干部的思想认识、资源配置到政策支持等方面的力度均前所未有，这对于贫困县经济社会发展而言是一个重要的契机。兰考县充分认识到脱贫攻坚成为全面建设小康社会进程中经济社会发展的重要契机，从脱贫攻坚入手，把握经济社会发展的各种有利条件，以此谋划经济社会发展的长远图景。

第三，以脱贫攻坚统揽经济社会发展全局。兰考县在脱贫攻坚过程中坚持脱贫攻坚统揽经济社会发展全局。一是在思想认识上统揽。脱贫攻坚绝不是一项局部工作和单项业务，而是事关全局的、系统的重大政治任务，必须作为贯彻新发展理念、全面建成小康社会的内在要求来抓，作为扩大内需、拉动经济增长的有效途径来抓，作为科学发展、县域治理的重要方略来抓，聚焦各项工作，聚集各种资源，聚合各方力量，以脱贫攻坚的实际成效带动经济社会各项事业全面发展。二是在组织力量上统揽。在选优派强驻村帮扶队伍的同时，注重各方面的组织力量整合。脱贫攻坚需要多部门参与、共同协作推进。兰考探索建立了党政主要负责人负总责，四大班子齐上阵的工作机制，确保人人肩上有责任，个个身上有任务，形成了分工明确、团结协作的全社会合力脱贫攻坚的工作格局。三是在发展实践上统揽。坚持供给侧改革，构建强县富民的战略体系；坚持城乡一体化，布局新型城镇化的战略体系，把“城镇和乡村贯通起来”；把改革和发展结合起来，集中精力以改革创新释放发展活力。

二、兰考县脱贫攻坚改革创新的主要做法

兰考县坚持改革创新并重，破解脱贫攻坚中的关键制约因素，改革创新主要围绕“人”改、围绕“事”改和围绕“钱”改，集中体现在以下几个方面。

（一）围绕“人”改，激发干群内生动力

马克思主义哲学中蕴含着充分发挥每个人的能力以改造世界的基本价值。马克思主义认为：人能够意识到自己的主体性存在，从而自觉主动地挖掘和发挥自己的内在本质力量和创造力去面对和解决自己存在和发展的问题。只有充分发挥人的主观能动性，才能更好地解决发展过程中所面临的各种难题。在脱贫攻坚的战略决胜阶段，充分调动各方主体投身脱贫攻坚的积极性和主动性同样具有重要的意义。

1. 创新“干部下乡”机制，为脱贫攻坚提供根本动力

回顾兰考的脱贫攻坚历程，激发人的主体性，特别是激发推动事业前行的关键群体——党员干部的干事热情，是脱贫攻坚改革的基本问题之一。在调研中，我们发现兰考通过创新队伍建设机制，解决思想认识、体制机制等方面的问题，为脱贫攻坚提供了根本动力。

一是建立县级领导联系贫困村（社区）制度。每名县级领导联系2—3个贫困村（社区），定期到所联系村（社区）走访贫困户、召开群众座谈会、研究脱贫政策，及时解决遇到的问题和困难。要求县级领导干部每周至少在所联系村（社区）内住宿一晚，并认真记好扶贫工作笔记，拍照入档。

二是完善县直单位分包贫困村制度。每周要召开会议，听取本单位驻

村工作队的工作汇报，研究驻村扶贫工作。县直各单位主要负责人要多进村入户，每个月至少到帮扶村走访调研一天，对所帮扶村的情况要了如指掌。同时，要充分发挥行业优势，该提供资金的提供资金，该提供项目的提供项目，既要做好分工协作，又要做好一对一帮扶，确保帮扶工作取得实实在在的效果。

三是建立健全驻村工作制度。一方面，因村派人，发挥资源优势。兰考在脱贫攻坚过程中，结合贫困村的实际因村派人，不仅实现驻村工作队的全覆盖，而且有利于充分发挥驻村工作队的优势。兰考针对贫困村和有贫困人口的非贫困村，分别派驻了驻村工作队。2015 年，兰考在全县范围内抽调 345 名后备干部组成 115 个驻村工作队，派驻到 115 个贫困村，实现对全县贫困村驻村工作全覆盖。此外，2016 年，兰考又从各乡镇抽调 335 名优秀干部入驻非贫困村，担任包村干部，确保非贫困村的每个贫困户都有帮扶责任人。另一方面，分类派驻驻村工作队。在向贫困村和非贫困村派驻驻村工作队的过程中，根据不同村的贫困程度、贫困原因、主要问题等配置不同的工作队员，充分发挥不同工作队的资源优势。派驻贫困村的人员主要由从县级各部门抽调作风过硬、工作能力强的后备干部组成，派驻非贫困村的人员主要由从乡镇各级抽调的优秀干部组成。在稳定脱贫奔小康阶段，兰考县开展了以“支部连支部，加快奔小康”为主题的派驻工作，进一步选优配强驻村工作队，落实各项政策措施，稳固提升脱贫成效，加快奔小康步伐。

2. 创新能力建设机制，克服扶贫干部的本领恐慌

其一，着力提高脱贫攻坚干部队伍的思想认识。改革开放以来中国对贫困问题的高度重视是扶贫开发取得举世瞩目成就的根本原因。现阶段，扶贫开发已经进入决胜阶段，现有 4000 多万名贫困人口能否如期脱贫直接关系到全面建成小康社会目标的实现。兰考县在脱贫攻坚过程中将现阶

段的脱贫攻坚纳入“五位一体”总体布局和“四个全面”战略布局，上升到治国理政的战略高度。同时，在脱贫攻坚过程中通过各种手段促进脱贫攻坚队伍思想认识的提高，让党员干部认识到兰考脱贫攻坚的重要使命，脱贫攻坚对于兰考全面建成小康社会的重要意义。从县级领导到基层干部，对脱贫攻坚的认识均有了极大提高。县级干部以全文研学习近平总书记关于扶贫工作的重要论述和中央、省相关文件精神为主，同时坚持问题导向，集中讨论研判，加强对脱贫攻坚战略、脱贫攻坚政策、脱贫攻坚问题的理解和认识。基层干部和其他帮扶主体通过“以会代训”等方式提高对脱贫攻坚的认识，以此帮助提高脱贫攻坚队伍的思想认识。

其二，重点加强脱贫攻坚队伍的作风建设。“打铁还需自身硬”是习近平总书记对干部队伍作风建设的重要概括。2013 年 6 月 18 日，习近平在党的群众路线教育实践活动工作会议上指出，群众路线教育实践活动的主要任务聚焦到作风建设上，集中解决形式主义、官僚主义、享乐主义和奢靡之风“四风”问题。解决党员干部的作风问题是保持党的青春活力和推动社会主义建设的重要动力，增强脱贫攻坚队伍的战斗能力要把作风建设作为根本出发点。兰考县委把脱贫攻坚作为锤炼干部作风的“大熔炉”，使之成为巩固群众路线教育实践活动和“三严三实”专题教育成果，检验“两学一做”学习成效的有效平台。县级干部以身作则、率先垂范，坚持每周在联系的贫困村工作一天、住宿一晚，做好脱贫攻坚抓落实谋突破的先行者，充分发挥表率作用和督促作用。乡镇干部、驻村干部坚持“五天四夜”，解决了贫困群众生产生活中的实际困难。此外，兰考县委把“两学一做”学习教育和脱贫攻坚结合起来，创造性开展“三联三全”活动，组织 53 名县级干部、567 名科级干部和 3000 多名机关在职党员开展联系帮扶，实现对 150 个重点项目、115 个贫困村和 5729 户贫困户的联系帮扶全覆盖。

最后，增强脱贫攻坚队伍的工作能力。一是加强基层组织的建设。兰考把加强农村基层组织建设作为推动农村发展的核心工作，出台了《村“两委”干部管理办法》《驻村第一书记管理办法》《关于实行党员分类管理、评分定级的意见》等文件，强化基层干部管理。持续整顿农村基层党组织，明确驻村工作队“不转化不撤离、不晋级不脱钩”，推动软弱涣散村转化升级。此外，开展支部连支部活动，在全县开展“支部连支部、加快奔小康”活动，组织454个机关企（事）业单位党组织和454个农村（社区）党组织结对共建，巩固成果，促进稳定脱贫奔小康。二是全面提升脱贫攻坚队伍的能力。以能力提升为目标，通过“兰考讲堂”、专题培训班、微信推送等措施，深入宣传扶贫政策措施，提升村干部和驻村工作队员责任意识和政策水平。此外，对全县454名村党支部书记开展集中轮训，切实提高他们脱贫攻坚、产业发展、基层党建、带领群众致富的能力。

3. 提振贫困群众信心，激发脱贫攻坚内生动力

习近平在《摆脱贫困》一书中指出：“扶贫先要扶志，要从思想上淡化‘贫困意识’。不要言必称贫，处处说贫。”可见，在脱贫攻坚的决胜阶段，把扶贫与扶志有机结合起来，充分激发贫困人群的内生动力，充分发挥贫困人群在脱贫攻坚过程中的主观能动性也至关重要。围绕扶贫先扶志，兰考县主要从对贫困人口的宣传教育和改善贫困人口的生活环境着手，增强贫困人群摆脱贫困的愿望与信心。

一是通过宣传教育营造脱贫攻坚氛围。乡镇（街道）层面主要利用宣传牌及村内广播等方式做好扶贫政策宣传，提高扶贫政策的知晓率。县委宣传部主要通过《今日兰考》、《兰考手机报》、兰考电视台等宣传报道全县脱贫攻坚的内容，营造脱贫攻坚的浓厚氛围。此外，县文广新局依托文化大院、文化广场，采用群众喜闻乐见的文艺形式宣传扶贫政策。通过宣传教育，提高了贫困人群对脱贫攻坚的认识，增强了信心。二是通过改善

生活环境提振贫困人口信心。改善农村生产生活条件，在电力保障、安全饮水、道路拓展、美丽乡村建设等方面着力，激发贫困人群对美好生活的向往。通过开展“春风行动”改善贫困人群的生活条件。2016 年 1 月，兰考县积极开展“春风行动”，根据“五不五有”(不能住危房，要有大门和围墙；不能没门窗，要有玻璃和纱窗；不能没家具，要有床柜和桌椅；不能没家电，要有有线电视和电扇；不能脏和乱，环境要有大改变）和“五净一规范”(院内净、卧室净、厨房净、厕所净、个人卫生净和院内摆放规范）的要求，各乡镇（街道)、包村干部、帮扶单位、工作队帮助贫困户改造危房、整修大门、修建围墙、安装玻璃和纱窗、购置床柜桌椅、购置家电、安装有线电视、改造老化线路、整理院落、赠送被褥以及米面油等生活用品，切实改善了贫困户的生活条件和精神面貌，提振了脱贫信息，激发了内生动力。

（二）围绕“事”改，深化督查机制改革

为了确保党中央、省委、县委各项脱贫攻坚政策部署落到实处，兰考县深化了督查机制的改革。坚持以最严格督查问责，进行全方位、多轮次督查，并将督查结果及时进行公示，全力保障打赢脱贫攻坚战。

1. 组建督查考核的专门机构

2015 年 7 月，兰考整合县委督查室、县政府督查室、县政府目标管理办公室、县行政效能监察中心工作机构和职能，组建了县委县政府督查局，将原来分散的督查力量集中到一起，对县委县政府交办事项及重大决策、重要工作部署和其他涉及全县中心工作进行督促检查。督查局设综合科、督查科、目标考核科、行政效能中心 4 个科室。督查科下设 6 个小组（工业、农业、城建、民生、党建、专项查办)，行政效能监察中心下设行政效能监察组和预警预判组。督查局具有督促检查、督查调研和综合考评

三项职能，授予阅文参会、随同领导调研、组织协调、直接汇报、通报问责、综合考评、奖惩建议、任免建议八项职权。督查局在促进工作落实、发挥参谋助手、主动协调联动、行政效能问责等方面发挥了重要作用，真正成为工作落实的助推器、领导决策的参谋部、沟通上下左右的桥梁和纽带、推动工作作风转变的利剑。督察局自成立以来，脱贫攻坚工作就取得了明显进展，推动了县委、县政府中心工作落实，解决了关系群众切身利益的热点、难点问题，促进了全县干部作风转变。

2. 创新督查考核机制

兰考县通过严格的责任落实督查考核机制，建立起压力全员覆盖、任务全员分解、责任全员落实的责任体系。一是建立了高效运作机制、内部考核机制和人才流动机制。通过强化内部管理、加强人才交流，促使每位干部增强政治意识、大局意识、责任意识，提高业务能力、综合能力、专业素养，敢担当、有作为，抬高工作标准，追求精益求精，促进机关高效运行。二是开展常态化督查。督查局自成立以来，截至 2018 年底已开展各类督查 5000 余次，协调解决问题 790 余个，工作效能大幅提升，督查局已经成为抓落实的一把“利剑”。三是开展联合督查。在脱贫攻坚过程中，由县纪检监察、县委组织部、县委县政府督查局、县扶贫办等单位联合组成督查组，对各项工作落实情况进行严格督查，实行定期不定期明察暗访，发现问题及时交办，限期整改。四是强化督查结果运用。充分发挥目标考核导向作用，把脱贫攻坚纳入年度目标考核体系，对成绩突出的单位和个人予以表彰，并将其作为评先评优的重要依据；对落实不力、敷衍推诿的单位或个人，进行通报约谈问责。

（三）围绕“钱”改，深化扶贫资金运行机制改革

要想打赢脱贫攻坚战，必须创新资金运行机制，既要加大资金投入力

度，又要精准使用资金，让脱贫攻坚的活水能够真正流向贫困人群，充分发挥扶贫资金的效能。在脱贫攻坚过程中，兰考对资金的筹集、整合、管理做出了改革创新，为脱贫攻坚提供了根本保障。

1. 创新资金筹措机制，为脱贫攻坚提供坚强后盾

2017 年 2 月 21 日，习近平总书记在中共中央政治局第三十九次集体学习时提出七个“强化”，其中提到强化资金投入，可见，增加投入是脱贫攻坚的重要保障。兰考县在资金投入方面既坚持政府的主导地位，也充分发挥了市场和社会的作用，形成了政府、市场、社会投入扶贫开发的合力。

第一，加大财政投入力度。兰考把所有工作向脱贫攻坚聚焦，把各种资源向脱贫攻坚聚集，把各方力量向脱贫攻坚聚合，以脱贫攻坚统揽经济社会发展全局。在扶贫资金投入方面，兰考县加大了财政资金的投入力度。从 2012 年至 2016 年的五年中，财政投入资金 8.76 亿元，集中用于脱贫攻坚，有效解决贫困户教育、医疗、住房、产业发展等问题。例如，在保险扶贫方面，2016 年兰考县财政出资 1000 万元对建档立卡贫困户进行财产、人身、农作物种植、农业设施等一系列为期一年的投保。在医疗补助方面，2016 年兰考县财政支出了 900 余万元，为 2016 年未脱贫的 15184 户贫困户提供医疗补助，解决贫困人群看病难的问题。在贷款风险补偿方面，2015 年兰考县财政拿出 1000 万元作为风险补偿金，撬动银行贷款 1 亿元，支持扶贫企业发展，2016 年又拿出 2000 万元作为风险补偿金，撬动银行贷款 2 亿元，培育壮大小微企业和合作组织。

第二，创新融资方式。资金支持是推进脱贫攻坚取得实效的重要保障，是县域经济快速发展的强劲动力。兰考县在脱贫攻坚过程中不仅强化了政府财政资金的投入，也创新性地将市场主体的动力激发出来，以市场的方式解决经济社会发展过程中资金短缺的问题。兰考坚持财政收入保工

资、保运转、保民生，资金靠运作、靠经营城市的理念，把提升资本运作能力作为改革突破点，创新融资模式，破解融资难题。吸引社会资本，提高融资能力，为县域科学发展注入了活力。近年来，兰考县先后成功组建农商银行，建立资产运营中心，成立城投、农投、畜投、文投等融资平台，包装了一批城市基础设施建设、棚户区改造和乡村道路建设项目，2016 年全年各种形式的融资到位资金 53 亿元。此外，与邮储银行、河南省豫资公司合作，以基金形式搭建 30 亿元规模的投融资企业 PPP 股权合作新模式，为老城区改造、新规划区土地储备和扶贫搬迁提供充足的资金保障。

2. 创新资金整合机制，形成脱贫攻坚合力

统筹整合使用财政资金是党中央、国务院着眼扶贫开发全局作出的战略决策，是支持贫困县以脱贫攻坚统揽经济社会发展全局，确保如期打赢脱贫攻坚战的需要，是推动扶贫开发工作权责匹配，调动贫困县脱贫攻坚积极性、主动性的需要，也是提高贫困地区财政资金配置效率，深化精准扶贫、精准脱贫的需要。兰考县在创新资金整合机制方面的主要做法如下。

第一，整合资金来源渠道。2016 年 4 月 12 日，国务院办公厅印发了《关于支持贫困县开展统筹整合使用财政涉农资金试点的意见》，2017 年 2 月 6 日，财政部和国务院扶贫办联合印发了《关于做好 2017 年贫困县涉农资金整合试点工作的通知》，再次强调将试点范围推广到全部 832 个国家扶贫开发工作重点县和连片特困地所在区县。兰考县按照中央涉农资金整合的要求，在统筹整合涉农资金过程中，做到“多个渠道进水、一个池子蓄水、一个龙头放水”，整合的涉农资金用于全力推进精准扶贫工作。资金整合使用将脱贫攻坚和县域发展有机结合，满足了以脱贫攻坚统揽经济社会发展全局的战略定位，资金使用更有针对性，能够解决脱贫攻坚和县域发展的突出问题，产生更大的合力。

第二，项目引导资金整合。以扶贫攻坚规划和重大扶贫项目为平台，整合扶贫和相关涉农资金，集中解决突出贫困问题，这是中央关于财政涉农资金整合的要求。在整合涉农资金的过程中，兰考采取以项目主导资金整合的方式，科学合理选定项目区，统一制定项目规划，以规划统筹项目，围绕项目引导资金整合。2016 年，兰考围绕项目共统筹整合财政涉农资金 26787.12 万元，涉农资金安排的项目主要包括三大类：一是农村基础设施建设类项目，例如拓展农村道路、改善水利条件、兴建农村文化广场、改善农村村室条件、改善居民生活环境等；二是公共服务（社会发展、公益事业）保障类扶贫项目，例如农村危房改造、教育扶贫、健康扶贫等；三是产业扶持类项目，例如对有劳动力、有能力、有土地，但缺资金、缺技术的贫困对象发展脱贫产业的给予一定额度资金帮扶，对符合条件的返乡创业人员给予创业担保贷款、安排贷款贴息等。

3. 创新资金管理机制，助推精准脱贫

2015 年 6 月，习近平总书记提出脱贫攻坚的“六个精准”，其中强调资金使用精准。如何创新资金管理机制，切实做到对贫困人群的精准滴灌，这是兰考在资金使用过程中要重点考虑的。

第一，创新资金分配运行机制。2014 年 1 月 25 日，中共中央办公厅、国务院办公厅印发《关于创新机制扎实推进农村扶贫开发工作的意见》指出，改革财政专项扶贫资金管理机制，简化资金拨付流程，项目审批权限原则上下放到县，河南省专项扶贫项目资金审批权也全部下放到县。兰考县在中央精神的基础上进一步创新，简政放权，将资金的分配使用权限直接下放到乡村一级。把扶贫资金的审批权下沉到乡，让村里自主决策扶贫项目，探索创新“先拨付、后报账，村决策、乡统筹、县监督”的扶贫资金分配运行机制。扶贫资金下沉到乡村一级主要支持贫困户、脱贫户发展“种养加”项目。扶贫资金分配运行创新有效激发了贫困户自我发展的内生动力。扶贫工作由原来村里“被动承接”转变为“主动运作”，贫困户从“与己无关”到“以我为主”，积极性、主动性和创造性被大大调动起来了。

第二，创新资金管理监督机制。《“十三五”脱贫攻坚规划》指出，建立健全扶贫资金、项目信息公开机制，保障资金项目在阳光下运行，确保资金使用安全、有效、精准。兰考县在此政策的指导下，严格按照“资金跟着项目走、项目跟着规划走、规划跟着脱贫目标走、目标跟着脱贫对象走”的原则，对涉农资金全程公开透明，接受监督。在资金的使用过程中，各乡镇（街道）结合实际，运用“四议两公开”民主科学决策机制，采取“先议后动、全程透明、群众监督”的方法实施项目。整合的涉农资金使用全过程均公开透明，包括项目名称、项目建设内容和规模、项目实施地点、项目统筹资金规模来源、项目责任单位、项目绩效目标、项目实施进度计划等，全面进行公开公示，主动接受社会监督。通过阳光运作涉农资金，实现涉农资金的精准滴灌。

（四）深化便民服务体制改革

兰考县加强三级便民服务体系建设，建立社情民意服务平台，及时将群众问题解决在基层、解决在萌芽状态，筑牢了基层阵地，提升了为基层办实事、解难事的工作能力。

1. 建立三级便民服务体系

兰考县以“为党员群众办好事，让党员群众好办事”为目标，切实加强“两大厅一中心”（县行政服务大厅、乡便民服务大厅，村党群服务中心）三级便民服务体系建设。兰考县先后出台《兰考县人民政府关于完善县、乡、村三级便民服务体系的实施意见》等 5 个文件，强调便民服务体系建设的目的、意义，对兰考县行政服务大厅、乡镇便民服务站、村级便民服务点进行了升级改造。一是投资 500 万元对县行政服务大厅进行升级改造，结合行政审批系统建设，重新改造机房，新建网上政务大厅，添设窗口显示屏、审批服务查询触摸屏、叫号排队系统、群众满意度评价器等；二是投资 35 万元为全县各乡镇、街道办事处和产业集聚区购买 36 台触摸屏一体机，4 个没有便民服务站的乡镇各自投资 60 多万元，新建建筑面积 100 多平方米的标准化便民服务站，统一配备电脑、电话、饮水机等；三是投资 35 万元为全县 100 个没有电脑的行政村配齐电脑，投资 1250 万元为 125 个无村室的行政村新建标准化村室，并统一配置电脑等办公设备。全县 451 个行政村全部按照“十个一”标准建成村级便民服务点，实现了村级便民全覆盖。[①] 而且把单个村室整体提升为村级综合性党群服务中心。制定党群服务中心“七项标准”（拆除围墙和大门、统一场所标识和工作制度、建设不低于 300 平方米的文化广场、实施绿化美化亮化、配备文体器材、配套便民设施、周边设置卫生室和超市），以“标准化”理念搭建“零距离”服务党员群众的有效平台。

此后，兰考县还通过搭建“互联网 +”政务服务，进一步完善了三级便民服务体系。县、乡、村全部行政审批和便民服务事项都能实现网上进驻和运行。审批服务网络实现了县、乡、村互联互通，能够实现网上申报、网上查询，还可以提供办事指南等服务，同时建成了行政审批管理系统、电子监察系统、视频监控系统，在线服务功能进一步完善。借助电子监察系统，加大项目办理监督力度，实现了对各部门、各单位审批事项办理情况的实时监控、预警纠错和绩效考评。县乡村三级联动的综合型网上公共服务平台的建成，实现了全县行政审批等服务事项“一站式”网上办理与“全流程”效能监督。目前已形成了以行政服务中心为龙头，以 13 个乡镇和 3 个街道办事处为主体，以 454 个乡镇村为补充的三级服务网络。

① 张俊伟：《兰考县推进“三级平台一张网”建设》，《行政科学论坛》2016 年第 1 期。

2. 创新群众信访工作

加强党委、政府与群众的沟通交流，及时获取群众对党政政策实施的情况反馈，了解群众的意愿要求，是发展之需、改革之义、稳定之要。兰考县在脱贫攻坚过程中通过成立社情民意中心，进一步创新了群众信访工作。社情民意中心主要发挥着联合接待群众来访、信访事项人民调解和人民建议征集等方面的功能。县社情民意服务中心主任由县委书记担任，县委副书记担任常务副主任，县委政法委书记和分管副县长担任副主任，各乡镇（街道）、县直行政职能单位负责人为成员。县社情民意服务中心下设县社情民意办理中心和办公室，社情民意办理中心主任由县委政法委书记兼任，群工部、司法局、公安局、法院、国土局、人社局、住建局各抽调 1 名副职和 1 名工作人员开展社情民意办理中心工作，并配备 5 名以上专职社情民意办理员；社情民意办理中心办公室主任由县委群工部部长兼任，负责县中心日常工作。同时，兰考县还成立了乡级社情民意服务中心和村级社情民意服务中心。

群众可以通过多种沟通渠道表达民意诉求。一是县乡两级领导坐班接待。例如，县领导每月原则上至少安排一天时间接待群众，并接受群众预约，预约接待时间在官方网站、微信公众号和新闻媒体上进行公示，接受群众预约监督。二是可通过电话、网络等现代通信方式表达诉求。其中 12345 民声热线是兰考县社情民意服务中心为最大限度方便群众反映问题、畅通群众诉求渠道，整合资源专门开设的一条解决群众难事、急事的电话热线。县中心收集的经甄别后的咨询类社情民意事项立即回复群众，需向相关部门咨询的，最迟不超过一天回复群众；建议类社情民意原则上一月汇总一次，报党委政府决策，紧急事项随时上报；诉求类社情民意经分析研判后，按照“即时办理、三日办理、指定期限办理”3 种情形交办责任乡镇（街道）、单位；重大问题经县委书记或副书记签批后，转县委、县政府督察局督办问责问效。

县、乡两级社情民意服务中心的成立，形成了“人民群众有事找政府，就到社情民意服务中心”的工作导向，初步实现了成立社情民意服务中心的目的和效果，使京、省、县上访量大幅度下降，人民群众满意度和幸福感大幅度提升，取得了良好的社会效果。

（五）深化人事管理制度改革

为了调动全县基层党组织和广大党员干部服务发展、服务群众的热情和干劲，兰考县推行人事管理制度改革，统筹使用各类编制资源，实行优胜劣汰，实现“能上能下、能进能出”的选人用人机制。

1. 形成能上能下、能进能出的选人机制

兰考县出台了《推进干部能上能下实施细则》，招聘选派体制内自收自支和差供人员充实到脱贫攻坚一线岗位，形成能上能下、能进能出的选人机制，旗帜鲜明地为敢于担当的干部撑腰鼓劲，让能者上、庸者下、劣者汰。对选派到乡镇工作的人员，年度考核按照 30% 的比例确定“优秀”给待遇、给激励；按照 10% 的比例淘汰退回原单位，实现干部“能上能下”。同时，建立乡村干部补充机制。每年选派县直人员到乡镇工作，符合安置条件的转业士官驻村历练，引导农村复转军人进入村级班子。另外，建立基层干部系统化培训机制。成立农村干部培训中心，对村级干部和包村干部展开实务能力系统化年度轮训，提升其工作能力和综合素质。

2. 建立以脱贫攻坚实绩为导向的用人机制

2015 年 5 月 5 日，习近平总书记在中央全面深化改革领导小组第十二次会议上指出，“要引导大家争当改革促进派，着力强化敢于担当、攻坚克难的用人导向，把那些想改革、谋改革、善改革的干部用起来，激励干部勇挑重担”。兰考在脱贫攻坚工作中，树立了“重基层、重一线、重实绩”的鲜明用人导向。将脱贫攻坚阵地作为锻炼干部队伍的阵地，以脱贫攻坚的实绩作为用人的标准。对于脱贫攻坚过程中有重要工作实绩的70名“驻村扶贫工作标兵”和54名在脱贫攻坚一线表现优秀的干部优先提拔重用。激发了党员干部在扶贫攻坚一线工作中建功立业的积极性，为打赢脱贫攻坚战提供了有力保障。此外，兰考县在干部选拔方面还着眼于脱贫攻坚的现实需要和跨越发展的客观需要，以乡镇党委换届为契机，把那些长期工作在基层一线、工作实绩突出、善做群众工作的优秀干部选拔进入乡镇党委班子，充实扶贫开发一线力量。以脱贫攻坚实绩为导向的用人机制极大地激发了脱贫攻坚队伍的工作动力。

3. 创新脱贫攻坚队伍的奖励机制

一方面，重树“四面红旗”激发工作动力。兰考县承袭焦裕禄“四面红旗”的精神，在全县开展了重树“四面红旗”(“脱贫攻坚红旗村”“基层党建红旗村”“产业发展红旗村”“美丽村庄红旗村”）的晋位争先活动。每半年评选出40个“红旗村”，对评选出的“红旗村”进行隆重表彰，并给予村党支部书记和其他“两委”干部分别提高500元、300元工作报酬作为奖励。另一方面，全面提高基层一线干部的待遇。将村干部报酬从2014年的每人每月300元、400元、500元提高到900元、1200元、1500元，村干部待遇实现“三年四连涨”，而且对离任村党支部书记生活补贴标准提高50%。通过奖励方式的创新激励引导基层党组织和党员干部创先争优的激情和脱贫攻坚的热情，有效推动了脱贫攻坚工作的开展。

三、兰考脱贫攻坚改革创新的经验启示

兰考县是河南省率先摘帽的贫困县，其在三年时间内实现了全县七万多人的脱贫，成效非常显著。兰考在脱贫攻坚过程中的改革创新为其他贫

困县市的脱贫攻坚提供了可资借鉴的经验和启示。

（一）深刻理解脱贫攻坚在治国理政中的重大意义

党的十八大以来，以习近平同志为核心的党中央围绕改革发展稳定、内政外交国防、治党治国治军，创立了习近平新时代中国特色社会主义思想。习近平新时代中国特色社会主义思想与关于扶贫工作的重要论述之间存在紧密关联。一方面，习近平新时代中国特色社会主义思想中蕴含着关于扶贫工作的重要论述。脱贫攻坚是习近平新时代中国特色社会主义思想的重要组成部分，二者相互联系、内在统一，开辟了我党治国理政的新境界。另一方面，习近平新时代中国特色社会主义思想的精神内核为脱贫攻坚提供了重要的方向指导，深刻地把握习近平新时代中国特色社会主义思想的精神内核，可以为县域脱贫攻坚提供理论指导，为实现“两个一百年”奋斗目标提供实践指南。对于县域脱贫攻坚而言，必须深刻理解脱贫攻坚与习近平新时代中国特色社会主义思想的关系。

一是要提高对习近平新时代中国特色社会主义思想的认识，把脱贫攻坚提升到治国理政的战略高度。脱贫攻坚不仅事关4000多万名贫困人口摆脱贫困的问题，也是贫困人口全面进入小康社会的必由之路，同时还是改善贫困县域治理的关键环节，是贫困县经济社会全面发展的重要抓手。必须在战略层面上将脱贫攻坚与治国理政融为一体，把脱贫攻坚纳入“五位一体”总体布局和“四个全面”战略布局，把脱贫攻坚摆到治国理政的重要位置。

二是要深刻认识习近平总书记关于扶贫工作的重要论述，将县域层面的脱贫攻坚作为践行习近平总书记关于扶贫工作重要论述的阵地。习近平总书记关于扶贫工作的重要论述中有关“消除贫困是社会主义的本质要求”“全面建成小康社会，最艰巨最繁重的任务在农村特别是在贫困地区”“扶贫开发体现中国共产党人的使命担当”“内生动力”的论述、“因地制宜发展”的论述、“扶贫先扶志”和“扶贫必扶智”的论述、“精准扶贫、精准脱贫”方略、“社会合力扶贫”方略等，为县域层面的脱贫攻坚指明了方向。

（二）深入把握脱贫攻坚改革创新与全面深化改革的关系

党的十八届三中全会对全面深化改革进行了总体部署，2013 年 11 月 12 日，中国共产党第十八届中央委员会第三次全体会议通过《中共中央关于全面深化改革若干重大问题的决定》，提出了全面深化改革的指导思想、目标任务、重大原则。在实现全面小康的脱贫攻坚阶段，必须正视发展过程中的问题，通过改革解决发展中不平衡、不协调、不可持续的问题，城乡差距大、社会矛盾明显、贫困问题等。脱贫攻坚进入啃硬骨头和攻城拔寨阶段，必须以全面深化改革作为脱贫攻坚的驱动力。

一是要求县域层面深入领会全面深化改革的精神内核。改革开放是决定当代中国命运的关键抉择，全面深化改革是党和人民事业大踏步赶上时代步伐的重要法宝，全面深化改革是实现“两个一百年”奋斗目标的强有力保证。要深刻认识和把握全面深化改革的指导思想和总体目标，应该牢牢把握全面深化改革的总目标、全面深化改革的方向、全面深化改革的出发点和落脚点、全面深化改革的重要条件、全面深化改革的关键和重点。

二是要求深入领会改革创新对脱贫攻坚和实现全面小康的意义。脱贫攻坚已经进入攻城拔寨的决胜阶段，脱贫难度大、任务重、时间紧，唯有通过改革创新才能突破脱贫攻坚过程中的重重障碍。要深刻认识改革创新是现阶段脱贫攻坚的重要驱动力，没有改革创新就没有脱贫攻坚的最终胜利。要深刻认识改革创新才能推动贫困地区的全面小康的实现，贫困地区全面小康的难题需要通过改革创新来逐一突破。

三是要求坚持问题导向进行脱贫攻坚的改革创新。问题倒逼改革创新，改革创新破解问题，两者之间互相促进。在改革创新过程中要紧紧围绕脱贫攻坚的问题，从政府主导、使市场在资源配置中更好发挥作用来改，从坚持党的领导、以人民为中心来改，从更好保障和改善民生、促进社会公平正义来改，从新发展理念和“五位一体”的总体布局来改，以此推动脱贫攻坚中问题的解决。

（三）创新推动脱贫攻坚顶层设计在县域层面的落地

党的十八大以来，国家层面围绕脱贫攻坚出台了一系列政策文件，“四梁八柱”的脱贫攻坚顶层设计已经基本完善。这些顶层设计为脱贫攻坚指明了方向，明确了脱贫攻坚的主体责任，指明了脱贫攻坚的重要抓手。

一是明确顶层设计对县域脱贫攻坚的重要指导。国家层面的顶层设计既有纲领性文件，也有脱贫攻坚的具体措施。2015 年 11 月 27 日，中央扶贫开发工作会议发布了《中共中央、国务院关于打赢脱贫攻坚战的决定》，2016 年 11 月 23 日，国务院印发了《“十三五”脱贫攻坚规划》，这两个纲领性文件为脱贫攻坚指明了方向。此外，国家层面从财政、金融、土地等方面出台了一系列具体扶贫措施，从责任落实、督查考核等方面出台了一系列脱贫攻坚的保障措施。从整体上来看，脱贫攻坚“四梁八柱”的顶层设计已经完备，明确了脱贫攻坚的目标、方向、责任、措施等。县域脱贫攻坚必须明确脱贫攻坚顶层设计的指导意义。

二是要确保顶层设计在县域脱贫攻坚中的刚性执行。刚性执行是习近平新时代中国特色社会主义思想的重要内容，是保证脱贫攻坚顶层设计在县域层面落地的重要保障。长期以来，在扶贫开发过程中存在着对政策理解不到位、对政策落实力度不够等问题，从而导致国家脱贫攻坚的顶层设计在县域层面的变形，不仅脱贫攻坚的成效低下，而且在贫困人群中产生许多新的矛盾。国家脱贫攻坚政策在县域层面的刚性执行，要求各级领导干部深入领会脱贫攻坚顶层设计的重要精神和具体内容，这是政策刚性执行的前提，要确保政策传导过程中不变形，不打折扣。同时，要求各级领导干部压实责任。在政策的刚性执行过程中要层层落实责任，建立完善的问责体系。此外，政策的刚性执行还要求各级领导干部勇于担当，真抓实干，使脱贫攻坚政策真正与贫困人群的发展需求紧密结合，产生滴灌效应。

（四）积极把握脱贫攻坚契机引领经济社会全面发展

党的十八大以来，我国经济社会全面发展为脱贫攻坚奠定了坚实的物质基础，从中央到地方各级政府对贫困县市的脱贫工作高度重视，从领导干部的思想认识到资源配置以及政策支持力度均大幅提升，这对于贫困县经济社会发展而言是一个重要的契机，贫困县市应积极把握脱贫攻坚的各种政策利好，以此引领县域经济社会的全面发展。

一是将脱贫攻坚作为县域经济社会全面发展的重要抓手。脱贫攻坚与县域经济社会发展有着紧密的内在逻辑关系。一方面，脱贫攻坚是一个系统工程，涉及经济社会发展的方方面面，在脱贫攻坚的具体措施中也蕴含着经济社会发展的各种措施，脱贫攻坚目标的实现从本质上来讲也是县域经济社会发展目标的实现。另一方面，经济社会发展能够有效带动脱贫攻坚。现阶段，以经济社会的全面发展带动脱贫，尤其是带动贫困人群的稳定脱贫和可持续发展仍是一个重要手段。对于贫困县市而言，现阶段最大的政治就是脱贫攻坚。各级领导要充分认识到脱贫攻坚对于实现县域经济社会发展的重要意义，要将经济社会发展向脱贫攻坚聚焦，要将脱贫攻坚纳入县域经济社会发展的战略体系，从脱贫攻坚入手，以此谋划经济社会发展的长远图景。

二是要充分把握脱贫攻坚的政策优势助推县域全面发展。贫困县的经济社会发展水平较低，存在着各种阻碍发展的因素，这种发展障碍短时期内很难突破，在国家高度重视脱贫攻坚的背景下，各种利好政策向贫困地区倾斜，贫困地区应该充分把握脱贫攻坚的政策优势，突破发展的“瓶颈”。目前，各部委的相关政策均明确了向贫困地区倾斜，例如，国家发展改革委出台了《关于支持贫困地区农林水利基础设施建设推进脱贫攻坚的指导意见》，要求“十三五”时期中央预算内农林水利建设投资用于贫困地区的比重达到40%左右。财政部、商务部、国务院扶贫办出台的《关于开展2017年电子商务进农村综合示范工作的通知》要求，2017年电商综合示范工作继续向贫困地区倾斜，在全国培育一批能够发挥典型带动作用的示范县。教育部明确提出要调整中央和省级财政教育支出结构，最大限度地向贫困地区义务教育薄弱环节倾斜，全面改善贫困地区义务教育薄弱学校基本办学条件，等等。贫困县应充分认识到脱贫攻坚为县域经济社会发展带来的重要契机，从脱贫攻坚入手，把握各种有利条件，实现县域经济社会的跨越发展。

（五）全面改变工作作风保障脱贫攻坚成效

改变工作作风、完善工作机制和落实工作责任是贫困地区脱贫攻坚的重要保障。马克思主义坚持人的主体性地位，认为人是认识世界、改造世界的主体。脱贫攻坚要求围绕“人”做文章，切实发挥人的主体性作用。打赢脱贫攻坚战，充分发挥人的主观能动性要求改变工作作风、完善工作机制、落实工作责任。

一是深刻认识改变作风的重要意义。习近平总书记多次强调，“打铁还需自身硬”，要加强作风建设，解决“四风”问题。良好的工作作风为贫困地区的脱贫攻坚提供了重要保障。改善工作作风要从提高思想认识着手，要让党的领导干部认识到党的作风是党的形象，关系人心向背，关系党的生死存亡。改善工作作风要坚持全心全意为人民服务的宗旨，在脱贫攻坚过程中始终将贫困人群的利益摆在首位。改善工作作风要坚持群众路线，深入把握贫困人群的迫切需求，激发贫困人群的内生动力。改善工作作风要始终把“三严三实”和“两学一做”贯穿于脱贫攻坚工作全过程。作风改变对于脱贫攻坚的意义重大，各级领导干部必须将改变工作作风提到新的高度。

二是全面落实脱贫攻坚的工作责任。全面改变工作作风在县域脱贫攻坚的实践层面表现为全面落实工作责任，要求党的领导干部勇于担当，切实推进脱贫攻坚。2016 年 10 月，中共中央办公厅、国务院办公厅印发《脱贫攻坚责任制实施办法》，从中央统筹、省负总责、市县落实、合力攻坚、奖惩等方面对落实脱贫攻坚责任制作出安排部署。2016 年 7 月，中共中央办公厅、国务院办公厅印发《脱贫攻坚督查巡查工作办法》，标志着脱贫攻坚督查体系的建立。在县域层面要求各级领导干部层层压实工作责任，明确工作职责和工作内容，把脱贫攻坚作为工作重心。同时要求建立严格的督查考核体系，把脱贫攻坚的督查考核作为干部提拔晋升的重要指标，树立以脱贫攻坚实绩为标准的用人导向。通过全面落实脱贫攻坚的工作责任，激发贫困地区领导干部真扶贫、扶真贫的工作动力。

总体来看，兰考县的改革创新为其脱贫攻坚提供了动力，兰考县的脱贫攻坚得益于其对习近平新时代中国特色社会主义思想的深刻把握，得益于其对全面深化改革精神内核的把握，得益于其对脱贫攻坚顶层设计的创新落地，得益于其对脱贫攻坚契机的把握，也得益于其领导干部工作作风的全面改变。

第六章　构筑产业精准扶贫的实践体系

产业扶贫是我国农村扶贫开发的重要模式之一，也是贫困县县域经济发展的重要引擎。对于贫困地区而言，产业发展能够推动地区发展，提高县域经济发展水平，增进农村劳动力就业，并且能够实现贫困人口可持续发展和稳定增收。就其政策设计而言，产业扶贫是以市场为导向，以经济效益为中心，以产业发展的方式促进贫困地区改变面貌、带动贫困农户增收的扶贫开发工作方式。[①]在全面建成小康社会背景下进行的这场脱贫攻坚战中，产业扶贫被赋予了新的内涵与外延。本章从产业精准扶贫的思路和理念出发，分析兰考县产业精准扶贫的实践与成效，探讨兰考县产业精准扶贫的启示和意义。

一、产业精准扶贫的理论与方法

产业精准扶贫，基于对传统产业扶贫的优劣势分析基础上，结合高质量发展理念以及农业供给侧结构性改革对于农业产业发展的要求，追求产业扶贫项目的高效性、安全性和益贫性，由一系列制度设施和政策体制作为保障机制。

党的十八大以来，精准扶贫、精准脱贫方略成为国家贫困治理体系优

① 黄承伟、叶韬、赖力：《扶贫模式创新——精准扶贫：理论研究与贵州实践》，《贵州社会科学》2016 年第 10 期。

化的根本理念与核心效标。精准扶贫时代，具体到产业扶贫工作领域，面临着诸多需要破解的难题与挑战，主要体现在两个方面：一是产业扶贫目标上，如何兼顾经济效益、社会效益和生态效益；如何更好发挥产业扶贫的益贫性；如何实现政府引导和市场化运作的有机结合，最终保障利益相关者在产业扶贫中都能够实现有效参与和互利共赢；如何兼顾城乡之间、主体之间协调发展的挑战。二是精准扶贫产业的结构上，如何结合自身资源禀赋改善现有扶贫产业布局的碎片化局面，实现产业结构调整和供给侧结构性改革。

（一）产业精准扶贫要兼顾经济、社会、生态多重目标

从产业发展本身而言，发展产业应当是一种经济行为和市场选择；同时，不同于一般意义上的产业发展，产业扶贫的核心效标之一是对建档立卡贫困户的脱贫带动作用，这是产业精准扶贫区别于一般性市场产业的根本特征。从目标定位来看，产业精准扶贫要实现经济效益、社会效益、生态效益并重，优化配置社区内外部的各种资源，通过土地、劳动力、社会资本、市场资本等诸多要素的匹配，使产业精准扶贫成为一个整体的可持续发展方案。换言之，产业扶贫的难点在于既要抓住扶贫开发的目标需求，又要紧扣市场需求；既要保障产业能够在市场上为投资者带来经济效益，也要村庄和贫困户个体产生社会效益和减贫效益，更要兼顾社区稳定发展和可持续性的生态环境。

一方面，产业扶贫的投入会带来资本的大规模投入，从增加收入、创造就业岗位等方面对农村社会的经济发展有一定的带动作用。但是，也暴露出一些问题，诸如贫困人口自身条件有限，参与产业发展的能力非常薄弱，特别是贫困人口中有许多是丧失劳动能力或部分丧失劳动能力的老弱病残群体，在发展产业方面既没有技术又缺乏资金，市场意识薄弱、产业

的抗风险能力差等。[①] 当前农村最有能力的是一些新型农业经营主体，包括专业性的公司、合作社、能人大户或者家庭农场等。怎么能让这些核心主体愿意带着穷人一起脱贫致富，是产业精准扶贫过程中首先需要解决的问题。因为企业的目标是利润最大化，扶贫是公益性质的，如何把这两者联系起来，就需要形成利益联结机制。既不能让企业在扶贫的过程中吃亏，能够实现自身产业的良性发展；同时又能把贫困户带动起来共同致富，也就是兼顾经济效益和社会效益的问题。

另一方面，产业扶贫的项目选择和引入过程中，需要兼顾当地的生态环境。当前高质量发展是谋划县域经济体系建设的重要理念基础，而个别贫困县为了完成考核目标，盲目引进企业和项目，对污染大、排放量高的企业一路开绿灯，实际引入后却极易造成不良的生态后果。生态保护与经济发展、社会发展同等重要。资源节约型和环境保护型产业，增加产业的科技含量和技术创新，发挥创新要素的作用，将贫困地区的生态保护和产业扶贫密切地结合起来。

（二）产业精准扶贫中兼顾城乡融合发展的理念

在产业精准扶贫过程中，政府与市场的关系是重要的议题，参与产业精准扶贫的市场主体、贫困人口是政府在精准施策的过程中需要均衡和协调的利益相关者。从利益相关者角度来看，产业精准扶贫也是一个社区共同参与的过程，强调产业的发展和带动，这离不开村级“两委”、社区精英、一般农户和贫困农户的共同参与。产业扶贫受到来自政府、金融机构、产业组织、农户、市场、资源构成等方面的影响，受到政策环境、投资环境、市场环境、资源环境等多种因素的约束，任何一个环节和环境要

① 汪三贵、杨雪：《农村扶贫的核心是产业扶贫——专访中国人民大学反贫困问题研究中心主任》，《农经》2016 年第 7 期。

素出现问题，都会带来产业扶贫的失败。[①]产业精准扶贫与传统的产业扶贫有着紧密联系，但也存在较大区别。传统产业扶贫强调村一级的产业发展和资源整合，更多的是一种经济和市场交易行为，而产业精准扶贫是将整个内涵进行了扩展和补充，在村一级的资源整合过程中，不仅仅是依靠大户、外来资本、社区精英的力量，更需要强调将村庄内部的普通农户和贫困户带动起来，强调村民的参与和对贫困户的益贫效果，形成有利于贫困户发展的村庄产业精准带动机制。

产业精准扶贫在实质上是以产业精准到户为核心，调动各种生产要素，通过利益相关者的共同作用，促进贫困户的脱贫和村庄的长效发展。曾经的产业发展基于村庄社会整体利益，出现扶贫不精准，加大贫富差距等问题，这些都远远偏离了产业精准扶贫的目标。一些地方推进的产业扶贫项目中，贫困人口的参与仅仅体现为将用于产业扶持的低息贷款或者贴息贷款捆绑其中，变相“输血”。如何促进农业企业、合作社、大户、家庭农场这样的新型主体与农村精准扶贫结合起来？在贫困地区发展产业，国家产业政策如何与新型主体以及贫困户联结起来？这些都成为新时期需要有效解决的问题。特别是产业精准扶贫旨在提高贫困人口的参与度和获得感，这就应该从贫困人口文化素质、发展能力参差不齐的实际出发，设计符合贫困人口特点的参与模式和利益分配方式，既努力避免只有简单利益回报而把贫困人口游离于产业发展过程之外，也有效防止出现侵吞扶贫资源、侵害贫困人口利益问题，确保扶贫产业实现多方式包容性发展。[②]

（三）产业精准扶贫要顺应农业供给侧结构性改革的时代命题

农业产业供给侧结构性改革是当前和未来一个时期农业产业发展面临

---

① 徐翔、刘尔思：《产业扶贫融资模式创新研究》，《经济纵横》2011 年第 7 期。

② 何苗：《产业扶贫：脱贫攻坚源动力》，《农经》2016 年第 11 期。

的重大现实问题。但不得不承认，一些产业扶贫项目存在着产业选择和布局的碎片化，产业链较短且市场竞争力不足，现有产业基础与发展市场需求产业之间的不匹配等问题。一方面，碎片化、同质性产业选择及竞争，迅速耗竭了市场资源，导致产业整体蒙受巨大损失。产业布局碎片化是贫困地区普遍面临的状况，不能因地制宜地选择产业，尤其在种植业、养殖业等领域，产业同质性强，市场竞争激烈，最终效益不佳；产业摊子铺得大，但难以形成规模效应。同时，不同产业的产出周期差异较大，短期见效益的产业比长周期见效益的产业更容易被选择。人们热衷于选择短期见效益的产业，长期发展难以可持续。另一方面，产业发展基础与外部市场需求之间的矛盾重重。产业发展过程中，外部推进的项目往往难以契合当地实际状况，也难以与当地的劳动力、资本、土地和自然环境等各类因素以及农民发展意愿有效配合与衔接。在申报产业项目时，政府寄希望于引进产业项目特别是重大项目，过度追求规模，希望能够成片带动或者形成产业集群，容易忽视产业发展所依赖的群众基础和自然基础。与此同时，外部市场对于产品的需求是动态波动的，产业引进后的基础设施、技术支持和公共服务等配套滞后，农户需要自我寻求支持，一旦市场需求导向发生变化，农户将陷入巨大的风险之中。此外，一些产业扶贫项目存在产业链短、附加值低、产业结构单一的问题，导致产品市场竞争力弱，市场风险较大。产业扶贫是一种生产经营过程中的技术经济扶贫方式，它强调产业运作的内在机制，通过相似于工业化的组织方式，整合技术、生产、管理、市场等各个环节的优势，实现技术环节、生产环节、营销环节的一体化运作。一些贫困地区产业开发建设存在一些急功近利的倾向，如产业的摊子铺起来了，但不重视产业链的建设，导致企业集聚规模有限，效益不高。传统产业开发模式往往导致产品结构单一，产业衍生不够，产品形成能力低、品牌少，科技含量较低、质量差，运营风险较大。[①] 我国当前农业相比于工业和服务业的发展速度，仍然处于低效益高风险阶段，大部分贫困地区农村土地流转仍处于试验和探索之中，难以适应新形势下的高效农业和现代化规模农业的需求。

二、兰考产业精准扶贫的整体思路

兰考产业精准扶贫政策体系设计，凸显了产业扶贫项目设计的有效性、安全性、益贫性以及长远性。一方面，强调利用好地方特色优势资源，因地制宜地谋划地方性产业扶贫模式，具有典型的地方性特点；另一方面，要尊重产业扶贫的一般规律，实现产业发展和精准扶贫目标的统一。我们从以下五个方面介绍兰考县谋划和推动产业扶贫的实践经验。

（一）坚持“强县与富民相统一”，做好顶层设计

兰考县在推进产业扶贫的过程中，始终贯彻“以脱贫攻坚统揽经济社会发展全局”这条主线，践行习近平总书记“把强县和富民统一起来”的县域经济发展思想，将县域经济发展与脱贫攻坚事业紧密结合，深刻认识到“强县”与“富民”的辩证统一关系。“强县”是县域经济发展的重要目标，“富民”则是县域经济发展的根本目的。所谓“强县”，就是要选择适合自己的发展路径，“集中资源办大事、增强县域经济综合实力和竞争力”；所谓“富民”，就是要让城乡居民共享发展成果，“激励城乡居民创业增收和勤劳致富、持续提高城乡居民生活水平”。[②] 兰考

① 刘尔思：《创新产业扶贫机制：产业链建设与贫困地区经济发展研究》，中国财政经济出版社 2007 年版。

② 刘刚、崔勇：《“强县富民”是县域经济发展的本质要求》，《河北经济日报》2016 年 12 月 21 日，第 8 版。

县在推进产业扶贫的过程中，立足“强县与富民统一”思想，从产业类型选择、产业体系构建、产业扶贫政策三个层面布局产业扶贫的“顶层设计”。

（二）立足禀赋与特色，选准产业项目

兰考县在脱贫攻坚的过程中，深刻认识到“扶产业才是扶根本”。按照习近平总书记“把强县和富民统一起来”的要求，坚持立足地方资源禀赋和特色优势，着力构建高质量发展的产业体系。

一是持续壮大家居制造及木业加工产业。在产业集聚区，以强县为目的，完善产业链条，依托恒大家居联盟产业园，打造品牌家居产业集群；依托中部家居产业园，承接东莞家居企业集团式转移，打造中高端家居集群；依托科瑞奇产业园，打造小微企业孵化园集群；依托同乐居电商产业园，打造家居配套和电商产业集群。在乡镇，以富民为目的，突出产业配套、链条延伸，打造了南彰镇、红庙镇门业加工产业园，孟寨乡、闫楼乡建筑模板产业集群。在农村，支持发展群创产业，打造“一村一品”示范村。多年来，共培育堌阳镇徐场、南彰镇周庄、红庙镇青龙岗、孟寨乡何二庄等木制品特色专业村 28 个，发展农民专业合作社 1520 家、家庭农场 167 家。

二是大力发展食品及农副产品深加工产业。确立以龙头企业引领、规模养殖支撑、饲草种植配套“三位一体”的畜牧产业化格局，明确了鸡、鸭、牛、羊、驴 5 个以畜牧产业为重点的发展思路，并着力产品可追溯性，打造兰考标准化绿色品牌，从源头上保障食品安全。在产业集聚区，禾丰牧业、晓鸣禽业等落户兰考；成功引进投资 5.5 亿元的正大集团蛋业和肉鸡产业链项目；成立肉驴养殖公司，投资 7000 万元的华润集团 1.5 万头肉驴养殖项目已正式签约落地。在乡镇，科学布局龙头企业养殖基

地，扶持花花牛、坤盛牧业、广春牧业等龙头企业加快发展，以“公司+基地+农户”模式带动农户创业增收，培育肉鸭、肉牛、奶牛、肉羊、肉鸡、蛋鸡养殖基地。在农村，鼓励规模化养殖小区建设，同时大力支持土地流转，围绕饲草需求，调整种植业结构，大力发展构树、青贮玉米、花生、土豆等饲草配套，提高农产品附加值。

三是加快培育战略性新兴产业。围绕阶段性的就业压力和长远的科技培育，对原有吊装机械产业升级，对小化工企业转型，依托格林美循环经济产业园、光大环保静脉产业园，打造国家级循环经济产业园。依托富士康产业园项目，规划建设融产业发展、三产配套、科技研发为一体的兰考科技园。抢抓国家消化钢铁产能机遇，盘活原有百基橱柜项目闲置厂房，与杭萧钢构、新蒲远大开展合作，建设钢结构、混凝土住宅产业化生产基地。

（三）立足目标聚焦精准，健全产业扶贫政策体系

兰考县致力于构建“组合型”产业扶贫政策文件，涵盖资金使用政策、招商政策、金融政策、激励政策、监督政策、保障政策等方面，集中释放政策红利，促进产业扶贫的有效性、安全性、益贫性及长远性相统一。

其一，加大财政和金融投入，助力产业扶贫。兰考县把专项扶贫资金、行业部门涉农资金、社会帮扶资金整合利用，把有限的资金用在刀刃上、发挥最大作用。兰考县在《河南省财政专项扶贫资金管理办法》（豫财农〔2012〕256号）的基础上，立足于充分调研，颁布了《兰考县深化改革扶贫项目资金使用管理办法》(兰扶贫组〔2015〕1号)。该文件规定，各乡镇（街道）要统筹整合专项扶贫、行业扶贫和社会扶贫各方面资金、资源和政策措施，以发挥整体功能和效益。据不完全统计，2013—2018年，兰考县累计投入产业扶贫资金约3.2472亿元，主要用于

鸡、鸭、牛、羊、驴、瓜果、蔬菜等扶贫产业项目。金融政策方面，兰考县充分认识到，加快产业发展离不开金融支持。基于此，兰考县探索建立了政府、企业、金融“三位一体”金融扶贫模式，实现了政府、银行、企业、农户“四赢”的局面。同时，立足于兰考县精准扶贫精准脱贫工作推进状况，持续改革创新金融扶贫模式，将“三位一体”金融扶贫模式完善为政府、企业、银行和保险公司四方参与的“四位一体”金融扶贫模式，为脱贫攻坚提供更加有力的金融支持。据统计，2015—2017 年，兰考县累计投入财政资金 4860 万元，带动银行投入 8 亿多元，用于金融扶贫，有效满足了扶贫企业和农户的金融需求，带动产业扶贫项目迅速发展。

其二，强化招商引资，引进产业项目。招商政策方面，坚持开放招商理念，逐步从资源招商、政策招商向资本招商转变。一是做好专业招商。打造 20 人的专业招商团队，围绕主导产业，以珠三角、长三角等区域为主战场，以央企、上市公司等“龙头”引进为主方向，开展专业招商。各乡镇根据自身产业定位，按照“一乡一业”或“多乡连片一业”的原则，确定招商重点，切实带动就业、实现富民。二是创新招商方式。推进中介招商，重点抓好以中部家具产业园为核心的家具企业产业转移；加强与中国食品协会合作，逐步集聚形成食品专业园区。突出龙头企业引领，以恒大家居联盟为龙头，形成知名品牌家具产业集群；以华润、正大、禾丰、晓鸣禽业为龙头，带动畜产品深加工企业快速集聚；以富士康为龙头，建设兰考高科技园区；以格林美循环经济产业园、光大静脉产业园为龙头，建设中原地区循环经济示范基地。三是充分发挥“互联网 +”在产业发展中的推动作用，加快平台建设，助推同乐居家居电商产业园、中部家具网络电商产业园、中仓网物流结算中心、企业运营中心等电商集聚，打造全省“大众创业、万众创新”电商示范基地。

其三，加强资金使用监管，确保资金运行安全。监督政策与保障政策层面，兰考县的纪检监察、财政、审计部门加强对扶贫项目资金使用情况的监督和审计，对扶贫项目资金闲置、使用程序不规范、挪用等现象，追究所在乡镇（街道）相关责任人的责任，坚决查处挤占挪用、截留、贪污等行为，保障扶贫项目资金特别是产业扶贫项目资金落到实处，推动产业扶贫可持续发展。

（四）在城乡统合发展视域下推进产城融合发展

习近平总书记指出，“要把城镇与乡村贯通起来”，认为“推进新型城镇化，一个重要方面就是要以城带乡、以乡促城，实现城乡一体化发展。要打破城乡分割的规划格局，建立城乡一体化、县域一盘棋的规划管理和实施体制。要推动城镇基础设施向农村延伸，城镇公共服务向农村覆盖，城镇现代文明向农村辐射，推动人才下乡、资金下乡、技术下乡，推动农村人口有序流动、产业有序集聚，形成城乡互动、良性循环的发展机制”。[①] 在倡导新型城镇化发展的大背景下，产城融合成为产业和城镇发展的主导性规划思想。所谓产城融合，是以破解快速城镇化背景下“产业空心化”“空城”等弊端为目的，注重城镇化与产业化的相互关联性，合理布局城市产业功能与其他功能，以承载产业聚集和城市发展的重任，以“产、城、人”互动为基点，构建“产、城、人”互动的有机体系，以人的发展为目标，以城市功能为载体，以产业高级化为动力，进而达到产业、城市、人之间有活力、持续向上发展的城镇发展模式。[②] 兰考县在推进产业扶贫的过程中，在贯彻“以脱贫攻坚统揽经济社

① 习近平：《在河南省兰考县委常委扩大会议上的讲话（2014 年 3 月 18 日）》，载《做焦裕禄式的县委书记》，中央文献出版社 2015 年版。

② 陈柳钦：《产城融合托举新型城镇化发展之路》，《中国城市报》2016 年 5 月 26 日。

会发展全局”这条主线的基础上，践行习近平总书记“把城镇和乡村贯通起来”的发展理念，将县域经济发展与脱贫攻坚事业紧密结合，深刻认识到“脱贫攻坚”与“产城融合”一体化发展及整体推进的关系。

基于上述发展战略，兰考县根据地方经济发展的需要，结合县域产业发展与布局现状以及未来变化趋势，规划兰考县产业空间发展，采取“中心集聚，轴带拓展，强心活边”的布局模式，构建“一心三副、两带三区”的总体布局，通过构建“产业增长点—产业集聚区—产业带”的产业空间发展格局，带动地区经济增长。规划将兰考县域划分为三大经济区：东北部经济区、西南部综合经济发展区和东南部经济区。形成各具特色、优势互补、共同发展的县域发展格局。东北部经济区主要指堌阳镇、爪营乡、闫楼乡、东坝头乡、谷营乡、孟寨乡等乡镇，以发展木器加工和木材交易为主。西南部综合经济发展区主要指城关镇、城关乡、红庙镇、三义寨乡等乡镇的全部及仪封乡的西半部。该区在稳定农业的前提下，大力发展二、三产业，加快工业化和城镇化进程。东南部经济区主要指张君墓镇、南彰镇、小宋乡、许河乡、葡萄架乡等乡镇的全部及仪封乡的东半部，以生态种植业为主，发展观光农业，适当发展畜产品等农副产品加工业。

（五）三产融合，打造城乡贯通的产业精准扶贫模式

兰考县在推进产业扶贫的过程中，致力于推进信息化、新型农业现代化和新型工业化的深度融合，产业结构层次实现质的提升，做到“做优一产，做强二产，做大三产”，“文、商、旅、农、工”协同发展，农村产业融合发展总体水平明显提升。建设一批农村一、二、三产业融合发展示范乡（镇），建成农村一、二、三产业融合发展示范县。以此为基础，设计三产融合发展链条，具体设计以家具制造及木制品加工为核心的产业链、

以食品及农副产品深加工为核心的产业链及以节能环保和新能源产业为主导的新兴产业链。

产业集群是兰考县县域产业发展创新的组织模式。几年来，兰考县培育以产业集聚区为核心，以乡镇六大特色专业园区为支撑点，分层级有序的产业集群布局体系。设计主导产业价值链，发展新型农业经营主体和特色企业群体，创建产业网络，培育和升级产业集群。以特色产业链条上的企业和农户为创新主体，设计主导产业创新链，构建企业和相关高校、科研机构、客商、供应商、金融机构和政府之间的创新网络，营建官产学研用协调的产业创新环境，构建特色产业创新体系。

三、兰考产业精准扶贫的主要做法及成效

兰考县在推动产业精准扶贫过程中，不断完善政府引领型体制，在产业结构方面，建构起“2+1”主导产业与“5+1+3”支柱产业，在产业发展的人力资源供给方面，开展了大量的培训。通过不懈努力，兰考产业扶贫形成了稳定高效的体系，产生了较大的产业效益，带动众多贫困人口顺利脱贫。

（一）发挥好政府作用，形成多主体分工与协作格局

在产业选择、产业发展的诸多环节，实现了政府引领下的多主体分工与协作，这可以从兰考建构的产业发展流程中观察到。兰考县的产业发展流程如图 6-1 所示。

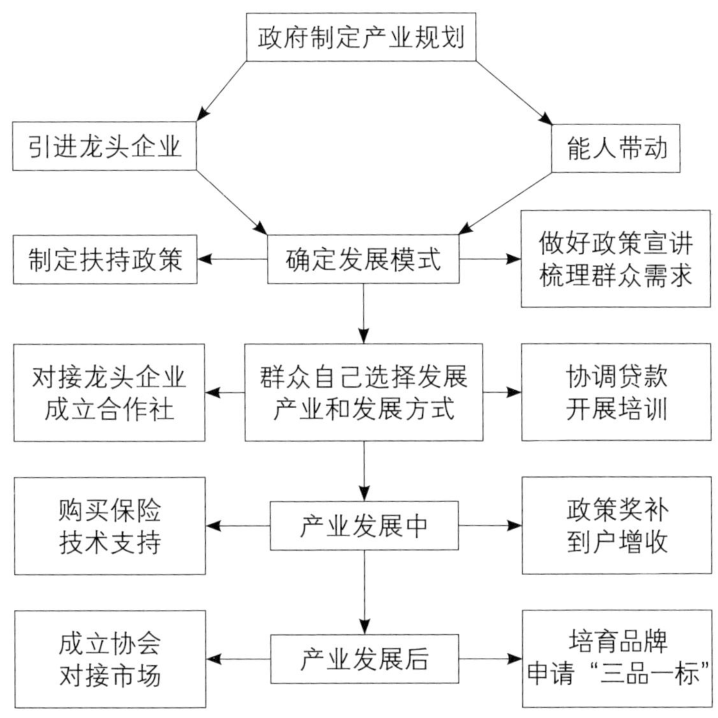

图 6–1　兰考县的产业发展流程

图 6–1 呈现了政府引领型体制下多主体的分工与合作。产业发展中的政府引领型体制主要是指地方政府深度参与产业发展，根据产业发展需要主动改变体制机制，积极扩大职能和服务范畴，与其他的产业发展行动者形成紧密的合作关系，[①] 产业发展行动者包括农户、新型产业主体（合作社、家庭农场、大户等）以及企业等。

1. 政府引领，多主体分工协作

政府引领产业发展，贯穿于产业发展全过程，并体现在多个环节。不

① 符平:《市场体制与产业优势》,《社会学研究》2018 年第 1 期。

同的环节，政府引领作用发挥的方式有所不同。产业发展前，政府制定产业规划；产业启动时，引进龙头企业；确定发展模式后，政府制定扶持政策，做好政策宣讲，梳理群众需求；产业发展中，政府要协调贷款及开展培训，购买保险及技术支持，落实政策“奖补”；产业发展起来后，政府协助市场主体培育品牌，申请“三品一标”等。特别要指出的是，在促进产业发展的各个环节，政府都尤其注重坚持绿色发展理念。例如，产业选择上，“2+1”的主导产业、“5+1+3”的支柱产业都是绿色产业，除此之外，兰考县还大力发展了风力发电、垃圾发电、秸秆发电等，此外，在公路沿线大量栽种树木，这些都是绿色发展。

产业发展中的市场主体主要是龙头企业、能人以及各个农户（包括贫困户）。企业和能力与政府一起协商、确定发展模式，群众根据自身的实际和需要，自主选择发展什么产业以及采用什么合作发展模式。政府与龙头企业、村集体组织、合作社、农户等也有多种方式的合作。例如在2017年，兰考县争取到农民专业合作社发展试点项目资金3600万元，其中，有3100万元采取“龙头企业＋村集体经济组织＋贫困户”的方式，注入4家农业产业化企业（河南省坤盛牧业有限公司、兰考县五农好食品有限公司、河南润野食品有限公司、兰考富源蚕业有限公司），带动13个乡镇38个贫困村，惠及贫困农户1240户；500万元由龙头企业为贫困村建设20座蜜瓜育苗大棚，每年为蜜瓜种植户提供种苗840万株，辐射带动500多户贫困户。

2. 精准施策，完善产业扶贫政策

政府引领体现在产业发展的诸多环节，近年来，政府的投入在不断增多，而这些资金的使用不是随意“撒胡椒面”，而是紧密围绕着兰考农业产业发展的整体布局和规划展开的。我们看到，在激励农户和相关市场主体参与产业发展方面，兰考县制定了一系列的奖补政策；为了免除农户等经营者发展农业产业的后顾之忧，兰考县加强了保险支农。我们从兰考调研获得的资料中，整理出部分围绕产业发展的激励政策（见表 6-1）。

表 6-1 兰考县相关产业发展的奖补政策、实施单位

项目名称	奖补政策	责任单位
设施农业	建一座标准化日光温室奖补 3 万元；建一座标准化塑料大棚奖补 6000 元	农林局
莲藕种植	集中连片新发展莲藕 100 亩（含 100 亩）以上，每亩给予补助 300 元	农林局
经济林种植	集中连片新发展小杂果 10 亩（含 10 亩）以上，成活率达到 98% 以上，每亩给予补助 300 元	林技站
木本油料种植	集中连片新发展油用牡丹等木本油料 500 亩（含 500 亩）以上，成活率达到 98% 以上，每亩给予补助 300 元	农林局
水产养殖	集中连片 10 亩（含 10 亩）以上，每亩给予补助 300 元	水利局
“三品一标”认证	对新获得农业部认证的无公害农产品、绿色食品和有机农产品，分别给予 1 万元、2 万元和 5 万元的奖励；获得农产品地理标志给予 10 万元的奖励	农林局
驴	以每头驴 3 平方米标准进行建设，存栏 100 头以上，每头补助 1000 元，单场补贴最高不超过 100 万元；100 头以下，每头补贴 500 元（不累计奖补）	畜牧局
牛	以每头牛 4 平方米标准进行建设，存栏 100 头以上，每头补贴 1000 元，单场补贴最高不超过 100 万元	畜牧局
羊	以每只羊 1.5 平方米标准进行建设，存栏 500 只以上，每只补贴 100 元，单场补贴最高不超过 100 万元	畜牧局
饲草	在黄河滩区内连片种植杂交构树 1000 亩（滩区外种植 500 亩）以上，且当年保苗率达到 90% 以上，第二年保存面积不减少的，享受土地流转补助每亩 200 元，连补三年；种苗补助每亩 2000 元，分三年补助；购置大型农机具予以 40% 的奖补	畜牧局

此外，兰考县注资 7575 万元，建立起农业生产保险体系，针对建档立卡贫困户及设施农业的保障标准如下（表 6-2）。

表6-2　兰考县农业产业保险政策

项目名称	保障对象	保障标准
农作物保险	建档立卡贫困户	受灾面积达到8成以上，最高赔付小麦447元/亩、玉米329元/亩；小麦发生火灾赔付500元/亩
设施农业保险	2018年2月底前建成并投入使用的鸭棚、塑料大棚、日光温室	鸭棚每座保额为8万元，塑料大棚每亩保额为1万元，日光温室每亩保额为3万元

（二）形成“5+1+3”的产业扶贫体系

经过几年的发展，兰考县确定并逐渐形成了主导产业＋支柱产业共同发展的产业格局，形成了“5+1+3”的支柱产业扶贫体系。其中“5”是指鸡、鸭、牛、羊、驴五个养殖产业，“1”主要是指饲草种植，“3”是指兰考“新三宝”——兰考蜜瓜、兰考红薯和兰考花生。

1. 畜牧产业“5+1”的发展

近年来，兰考县的鸡、鸭、牛、羊、驴养殖业蓬勃发展，扶贫作用彰显。据畜牧局统计，截至2018年底，兰考县有5654户贫困户通过畜禽养殖或在畜牧企业务工，实现稳定脱贫，占脱贫总户数的28.6%。（1）养鸡产业方面，引进正大集团、晓鸣禽业等龙头企业，形成“养殖＋屠宰＋熟食加工”全产业链。截止到2018年6月底，正大集团在兰考开展了18万套肉种鸡项目、300万只蛋鸡和1500万只肉鸡场建设；晓鸣禽业开展了2.2亿只蛋鸡孵化、100万只青年鸡养殖项目。全县共有600—800名贫困人员在养鸡产业中就业，带动300多户1500多人增收脱贫。（2）2018年，兰考县已经建成鸭棚1081座，肉鸭年出栏3000万只。禾丰肉鸭产业化项目是主要的发展载体，项目总投资13.8亿元，占地452亩，建成年屠宰分割5000万只肉鸭生产线、5000吨冷库及配套的年产

30万吨饲料厂、兽药厂、包装厂和物流中心。养鸭产业采用“政府+扶贫机构+公司+银行+农户”的扶贫发展模式。按照政府主导、群众自愿的原则，农户自筹1万元，银行为贫困户提供贷款5万元建设养鸭大棚，政府对符合条件的养殖户建设的鸭棚验收合格后，给予一次性补贴2万元；扶贫办对符合条件的贷款户予以贴息。养殖大棚（小区）在“五统一”（统一供苗、统一供料、统一供药、统一防疫、统一收购）的条件下，安全生产。预计到2020年可直接、间接带动1500余户约5000人致富。（3）2018年，兰考县羊出栏65万只。养羊的龙头企业是中羊牧业，它采用“公司+农户”的扶贫合作方式，推广湖羊养殖。操作方式是：有意向的贫困户向公司申请，公司进行初步考察筛选，畜牧局、银行联合进行现场审验之后，中羊牧业免费向农户提供18只母羊和2只种公羊，农户分批返还一定数量的羔羊后，母羊和种公羊归农户所有；公司技术员指导养殖户并统一防疫标准；公司以高于市场价回收羔羊。截止到2018年6月底，中羊牧业已带动1700多户养羊，合作养殖湖羊5万余只，到2018年底新增加盟农户650户，带动2000多人稳定增收。（4）2018年底，奶牛存栏数达到1万头。（5）驴产业方面，引进华润五丰黑驴繁育基地、华麒牧业驴场等项目，年底存栏数达到2000头。运作模式是与兜底户签订协议，采用托管寄养方式，每头驴每年可为兜底户带来2000元稳定收益。截止到2018年6月底，已带动贫困户91户。

为了发展畜牧业，兰考同时配套发展饲草产业，引进了中储草、国银农牧等优质饲草企业，成立了国有独资的兰考兴盛农牧业有限公司。饲草产业中，构树种植发展迅猛，截止到2018年底，全县构树种植面积达到5万亩，位居全国前列，带动1000户农户增收，其中有500多户贫困户。兰考引进国银卓然、中科华构两个生物科技有限公司，建成年产1亿株、6000万株的两个组培中心。整合闲置大棚30余座、新建100座，年炼苗能力达到7800万株。兰考县与国银农牧、中鼎牧业合作，流转土地1.4万亩，建成黄河滩区杂交构树产业园。兰考建设了年收储10万吨的饲草站、年产3万吨的磨浆饲料生产线，在建中的是年产20万吨构树干粉颗粒饲料加工厂。兰考县在扩大生态饲料外销的同时，与本地畜禽养殖龙头企业合作，年消纳构树青贮近2万吨，通过以种带养、以养促种，发展构树羊、构树牛、构树鸡等生态产品，进一步促进构树全产业链闭合发展。构树产业发展中，带动农户增收的方式主要有五种：一是让农户参与炼苗育苗，收入是每株0.7元，每个大棚年收入达20万元，参与农户人均收入增加2500元/月；二是农户土地入股分红；三是劳务收入，县里要求每30亩带动1名（优先安排贫困户），工资不低于2400元/月；四是参与合作社分红；五是村集体经济收入，村集体把资金注入构树种植企业，每年享受入股资金的10%作为分红。

兰考县通过龙头企业带动，培育畜牧养殖、饲草种植、饲料兽药加工、屠宰加工、熟食加工等，形成了“种植、养殖、加工、销售”的全产业链以及“扶贫构树+绿色畜牧”种养循环发展模式。畜牧业“5+1”的发展模式、发展对象、效益分析详见表6-3。

表6-3 兰考县畜牧产业“5+1”的发展模式、发展对象和效益分析

产业	发展模式	发展对象	效益分析
鸡	依托正大禽业、晓明禽业等龙头企业，采取“政府+公司+银行+贫困户”的发展模式	公司、大规模养殖户	以规模化养殖，吸纳贫困群众就业，实现稳定增收
鸭	依托禾丰集团，采取“政府+扶贫机构+公司+银行+农户”的发展模式。公司提供鸭苗、饲料、防疫技术，实行小区化集中养殖和分散化养殖，公司统一收购	公司、新型农业经营主体、农户	鸭棚建设投资约8万元，贫困户自筹1万元，政府补贴2万元，县级银行提供5万元全额贴息贷款。每棚每批饲养5000只，全年饲养5—6批，共出栏25000—30000只，预计年纯收益5万元

续表

产业	发展模式	发展对象	效益分析
牛	依托北京首农牧业、鼎盛牧业、花花牛集团、广春牧业等龙头企业，采取“公司＋农户、自营、联营”的发展模式，形成产销一体化	公司、新型农业经营主体、农户	基础设施按照每头牛4平方米标准建设，以存栏100头为起点，每头牛补贴1000元，单场补贴最高不超过100万元。奶牛养殖以大规模集约化饲养为主。肉牛养殖，以每户养殖100头为例，每批育肥周期约8个月，年出栏1批共100头，平均每头利润约4000元，预计年纯收益40万元
羊	依托百丰农牧、中羊牧业等龙头企业，采取“公司＋合作社＋农户＋基地、公司＋农户”的发展模式。公司提供幼崽、饲料及跟踪技术服务，并统一收购	公司、新型农业经营主体、农户	基础设施按照每只羊1.5平方米标准进行建设，以存栏500只为起点，每只补贴100元，单场补贴最高不超过100万元。以每户养殖500只为例，年出栏3.5批，预计年纯收益7万元
驴	依托华润牧业、花麒牧业等龙头企业，采取“基地＋合作社＋农户”的发展模式，形成产销一体化	公司、新型农业经营主体、农户	基础设施按照每头驴3平方米标准建设，以存栏100头为起点，每头补助1000元，单场补贴最高不超过100万元。规模为100头以下的养殖户，每头驴补贴500元。以每户养殖100头为例，每批养殖周期为6—8个月，年出栏1—2批，共出栏100—200头，平均每头约1200元利润，预计年纯收益10万—20万元
饲草	依托国银农牧、中科华构等龙头企业，采取“公司＋合作社＋农户自营、联营”的发展模式（土地租金入股分红；合作社带动农户种植；带动贫困户就业）。公司提供技术服务，统一收购	公司、新型农业经营主体、农户	对千亩以上饲草种植基地给予每亩200元土地流转补助，连补3年，并享受40%大型收储装备购置补贴；以构树为例，每亩种苗700—1000棵，第一年种苗投入2000元，一次投资，十年收益，每年收获3—4茬，预计年纯收益3000元

2. 特色农产品种植、加工产业的发展

兰考的特色农产品种植种类主要是蜜瓜、红薯、花生、食用菌以及经济林。截止到2018年底，全县建成日光温室559座、塑料大棚9165座、标准化菇房60间，建设蜜瓜产业园48个、小杂果种植基地28个。依托五

农好、润野、众邦农业、大象农业等加工企业，形成了以蜜瓜干、蜜瓜醋、蜜瓜罐头、红薯淀粉等为特色的深加工产品，产业链进一步得到延伸。

2017 年兰考开始大量种植蜜瓜，2018 年全县蜜瓜种植面积达到 1 万亩，年产蜜瓜 3 万吨，年产值 1.08 亿元。2019 年、2020 年种植面积会扩展到 2 万亩、3 万亩，产量会增加到 6 万吨、9 万吨，产值会达到 2.16 亿元、3.24 亿元。兰考县依托五农好食品、润野食品等农业企业，形成年加工二、三级蜜瓜 3.18 万吨的能力。

红薯是兰考的特色产品，获得国家地理标识认证，兰考将建成国家级特色“红薯城”。2018 年已发展鲜食红薯 4 万亩，主推品种为普薯 32、济薯 26、浙薯 13 等。2019 年发展到 6 万亩，以后不断增加。2018 年叶菜型红薯已有 130 亩试验田，2019 年会达到 2 万亩。红薯的加工方面，兰考与福建连城合作。红薯的销售方面，兰考与大型超市（郑州丹尼斯、北京华联、沃尔玛）结盟。

经济林的发展集生态效益、经济效益、社会效益于一体，是生态富民产业。2018 年，兰考县经济林面积 10.56 万亩，其中桃、梨、苹果、葡萄的种植面积分别为 3.42 万亩、3.11 万亩、1.27 万亩、1.02 万亩，其他杂果（核桃、杏、李子、樱桃、树莓等）1.74 万亩。为发展经济林，兰考将建设示范园区 2—3 个，水果批发交易市场 1—2 个。

兰考的蜜瓜、红薯、食用菌、经济林种植的发展模式、发展对象、效益分析详见表 6–4。

表 6-4 兰考县特色种植业的发展模式、发展对象、效益分析

产业名称	发展模式	发展对象	效益分析
蜜瓜	依托北京新发地、华润万家超市、浙江嘉兴市场等，采取“公司 + 合作社 + 农户”的发展模式	公司、新型农业经营主体、农户	每座塑料大棚建设投资约 2 万元，建成验收合格后补贴 0.6 万元。每座日光温室建设投资约 10 万元，建成验收合格后补贴 3 万元；春秋两茬蜜瓜毛收入约 2.5 万元，除去农资、人工支出，预计年纯收益 1.7 万元
红薯	依托众志丰、德丰富民等企业，与农户签订购销协议，发展订单农业，提供全产业链服务	公司、新型农业经营主体、农户	红薯亩产量约 6000 斤，其中商品果 5000 斤，每斤 0.65 元，次品果 1000 斤，每斤 0.3 元，共计收入约 3550 元。每亩需肥料、农药、地膜、机械、人工费用等共计约 1300 元，预计年纯收益 2250 元
食用菌	依托奥吉特、润野食品等龙头企业，采取“公司 + 基地 + 农户”的发展模式	公司、新型农业经营主体、农户	以平菇为例，1 座占地 200 平方米的温室大棚，年投料 3000 袋，投入 1 万元，产菇 10500 斤，目前市场价每斤 2.5 元，产值 2.6 万元，预计年纯收益 1.6 万元
经济林	合作社 + 农户	新型农业经营主体、农户	以映霜红晚桃为例，每亩种植 178 棵，两年苗价格每棵 5 元，14 月挂果，年产 4000 斤，每斤 4 元，除去农资、人工、桃苗 4000 元，预计年纯收益 1.2 万元

兰考在产业扶贫过程中，注重与农业供给侧结构性改革相衔接，在主推蜜瓜、红薯、食用菌、经济林等发展项目的同时，推进小麦、玉米、花生品质结构调整，重点发展优质强筋、高油高酸花生，调减玉米种植面积。2018 年，兰考优质专用小麦种植面积达到 3 万亩，花生种植面积达到 15 万亩，此后会不断增加，而玉米种植面积会不断下降。

产业扶贫项目对建档立卡贫困户形成了有效带动，限于篇幅，我们仅以惠安街道、三义寨乡的各个村为例。通过调查发现，多种产业在各个村都有分布，并形成了对建档立卡贫困户的有效带动，详细情况见表6–5。

表6–5 兰考县惠安街道、三义寨乡各村的产业类型与规模以及带动贫困户数

乡镇	村庄	产业类型与规模	带动贫困户数
惠安街道	何寨村	设施农业：鸭棚21座、大棚146座。种植：梨树1200亩、黄桃460亩。养殖：养猪场1座60头、养鸡场20000只、养羊5户80只。光伏发电：150户1250平方米	138
	桂李寨村	种植：大蒜2000亩、黄桃1200亩。养殖：养猪场2座	237
	乔庄村	设施农业：塑料大棚3座。种植：小米200亩、西瓜和草莓110亩。养殖：养猪场1座150头、养鸡场1个1200只、养羊6户75只。光伏发电：25户700平方米	60
	司野村	设施农业：鸭棚12座。种植：黄桃600亩。养殖：养猪场2座120头、养羊8户160只、养牛9头。加工业：家具厂1个。光伏发电：2户100平方米	98
	狮子堌村	种植：白菜100亩、石榴102亩。养殖：养猪100头（15户）、养羊95只、养牛6头、养鸳鸯50只。加工业：智画加工厂、液压机械厂。光伏发电：25户1350平方米	117
	李寨村	设施农业：鸭棚13座。种植：黄桃600亩。养殖：养猪80头（10户）、养鸡500只（35户）、养鱼100亩。光伏发电：2户200平方米	140
三义寨乡	后尖庄村	种植：黄桃200亩。养殖：养羊200头。光伏发电：760平方米	114
	康寨村	种植：小杂果500亩。养殖：养猪260头、养鸡17000只、养羊898只、养牛30头。加工业：橱柜生产厂1个。光伏发电：1365平方米	67
	白云山村	设施农业：蔬菜大棚2座。种植：水稻300亩、大蒜100亩。养殖：养猪250头、养驴200头、养鸡17.4万只、养牛200头。加工厂：面粉加工厂1个、寿材加工厂1个。服务业：洗浴中心一个。光伏发电：500平方米	84
	陈寨	种植：小杂果280亩。养殖：养鸡50000只。光伏发电：556平方米	64

续表

乡镇	村庄	产业类型与规模	带动贫困户数
三义寨乡	三义寨东村	种植：石榴200亩。养殖：2个养鸡场，存栏15000只；养羊场1座；水产养殖50亩。加工业：皮革加工厂1个。服务业：建材公司1个。光伏发电：1066平方米	137
	唐寨村	种植：黄桃100亩。养殖：鱼塘200亩。光伏发电：1132平方米	72
	付楼村	种植：梨树30亩。养殖：水产50亩。加工业：服装加工厂1个、汽车坐垫加工厂1个、粉条加工厂1个。光伏发电：700平方米	87
	贾堂村	种植：莲藕101亩。养殖：养羊300只。加工业：服装厂2个。光伏发电：600平方米	91

四、兰考产业精准扶贫的启示与意义

兰考的脱贫攻坚经验和模式进一步证明，产业扶贫在整个脱贫攻坚体系中占据着核心地位，在带动贫困户增收脱贫、促进贫困地区经济发展方面有着非常重要的作用。因为产业扶贫的有效性、安全性、益贫性和长效性，产业扶贫在精准扶贫精准脱贫的过程中将一直发挥着更为重要的作用。必须指出的是，由于基础差、底子薄，兰考县的产业发展处于起步阶段。兰考县“2+1”主导产业与“5+1+3”支柱产业的产业精准扶贫模式为其产业发展奠定了良好基础，兰考县关于产业扶贫的实践探索，为我们探索构建产业扶贫的体系和实践模式提供了宝贵的经验和借鉴。

（一）产业精准扶贫要着眼于当前农村农业改革大局

2014年1月19日，中共中央、国务院发布《关于全面深化农村改革加快推进农业现代化的若干意见》(以下简称《意见》),《意见》指出：“全面深化农村改革，要坚持社会主义市场经济改革方向，处理好政府和市场的关系，激发农村经济社会活力；要鼓励探索创新，在明确底线的前提下，支持地方先行先试，尊重农民群众实践创造；要因地制宜、循序渐进，不搞‘一刀切’、不追求一步到位，允许采取差异性、过渡性的制度和政策安排；要城乡统筹联动，赋予农民更多财产权利，推进城乡要素平等交换和公共资源均衡配置，让农民平等参与现代化进程、共同分享现代化成果。”《意见》认为，全面深化农村改革需要从完善国家粮食安全保障体系、强化农业支持保护制度、建立农业可持续发展长效机制、深化农村土地制度改革、构建新型农业经营体系、加快农村金融制度创新、健全城乡发展一体化体制机制和改善乡村治理机制等方面入手。

2015 年 11 月，中共中央办公厅、国务院办公厅印发《深化农村改革综合性实施方案》(以下简称《方案》),《方案》明确指出，“全面深化农村改革涉及经济、政治、文化、社会、生态文明和基层党建等领域，涉及农村多种所有制经济主体。当前和今后一个时期，深化农村改革要聚焦农村集体产权制度、农业经营制度、农业支持保护制度、城乡发展一体化体制机制和农村社会治理制度 5 大领域”。

从时间序列上而言，精准扶贫的深入开展与全面深化农村改革保持一致性，这既是产业精准扶贫开展的契机，同时又是难点。产业精准扶贫的开展和推进需要与全面深化农村改革双向联动，这样才能产生应有的效益。兰考县在推进产业精准扶贫的过程中，着力于建立与农村土地改革、农业经营制度、农业支持保护制度、城乡发展一体化体制等双向联动机制。毋庸讳言的是，这些双向联动机制是兰考县产业精准扶贫取得成效的原因所在。兰考县在推动农业产业化、农业现代化的过程中，始终将农村土地制度改革置于首位。兰考县委县政府在规划产业精准扶贫的顶层设计层面时，始终认为土地是农业农村安身立命的根本，亦是农村社会稳定、经济发展的关键。兰考县在推进农业土地制度改革的过程中，始终将农民利益与农业现代化两者有机结合，其举措主要从土地确权和“三权分置”两方面入手，土地确权的目的是保证土地的集体所有权和农户的承包权，确保农民的利益。三权分置的目的主要是盘活农村生产要素，改变当前农业生产小农经济的现状，推动农业现代化、产业化进程。与此同时，兰考县对种养大户、经济合作社、农企、家庭农场等新型农业经营主体的培育和支持，对农村金融制度、农业保险制度的探索等，都与全面深化农村改革及精准扶贫精准脱贫紧密关联。

从一定意义上而言，农业产业化、农民职业化、农村社区化，既是当前我国全面深化农村改革的目标所在，又是我国农村社会的发展趋势。在推进产业精准扶贫的过程中，我们既要将其作为产业精准扶贫的重要依托和支柱，又要将其列为产业精准扶贫的目标所在，唯有如此，产业精准扶贫才能达到有效性、安全性、益贫性及长久性的效果。

（二）产业精准扶贫要与县域经济社会发展统筹进行

党的十八大以来，党中央从坚持和发展中国特色社会主义全局出发，提出并形成了“四个全面”战略布局，并于党的十八届五中全会上提出了新发展理念。“四个全面”战略布局和新发展理念是习近平新时代中国特色社会主义思想的重要组成部分，也是新时期我党治国理政的重要遵循。把“四个全面”战略布局和新发展理念落到实处，关键在基层。县域治理是否卓有成效，关系“四个全面”战略布局和新发展理念的贯彻落实。习近平总书记高度重视县域经济社会发展、县域治理和县级领导班子、党的组织建设，多次阐述怎样当好县委书记、怎样加强和改善县域党的领导等重要思想。

2014年3月18日，习近平总书记莅临兰考调研指导工作时指出，要准确把握县域治理特点和规律，把开展教育实践活动同全面深化改革、促进科学发展有机结合起来。就兰考来说，要做到三点：第一，把强县和富民统一起来；第二，把改革和发展结合起来；第三，把城镇和乡村贯通起来。这三点指示和要求，既是习近平总书记对县域治理特点和规律的深刻把握，又对如何做好县域治理提出了可行性的指导路径。

兰考县产业精准扶贫成功经验之一就在于始终将产业精准扶贫与县域治理统筹进行。兰考县把脱贫攻坚作为头等大事和政治任务，以脱贫攻坚统揽经济社会发展全局，以战斗状态向贫困开战。在推动产业精准扶贫的过程中，始终以提高治理体系和治理能力为重点，全面激发改革新动力。兰考县委县政府有着较强的战略洞察力，善于研判宏观大势，把县域发展置于全市、全省乃至全国的大格局中来审视，找准与国家和区域发展战略对接的着力点和突破口，顺势而动、借势而为、乘势而上；增强机遇把握力，在机遇来临时抓牢机遇、用好机遇，抓住国家推进新型城镇化、“一带一路”建设、“大众创业、万众创新”、“互联网 +”、“中国制造 2025”等带来的新机遇。[1] 同时，兰考县致力于整合资源，集中全县的人力、物力、财力和相关要素，抓住“以脱贫攻坚统揽经济社会发展全局”这一主线，营造良好的产业发展环境；增强改革行动力，坚持问题导向抓改革，着力破除制约发展的体制机制障碍，推动农业产业化、现代化进程，着力于产业精准扶贫。

（三）产业精准扶贫要注重回应当前农村存在的问题

长期以来，在城乡二元结构的社会背景下，在“快速城镇化”“政

① 汤传信：《县域治理关键在于抓好“三力”》，《人民日报》2016年2月1日，第7版。

治城市化”的作用下，我国农村社会发展出现诸多问题。研究者用“乡村空心化”概括快速城镇化背景下我国农村社会存在的问题，认为乡村“空心化”至少包括五个层面的内涵：一是人口学意义上的“空心化”，意指乡村人口特别是青壮年人口的大量外流，乡村人口结构以留守老人、留守妇女和留守儿童为主体，生育率下降，人口总量大幅度减少。二是地理意义上的“空心化”，随着“村村通”乡村道路建设工程的推进，依然居住在乡村的农民不断地将房屋建于“村村通”道路两旁，或集中在集市等交通要道，农村原有的聚落点逐渐荒芜，村庄内部处于中心地带的老村址悄然变成废墟，留下一片破旧、闲置或废弃的旧房。我们将这种内部闲置、外围新房的“内空外扩”现象视为地理意义上的乡村“空心化”。三是经济意义上的“空心化”，意指农村青壮年劳动力大量外流，大部分青壮年在外长期务工拥有一定经济实力以后在城镇或城市租房或购房定居，乡村留居人口老龄化、贫困化趋势日益明显，人口、资金等关键生产要素流向城市，农业生产逐渐荒芜，乡村经济日益衰退。四是基层政权意义上的“空心化”，意指乡村基层政权组织中有一定文化素质的青壮年劳动力外流，造成乡村基层政权组织在人口年龄结构上出现脱节甚至老龄化，人员构成出现真空，使政府职能在乡村基层得不到有效的发挥，各项政策无法贯彻；在城乡二元社会结构和户籍制度的限制下，乡村基层政权内部人力、物力、财力呈现流失与断层局面，基层政权职能、权力和责任逐步弱化。五是公共性意义上的“空心化”，这既是乡村空心化的表征之一，又是上述层面“空心化”的后果，意指乡村社会联结、地域文化以及公共事务层面的空心化，人口学、地理、经济以及基层政权意义上的“空心化”作用于乡村社会，不可避免地会造成地域文化和社会联结的解体，乡村公共服务无力承载，公共生活无法开展。[①]

上述问题的存在，是当前阻碍我国农村发展的障碍所在，产业精准扶贫必须正视这些问题的存在，有针对性地选择产业，制定政策，做到产业扶贫与农村社会发展的密切关联。兰考县在推进产业精准扶贫的过程中，始终正视这些问题，在产业类型选择、产业政策调整、利益联结机制的构建等层面将产业精准扶贫与解决农村问题密切关联，将产业精准扶贫与农村社会治理密切衔接，致力于提升乡镇一级政府、村委会等基层组织的治理能力，将产业精准扶贫与区域发展、社会治理协调开展。

① 刘杰：《乡村社会空心化：成因、特质及社会风险》，《人口学刊》2014 年第 3 期。

第七章 创新金融扶贫模式

要做好金融扶贫这篇文章。

——习近平《在中央扶贫开发工作会议上的讲话》
2016 年 11 月 28 日

金融要把为实体经济服务作为出发点和落脚点，全面提升服务效率和水平，把更多金融资源配置到经济社会发展的重点领域和薄弱环节，更好满足人民群众和实体经济多样化的金融需求。

——习近平《在全国金融工作会议上的讲话》
2017 年 7 月 15 日

党的十八大以来，在习近平总书记关于扶贫工作重要论述的指引下，中国国家贫困治理体系进行了大刀阔斧的改革，其基本指向是更好回应农村减贫与发展的各类需求。其中，金融扶贫无疑是重要的板块，特别要强调的是，新时期农村贫困治理需要置于整个农村改革与发展的历史语境中认识，农户生计建设的路径需要结合农业现代化发展的一般趋势来理解。就此而言，做好金融扶贫工作，对于整个脱贫攻坚战无疑具有支撑性意义。

五年多来，金融扶贫领域陆续推出了多项政策创新举措，力争做好金融扶贫这篇文章。新时期，从金融扶贫顶层设计来看，出现了多个层面的变化，例如形成了多层次金融政策、多元金融工具相结合的新型金融扶贫政策体系，形成了政策、产业、金融、农户多位一体的综合性支持框架。这些政策创新和体制机制创新，为打赢新时期的脱贫攻坚战提供了有力支撑。具体到县一级，如何将国家层面关于新型金融扶贫的各项政策落到实处，打通金融下乡的“最后一公里”，是相关政策取得实效的关键。回望既往的金融扶贫经验，如何立足县域减贫与发展的实际，用好金融手段，创新金融扶贫模式，为脱贫攻坚和县域发展提供“加速器”，并有效防控各类风险，是县域金融扶贫的基本问题。换言之，如何将新时期金融扶贫的改革红利，结合县域实际，转化为实实在在的减贫动力，是脱贫攻坚时期思考县域金融扶贫工作的基本方向。

一、金融扶贫概述

金融扶贫指的是利用金融工具和金融手段，支持贫困人口发展生计，改善发展条件。这种模式有效地发挥了金融杠杆的作用，改变了传统单一的扶贫模式，将生活式扶贫转变为生产式扶贫，将救济式扶贫转变为资本式扶贫，将对外争取单一式扶贫转变为对外争取和自力更生共建式扶贫。在中国国家贫困治理体系中，金融扶贫是行业扶贫的重要板块，对于保障脱贫攻坚资金投入具有支撑性的意义。

金融扶贫在促进贫困地区、贫困社区、贫困农户内生发展动力建设方面具有举足轻重的意义，在迅速补齐各类短板因素，改善贫困地区、贫困社区发展不充分的状况方面，金融扶贫发挥着“加速器”的作用。回望改革以来贫困治理走过的近 40 年历程，金融扶贫始终是重要的板块，发挥了重要的作用。但不容否认的是，既往的金融扶贫实践相对比较分散，模式较为单一，运行成本较高，难以适应新时期脱贫攻坚战的现实需求。打赢脱贫攻坚战，是全面建成小康社会的底线目标和标志性指标。2014 年“建档立卡”数据显示，全国仍有 7000 多万名贫困人口，确保在 2020 年实现现行贫困线以下贫困人口全部脱贫，任务十分艰巨。特别是进入脱贫攻坚的决胜阶段以来，扶贫工作越往纵深推进，面临的挑战就越大，所需的资源量就越多。因此，仅仅依靠政府财政扶贫资金投入，资源十分有限。实施金融扶贫，能够通过多种渠道为脱贫攻坚事业筹措资金。党的十八大以来，中央高度重视脱贫攻坚工作，财政扶贫资金投入逐渐增长，但就脱贫攻坚面临的形势来讲，资源总量依然十分有限，如何有效拓宽融资渠道，有效动员市场力量以及社会力量积极参与，是赢得脱贫攻坚战的重要保障。

金融是农业经济中最为活跃的要素，在促进扶贫开发和农业发展过程中具有重要的支撑性意义。改革之初，以金融服务支持农业发展已经纳入中央层面的考虑。特别是 20 世纪 90 年代中期以来，扶贫信贷和财政扶贫资金共同构成了中国扶贫开发的投融资机制。随着中国农村减贫与发展的形势变动，金融扶贫的政策工具箱不断丰富，精细化程度不断提升。党的十八大以来，以习近平总书记关于扶贫工作重要论述为指引，各主要金融机构陆续推出了“一揽子”金融支持脱贫攻坚的政策，逐步形成了多渠道、多层次的金融扶贫政策体系。这些政策创新，不仅为脱贫攻坚战的有效开展提供了有力支撑，也为新时代“金融下乡”积累了宝贵经验。

从农村减贫与发展的实际情况来看，新时期 7000 多万名“建档立卡”贫困人口中，有超过四成的贫困农户具有劳动能力和劳动意愿，可以通过发展产业的方式实现脱贫，而制约性的因素之一便是资金匮乏，根据“建档立卡”数据的分析，可以通过发展生产和扶持就业解决脱贫问题的人口中，有超过半数面临的主要问题是“缺资金”。小农经济是“低水平均衡”的状态，仅仅依靠农户家庭积累，很难实现传统农业的改造，特别是对于贫困农户来说，这种情形尤为突出。因此，加大对农户的金融支持力度，是助力其发展家庭经济，摆脱贫困面貌的重要手段。扶产业才是扶根本，通过发展生产和扶持就业解决3000万人的脱贫问题，需要缜密地谋划、扎实地推进。从现实来看，农村贫困地区普遍存在农业产业化、规模化水平较低，分散的农户经营依然是主要的农业经济形态。新时期，产业扶贫工作的开展需要置于推进农业供给侧结构性改革，实现农业现代化的历史背景下认识，如何解决千家万户的分散经营与千变万化的外部市场之间的联结难题，是产业扶贫的核心问题之一。从农村贫困地区的实际情况来看，农户发展生产方面存在着较为普遍的技术匮乏、资本匮乏的问题，在市场风险、自然灾害风险等多重风险因素的影响下，小农经济的脆弱性凸显。因此，产业扶贫的治理单元，以及农业现代化的治理单元不能简单置于小农经济基础之上。在推进农业产业化发展的过程中，形成农户与产业体系和市场体系的关联，是新时期开展好产业扶贫工作的基本思路。这就意味着需要解决多个层面的问题。其一，为农业产业发展特别是农户发展生产提供必要的金融支持。在自给自足的自然经济形态下，大规模的金融行为并不多见，实际上也无必要，在地缘和血缘的网络中，农户之间互惠行为性质的民间自发借贷，基本就能够满足生产生活之需。但在改造传统农业、实现农业产业化发展的过程中，会出现大量的金融需求。从农户层面来看，采用新式生产技术，调整农业经营结构，购置必要的生产资料，仅靠家庭积累往往难以实现。从市场主体的角度扩大生产规模、改进生产技术乃至资金流的周期，往往都会衍生出金融需求。换句话来说，如果得不到金融扶持，农业产业发展的进程将会大大受阻甚至根本就难以发生。其二，产业扶贫过程中，涉及多层次、多样化的金融需求。产业扶贫的模式安排，与各个时期农业发展的一般趋势具有一致性。20世纪90年代，产业扶贫的概念未明确提出，扶持生产主要指的是发展家庭副业，以庭院经济的形式，促进贫困农户家庭经济的多元性生长，进而增强贫困家庭经济抵御风险的能力。《中国农村扶贫开发纲要（2001—2010年）》实施期间，产业扶贫逐渐成为政府专项扶贫的工作模式，其核心是通过可持续的农业产业化发展，带动农户参与市场。新时期以来，产业扶贫的内涵不断丰富，需要置于改造传统农业，以农业供给侧结构性改革的思维，以市场需求为导向，布局地方产业体系，增强产业对地方经济和贫困农户脱贫增收的带动能力。同时，农业产业是弱质产业，抵御各类风险的能力较低，唯有建立有效的支撑体系，才能增强产业的发展韧性。这就意味着，新时期产业扶贫工作领域，衍生出多层次、多样化的金融产品需求。从整个产业的角度来说，贫困地区产业发展的相关基础设施建设、生产设备投入，除了引入工商业资金，盘活农村生产要素之外，仍需要得到金融产品的支持和助力。从各类农业产业市场主体的角度来说，其经营活动往往面临着资金的约束。从农户的角度来说，对金融的需求也将随着产业的发展而趋于旺盛。如何有效地满足各个层次、各种类型的金融产品需求，通过金融支持产业、产业带动农户的方式，以及提供直接地面向新型农业经营主体和农户需求的金融产品，是金融扶贫的基本内容。

二、兰考金融扶贫的思路与方法

兰考县高度重视金融扶贫工作，结合脱贫攻坚和县域发展的需求，创新扶贫工作模式。自2014年脱贫攻坚战打响以来，兰考县积极创新金融扶贫模式，科学谋划金融扶贫组织体系，健全工作机制，实施金融助推精准扶贫、精准脱贫工程。特别是将金融扶贫工作置于脱贫攻坚和县域发展全局高度，陆续推出了“三位一体”和“四位一体”的金融扶贫模式，并借助证监会定点扶贫和全国唯一一个国家级普惠金融改革试验区的政策利好，积极探索资本市场助力脱贫攻坚的方法和路径，取得了可喜的成绩，形成了多方面的经验。深入总结兰考金融扶贫领域的做法和经验启示，不仅有助于兰考成功经验的分享，也有助于农村金融理论和实务研究的提升。

扶贫攻坚战打响以来，兰考县持续加大扶贫资金投入力度，建立“先拨付、后报账，村决策、乡统筹、县监督”的扶贫资金管理运行机制；充分发挥普惠金融政策优势，逐步探索建立“政府引导、金融支持、企业发展、风险保障、贫困户受益”的多元化金融扶贫模式，真正做到把有限的扶贫资金用在刀刃上，使扶贫项目实施快、资金拨付快、项目资金发挥效益快，通过“精准滴管”有效激发贫困群众脱贫致富的内生动力。[①] 因此，金融扶贫在兰考县脱贫攻坚中占据着重要的位置，具体体现在以下几个方面。

首先，金融扶贫要与产业发展相结合。扶产业才是扶根本，兰考县是农业大县，在农业、林业、畜牧业等方面都有较好的基础和传统，但与其他中西部欠发达地区类似，农业产业结构不够合理，农业生产经营规模较小，产业化程度低，因而对农户增收带动较为有限。为深入推进农业供给侧结构性改革，以产业扶贫的办法解决农民脱贫增收的问题，兰考县立足本县农业经济既有基础，选择了鸡、鸭、牛、羊、驴等十大项目，以引进农产品深加工龙头企业，培育新型农业经营主体，带动农户分散化种养为基本思路，推进县域产业扶贫工作开展。利用产业扶贫的办法推进脱贫攻坚，有利于盘活农村贫困地区劳动力、土地等生产要素，有利于实现农业规模化经营，在产业发展的过程中，衍生出多层次的金融需求，如何以推动产业发展进而带动贫困人口脱贫增收为中心，出台相应的投融资政策，

① 资料来源：《兰考县稳定脱贫奔小康实战手册》，第 40 页。

是兰考县谋划金融扶贫政策体系的出发点之一。

其次，金融扶贫要解决“金融不下乡”的难题。“金融不下乡”指的是传统上金融机构在农村开展业务少，金融产品单一，以及由此衍生的农民贷款少、贷款难、贷款贵的问题。从现实角度看，在农业经济特别是小农为主的形态下，融资行为较为分散、规模较小，加之农业是弱质产业，农户违约行为较多，金融机构开展农村金融服务的运行成本比较高。因此，治理“金融不下乡”是一个较为复杂的问题，总的思路是降低农村金融产品的运行成本。随着农业产业化、规模化发展，提高了农业的集约化程度，较之传统小农经济形态，经营风险相对下降。从家庭经济层面来看，生计稳定性、成长性的提升，意味着农户能够对未来收益建立相对稳定的预期，进而发生的金融行为也就更加理性，发生机会主义行为的可能也就大为降低。同时，加强农村金融征信制度建设，运用各种激励机制，也是促进金融下乡的必要方法。兰考县的金融扶贫政策设计很好地体现了上述思维。

最后，创新金融扶贫形式，提升金融服务的普惠性。从历史角度看，金融扶贫的内涵经历了不断丰富的过程。早期阶段主要的形式是扶贫贴息贷款和小额信贷项目，这与中国农村改革发展的具体历史语境有很大的关联。新时代，中国农村贫困治理需要置于农村经济与社会新一轮改革发展的背景下认识。就此而言，金融扶贫工作如何适应新时期农村贫困治理的新变化，值得深入地思考和探索。特别是如何解决农户、新型农业经营主体等多层次多元化的金融服务需求，为产业扶贫提供支撑具有重要的价值。兰考县是国家普惠金融改革试验区，在探索农村金融服务新模式的过程中，不仅要为脱贫攻坚提供支撑，而且要为整个农村普惠金融体系建设探索经验。实践中，兰考县深化扶贫资金运行机制改革和金融扶贫机制改革，建立了“先拨付、后报账，村决策、乡统筹、县监督”的资金分配运行机制，将到户增收资金、支持肉鸭产业化发展专项资金全部下拨到乡镇（街道），并运用了“四议两公开”的方法，村“两委”自主决定实施项目，实现了从“等安排”到“拿主意”、从“受益对象”到“业主”的转变。总之，深化金融扶贫是增加扶贫资金投入的重要渠道，是助推脱贫攻坚事业蓬勃发展的鲜活血液。

三、兰考金融扶贫的政策设计

2015年，中国政府出台了《推进普惠金融发展规划（2016—2020年）》（以下简称《规划》），该《规划》指出：“小微企业、农民、城镇低收入人群、贫困人群和残疾人、老年人等特殊群体是当前我国普惠金融重点服务对象。”根据这一指导思想，为进一步推进普惠金融改革、发展，2016年，中国人民银行联合发展改革委、财政部、农业部、银监会、证监会、保监会、河南省人民政府印发《河南省兰考县普惠金融改革试验区总体方案》。该文件精神在于切实将兰考县建设成为全国普惠金融改革先行区、创新示范区、运行安全区，加快在兰考县探索出一条可持续、可复制、可推广的普惠金融发展之路。河南省兰考县普惠金融区改革试验工作领导小组随即印发了《〈河南省兰考县普惠金融改革试验区总体方案〉落实意见》《河南省兰考县普惠金融改革试验区普惠授信工作方案（试行）》《河南省兰考县普惠金融改革试验区“普惠金融服务站”建设方案》《河南省兰考县普惠金融改革试验区“普惠金融一网通”建设推广方案》等文件。兰考县根据国家以及省的相关文件，出台了《中共兰考县委、兰考县人民政府关于成立兰考普惠金融改革试验区建设领导小组的通知》《兰考县人民政府关于成立兰考县普惠金融改革试验区管理委员会的通知》《兰考县人民政府关于支持金融创新发展若干措施的意见》《兰考县“三位一体”带动贫困户脱贫实施办法》《兰考县人民政府关于印发兰考县“四位一体”金融扶贫实施办法的通知》《兰考县人民政府关于进一步加强“三位一体”和“四位一体”贷款企业扶贫工作的通知》《兰考县人民政府关于做好“三位一体”和“四位一体”贷款企业贴息工作的意见》等24份县级文件。上述政策文件，构成了兰考金融扶贫工作的政策体系。

产业是强县之本、致富之源、脱贫之基。推动产业发展，激活农村内生动力和发展活力，是实现稳定脱贫的治本之策。而加快产业发展，离不开金融支持。2015年，兰考县探索建立了政府主导、金融支持、企业发展“三位一体”金融扶贫模式，实现了政府、银行、企业、农户“四赢”的局面。2016年，兰考县持续改革创新金融扶贫模式，将“三位一体”金融扶贫模式完善为政府、企业、银行和保险公司四方参与的“四位一体”金融扶贫模式，为脱贫攻坚提供更加有力的金融支持。兰考县不断创新金融扶贫，探索建立金融服务、信用评价、风险防控、产业支撑的金融扶贫体系，有效助推产业发展；在全省率先以基金形式搭建投资企业PPP股权合作新模式，为重点项目的顺利推进提供有力的资金支持，为老城区改造、新规划区土地储备和扶贫搬迁提供了充足的资金保障。

（一）兰考县金融扶贫的政策内容

第一，根据国家、省以及兰考县关于普惠金融改革与发展的相关文件，由兰考县扶贫开发领导小组牵头，构建政府、金融、企业“三位一体”扶贫工作机制，充分调动多方力量带动贫困户增收，确保在2016年底实现脱贫目标。这项工作机制要坚持政府主导、金融支持、企业自愿、贫困户收益的原则。另外，这项工作机制要求明确政府、企业、银行三方主体的责任：兰考县政府负责向银行注入风险补偿基金，按中国人民银行确定的基准利率给扶贫企业贴息；乡（镇）政府筛选推荐主动有意愿、发展潜力大、诚实守信用的企业参与扶贫，加强对企业的服务并协助银行防控风险；用好扶贫基金，保证扶贫对象必须是经“四议两公开”办法产生的；企业要按照协议及时捐赠扶贫基金，优先安排贫困劳动力就业；银行自愿申请参与扶贫，按照风险补偿金的10倍授予贷款规模，以基准利率贷款支持扶贫企业。通过该工作机制的实施，确保到2016年底实现1万户贫困户脱贫。在具体操作流程方面，“三位一体”金融扶贫模式按照企业申请、乡镇推荐、银行放贷、上报备案、企业捐赠、精准扶贫六步程序推行实施，即企业向乡镇政府递交《企业扶贫申请表》，乡镇政府向银行送交《扶贫企业推荐表》，银行在收到《扶贫企业推荐表》后10个工作日内放贷，贷款发放后，银行在5个工作日内把有关材料报送县扶贫办、县财政局备案，扶贫企业一次性按贷款金额的10%提取扶贫基金，捐赠给乡镇政府，乡镇政府采取有效措施，用扶贫基金支持贫困户脱贫。

第二，为贯彻落实兰考县委全面深化改革领导小组扩大会议关于推进金融扶贫改革的精神，切实加大金融扶贫力度，助力兰考县如期脱贫，兰考县建立了“四位一体”金融扶贫新机制，进一步支持产业发展，带动贫困户稳定脱贫。“四位一体”新机制要求坚持政府主导、金融支持、风险保障、产业发展、建档立卡贫困户受益的原则。另外，这项工作机制要求明确各方责任：兰考县政府从财政资金中拨出一部分作为风险补偿金，为贷款扶贫企业、合作社、致富带头人和创业贫困户等提供风险补偿。银行确保在半年内放款金额要达到风险补偿金10倍的50%以上，银行在收到推荐表及相关材料后，无正当理由不予放款或拖延放款的，兰考县政府将收回相应剩余额度的风险补偿金。银行应安排专人主动与乡镇（街道）对接，必要时到乡镇（街道）现场办公。保险公司对贷款主体的贷款进行保险，保险率为贷款全额的3%，由贷款主体缴纳。省财政对贷款主体的保费进行补贴，其中，对个人补贴80%，对企业补贴60%。乡镇（街道）推荐的贷款主体，保险公司应当承担保险责任，无正当理由不得拒保。贷款主体应符合“金融扶贫贷款”的要求，应按现行金融机构基准利率由财政予以贴息，其中扶贫企业等单笔贷款金额不超过注入风险补偿金的15%，贫困户个人单笔不超过10万元，到期之后可按要求续贷。贷款主体应按要求缴纳保险费，其中个人缴纳贷款金额的0.6%，企业缴纳贷款金额的1.2%。贷款主体应按期归还本息，逾期1个月未归还本息，政府将在15日内启动赔付机制。先由保险公司赔付逾期未归还本息的70%，再由政府风险补偿金承担30%。同时，银行将启动相应补偿程序，对恶意违约者采取记入“失信者名单”等惩戒措施。

在操作程序方面，“四位一体”金融扶贫新模式依照贷款主体申请、乡镇推荐、银行放贷、贷款企业捐赠、扶贫基金使用的流程开展推行。先由贷款主体向村民委员会提出贷款申请，村“两委”、驻村工作队（非贫困村为包村干部）先期进行调查。之后由村支书、驻村工作队（非贫困村为包村干部）推荐到乡镇（街道），乡镇（街道）将相关申请材料报送贷款银行，银行对于在50万元以上贷款额度进行实地调查后进行放贷，并及时上报县扶贫办、县财政局备案。然后乡镇（街道）应按照“村决策、乡统筹、县监督”的原则，依法合规使用扶贫基金，专款专用，扶持贫困户产业发展。同时，扶贫基金使用要严格按程序公示，确保公开透明。

第三，创新“三位一体”金融扶贫模式。为加快金融扶贫贷款落实，兰考县在原来“三位一体”的基础上，推出新“三位一体”金融扶贫模式，这一模式更易操作、更具效率性。具体表现在，由财政资金作为风险补偿金，银行按风险补偿金的10倍发放基准利率贷款并全额贴息，其风险由兰考县政府承担80%，银行承担20%。贷款主体应将贷款金额的5%捐赠给推荐乡镇（街道）作为扶贫资金或每10万元带动1户贫困户就业，且就业时间不低于6个月，月工资不低于2000元。

兰考县立下愚公移山志，打好金融扶贫的硬仗，提高建档立卡贫困户的获贷率，到2020年，实现有信贷需求且符合信贷条件的建档立卡贫困户“应贷尽贷”。

（二）兰考县金融扶贫工作的主要做法

1.“三位一体”“四位一体”：探索金融扶贫贷款新模式

兰考县将“金融扶贫”作为扶贫攻坚的一项重要措施来抓，先后和兰考农商银行、邮储银行兰考县支行、农业银行兰考县支行合作，设立了风险补偿金，建立风险补偿机制，创新金融扶贫模式。2015年，兰考县探索建立了政府、企业、金融“三位一体”的金融扶贫模式，县财政拿出1000万元作为风险补偿金，按照1∶10的比例来撬动银行贷款1亿元，支持扶贫企业发展，财政扶贫资金效应扩大，金融机构风险可控，企业融资难题破解，贫困农户稳定增收，实现了“专业的人做专业的事”，政府、银行、企业、农户“四赢”。

兰考县通过“三位一体”金融扶贫模式，实现了2016年底1万户贫困户脱贫的工作目标。同时，通过“三位一体”的金融扶贫模式，兰考县小微企业发展呈现勃勃生机。以仪封乡五农好食品有限公司（以下简称“五农好公司”）为例，在“三位一体”金融扶贫模式的鼎力支持下，“五农好公司”不断发展壮大，在仪封乡毛古村开始扩建97亩有机绿色农副产品深加工基地，2016年12月第一条生产线投产运营，提供就业岗位200个，让3000户农民共享收益。爪营乡栗西塑钢断桥中空玻璃加工厂有市场、有技术，就是缺少资金，通过村民决议后，25户贫困户充分利用10万元的扶贫资金，以每户4000元的额度入股玻璃厂。厂子开起来，自己当股东，年底分红，还能到厂子里打工赚钱，贫困户由原来的从“与己无关”到“以我为主”，积极性、主动性、创造性都被调动起来。贫困人口能在家门口持续就业，脱贫致富奔小康就不再是难事了。

2016年，兰考县在“三位一体”金融扶贫模式的基础上，又推出了政府、企业（个人）、银行+保险“四位一体”的金融扶贫模式，兰考县财政拿出3300万元作为风险补偿金，撬动银行贷款2亿元，培育壮大小微企业和合作组织，吸纳贫困人口就业；如果贫困户和企业仍有需求，县财政会继续加大投入力度，增加政府风险补偿金基数，撬动更多贷款。在合作银行方面，由2015年的农行一家扩大到与中原银行、农商行、农行、邮储4家金融机构合作。

以堌阳镇为例，通过“四位一体”金融扶贫项目，堌阳镇已推荐27家企业投入这项工作中，累计贷款金额达3500万元，截止到9月底，银行共发放贷款1580万元。到2016年9月堌阳镇已推荐贫困户123户，贷款金额1030万元，截止到9月底，银行共发放贷款505万元。通过该金融扶贫项目，使615户贫困户受益，大大增加了贫困户的收入，为堌阳镇贫困户早日脱贫奠定了基础。其中，堌阳镇范场村为了切实有效发挥入户增收资金效益，保证资金安全使用，对贫困户进行逐户调查，2015年最终确定21户作为首批到户增收资金扶持户，每户安排4500元到5000元不等进行入股企业分红，并进行了公示。2016年确定12户贫困户为到户增收资金扶贫对象，每户以5000元入股企业进行分红。针对该村乐器生产企业较多，资金需求量较大的情况，对小额信用贷款和“三位一体”贷款有关情况进行了重点宣传，入户入企业发放宣传单，并在公示栏中进行公示，充分调动乐器生产企业和贫困户口的贷款积极性，让企业负责带动贫困户实现稳定脱贫。该村目前已经有16户获得小额信贷资金163万元，6家企业获得“三位一体”贷款430万元。未来几年，堌阳镇将继续帮助申请办理贷款发展产业。利用金融扶贫政策，配合金融部门帮助贫困户申请办理小额贴息和信用户贷款，解决他们的发展养殖等产业项目资金不足问题，切实增加收入，实现稳定脱贫不返贫，致富奔小康。

2. 产业发展信用贷：探索稳定脱贫产业扶持新模式

为鼓励已脱贫农户产业发展，畅通融资渠道，改善县域信用环境，巩固扶贫成果，在兰考建设普惠金融改革试验区过程中，金融机构与政府联手探索创新了“脱贫致富奔小康　产业发展信用贷”，“贷”动了产业发展，使得贫困户安心摘掉贫困帽，放开手脚奔小康。

兰考县政府与兰考农商银行、中原银行等合作开展“产业发展信用贷”。由政府设立县级信用贷风险补偿基金 1000 万元，全县 15906 户已脱贫农户发展产业，贷款不需要抵押和担保，还享受全额贴息。据悉，风险补偿基金的一半注入了兰考农商银行。为鼓励已脱贫农户发展产业，加快奔小康步伐，兰考农商银行与县政府签订《兰考县脱贫致富奔小康产业发展信用贷合作协议》，兰考县政府存入农商行 500 万元专项风险补偿基金，作为发放产业发展信用贷的风险补偿使用。贷款发放遵循“放得出、收得回、有效益”的原则，由乡镇政府（街道办事处）推荐贷款户，农商行经过调查审核形成贷款户清单后报送政府并启动贷款发放程序。贷款期限为 1—3 年，执行基准利率。他们负责全县 10 个乡镇（街道）的产业发展信用贷等级评定工作，A、AA、AAA 三类评级分别授信 3 万元、5 万元、8 万元。

截至 2016 年 11 月底，兰考县已评定信用户 1071 户。其中，A 级 665 户、AA 级 283 户、AAA 级 123 户。四家银行已对 293 户已脱贫农户进行整体授信，授信金额 1081 万元，已发放贷款 35 笔，共 195 万元。目前已经对全县 15 个乡镇颁发了信用牌匾。

在金融扶贫工作中，王双磊获得 5 万元的产业发展信用贷款。为了迅速增加信用度，他选择贷款一年。2017 年贷款到期后，农商银行会根据他的经营情况再次评定信用等级，从而能贷到更多款项。王双磊的自信不是空穴来风。“一个大棚一年种四茬，每年净利润 3 万元左右。”依靠兰考农商银行的贷款，王双磊已经建起了 5 座大棚。在王双磊的带动下，乡亲们种有机蔬菜的热情高涨，截至目前已建起 30 多座大棚，其中有七八户脱贫农户从兰考农商银行拿到了不同额度的产业发展信用贷款。截至 2016 年底，仅兰考农商银行一家已完成信用等级评定 755 户，授信 487 笔 1544 万元，发放贷款 68 笔 260 万元。

政府设立在银行的风险补偿基金事实上为贷款人增加了信用，解除了银行的后顾之忧。但从长远发展角度看，还是要建立健全贷款人的个人信用档案。2016 年 4 月，兰考县信用信息中心成立，县、乡、村三级共同推进，依法合规采集兰考县企业非银行信用信息和兰考县农户信用信息，打造县域新型信用信息共享平台。截至 2015 年底，农户信用信息系统已录入农户信用信息 9.7 万多户，企业信用信息 5600 户。

此外，河南省坤盛牧业有限公司也是“产业发展信用贷”机制下的一个成功典型。该公司利用合作社养殖模式，在兰考县湖羊养殖中树立起典范。坤盛牧业结合湖羊养殖项目，通过实践结合兰考县实际情况，推出了“公司＋农户”肉羊精准扶贫模式，该模式以肉羊养殖为纽带，将政府、银行、公司、农户有机地结合在一起，发挥各自优势，最终获得社会效益、经济效益、生态效益的“三”重丰收。合作社本着合作共赢、共同发展的原则，积极响应各级政府对大力发展农民专业合作社的指示精神。按照县委、县政府倡导的“到户增收”模式和公司推出的“免费养羊”模式，截止到 2016 年 11 月，已带动 1000 多户农民合作养殖湖羊 1 万余只。坤盛牧业计划在 2017 年新增加盟农户 2000 户，带动兰考县近 5000 人致富奔小康。坤盛牧业通过肉羊精准扶贫，大力发展湖羊养殖，并且通过湖羊养殖，让老百姓得到真正的实惠，实现脱贫致富。

以合作社湖羊养殖产业发展信用贷的具体操作方法是，坤盛牧业采用“政府＋金融＋公司＋贫困户”的扶贫合作模式，由河南省坤盛牧业有限公司向农户提供纯种湖羊种羊，由县畜牧局担保基金对接金融部门后以10倍的杠杆放大资金为贫困户提供贴息贷款（三户联保）用于湖羊养殖。兰考县坤盛农牧专业合作社提供“五统一”服务（统一种源、统一管理、统一技术培训与指导、统一饲料配方、统一集中销售）。羊只由农户按照统一标准进行饲养，合同期内按照合同要求返还羔羊，多余的羔羊企业回收。“公司＋农户”的精准扶贫模式让农民有了靠自己双手脱贫致富的渠道，打破了传统农牧业靠天吃饭、单打独斗的传统养殖思路，不仅提高了生产效率，而且规避了价格风险、自然灾害等多重风险。该模式属闭环式控制模式，可有效控制资金、场地、种羊、技术、销售等关键因素，无风险、易操作、投资小。通过联保方式进行银行贷款解决加盟户在养殖前期筹措启动资金的压力，可以让老百姓零门槛创业脱贫致富。

从实践效果来看，产业发展信用贷无疑是兰考县金融扶贫的一项重大举措，不仅有效带动了建档立卡贫困人口脱贫增收，同时也加快了兰考县脱贫奔小康步伐，促进了县域产业经济发展。

3. 多渠道融资：资本市场助力脱贫攻坚

兰考县是证监会的9个定点扶贫县之一，在证监会的推动下，兰考在全国率先提出“金融扶贫”理念。在2016年国家扶贫日到来之际，雏鹰农牧与合作方联合发起设立中证中扶私募基金管理有限公司（以下简称“基金管理公司”），这标志着国内首个由上市公司主导的产业扶贫基金正式落户兰考。不同于以往的基金模式，该基金具有两大模式创新：首创上市公司主导、产业基金作为引导资金的商业模式；以产业带动长效扶贫，在国家扶贫攻坚战略的大背景下创新市场化运作模式。

基金管理公司的注册资本为5000万元人民币，股东包括中国扶贫开发服务有限公司（以下简称“中扶公司”）、隆平高科、中信农业、兰考龙迪投资管理中心（有限合伙）等。基金管理公司发起设立的中证中扶产业扶贫基金（以下简称“基金”）总规模不超过50亿元人民币，存续期20年。依托政府有关的扶贫政策导向，“基金”将投资于国务院有关部门认定的亟须精准扶贫的贫困县、片、区，聚焦于大农业、大旅游、现代服务业三大领域。该基金的设立按照“上市公司主导、市场化运作、规范管理、防范风险”的原则，基金发起设立、投资管理等均按照市场化独立运作、自主经营。基金落户兰考，是金融扶贫的又一创新举措。资本市场敢于担当，不断推动体制机制创新，通过上市公司带动、金融机构支持打造“金融扶贫”新模式，改革扶贫资金运行机制，在兰考脱贫攻坚中创造了不少“兰考经验”和“兰考模式”。同时，兰考县政府将积极引进上市公司主投参与当地的项目投资，并协调国开行、农发行等政策性银行通过对引进上市公司增信降低融资成本，促进实业公司积极参与项目投资，推动项目落地发展。

由上市公司主导产业扶贫基金，在兰考实施金融扶贫中具有独特的意义。一是充分利用上市公司的行业背景及专业优势，结合成熟的管理团队、先进的技术水平，深度发掘贫困地区优势资源，实现产业精准扶贫。同时，依靠基金管理公司的平台协调作用，可以整合政府、上市公司及专业金融机构的各方优势，借助基金管理团队的项目遴选及运营经验、资本运作能力，为项目的健康发展提供了“双保险”。在这个过程中，基金作为引导资金，提供资金支持，放大资金杠杆，同时调动整合多方资源，提供风险保障及增加项目退出通道选择，实现多方共赢。二是以产业带动长效扶贫，在准确领悟国家扶贫攻坚战略的前提下，创新市场化运作模式。不同于传统的“输血”式扶贫，基金是带着项目和资金扶贫，以产业驱动建立长效扶贫机制，精准帮扶建档立卡，实现人口精准扶贫；通过多产业协调互补，有效促进贫困地区的产业（如农业、旅游、加工业等）融合，发掘适合当地情况的优势资源和项目，实现产业精准扶贫。同时，“中扶公司”的参与确保了基金可以精准把握国家扶贫政策和投资方向，利用产业发展达到精准扶贫的目的。

4. “扶贫 + 保险”，探索扶贫风险保障新模式

除了上述三类金融扶贫模式之外，兰考还积极探索保险扶贫和两权抵押融资等形式，为产业发展积蓄力量和保驾护航。以保险扶贫为例，兰考县县财政拿出1000万元，对全县建档立卡的所有贫困人口的财产、人身、产业三大类进行投保，财产险主要针对农村住房进行投保，人身险主要针对所有年龄段贫困人口的意外伤害进行投保，产业险主要针对小麦、玉米、花生、水稻、棉花、大豆6类农作物及日光大棚、塑料大棚、鸭棚等贫困户财产进行投保，总保额达42.3亿元。同时，对扶贫企业、新型农业经营主体和农户发展产业的贷款实行保险，企业承担全部保费（贷款额度的3%）的40%、新型农业经营主体和个人承担全部保费（贷款额度的3%）的20%，其余部分由财政资金进行补贴。在贫困户或扶贫企业遭遇风险而无力偿还贷款债务的时候，保险公司在10个工作日后启动赔付程序，代贫困户或扶贫企业偿还贷款。此措施不仅降低了贫困户或扶贫企业的风险，同时也解决了银行担心的偿还不了贷款的问题，消除了银行的后顾之忧，为银行降低贷款门槛提供了可能性。而且中原银行承诺提高放款额度上限为保证金的15%，也就是说，企业最高单笔贷款额度可以达到150万元，将从根本上解决部分企业反映的贷款资金额度不够的问题。扶贫企业带动贫困户的模式也进行了改革创新，由贷款扶贫企业自选，目的就是发动各种力量，充分动员社会参与，带动贫困户发展增收。在扶贫攻坚中引入保险机制，真正做到了脱贫路上“零风险”。

兰考县天地鸭业项目是一个扶贫项目，该项目采用“政府 + 扶贫机构 + 公司 + 担保机构 + 银行 + 贫困农户”的产业化扶贫发展模式，由政府主

导，对符合条件的养殖户建设鸭棚验收合格后予以一次性补贴；金融机构利用龙头企业平台，为小区业主提供养殖生产所需的资金，担保公司为小区提供贷款担保；扶贫机构对符合条件的贷款户按政策予以利息补贴；公司是产品生产、流通的枢纽，养殖鸭棚（或小区）的建设模式由天地公司提供统一、经济、高效、实用的方案，统一组织实施，养殖大棚（小区）在“五统一”（统一供苗、统一供料、统一供药、统一防疫、统一收购）的条件下，从事安全畜牧养殖业生产；贫困农户按统一模式办理金融手续，建设鸭棚（小区），并在统一指导下负责生产管理。该模式把各参与单元有机地联系在一起，形成了一个风险共担、利益共享的共同体，最大限度地保护了养殖户（小区）的利益。

禾丰肉鸭产业化项目采用“政府+扶贫机构+公司+银行+农户”的产业化扶贫发展模式。按照政府主导、群众自愿的原则，农户自筹1万元，银行为贫困户提供贷款5万元建设养鸭大棚，政府对符合条件的养殖户建设鸭棚验收合格后予以一次性补贴2万元；扶贫办对符合条件的贷款户按政策予以利息补贴；公司是产品生产、流通的枢纽，鸭棚的建设由公司提供统一方案，统一组织实施，养殖大棚（小区）在“五统一”的条件下，从事安全畜牧养殖业生产；农户按统一模式办理手续建设鸭棚（小区）并在统一指导下进行生产管理。在该模式下，农户每出栏1棚肉鸭可获取5000—10000元利润，每年可出栏4—6批。全县已建成鸭棚1053座，预计到2020年建设鸭棚2000座，可直接带动2000户约5000人致富奔小康。

5.“两权”融资：探索农村多样化产权融资新模式

“两权”指的是农村土地承包经营权和宅基地使用权。农民凭借“两权”就可以从银行、农信社等金融机构贷款，解决许多农村小微企业的资金难问题。2015年12月27日，全国人大常委会决定，在北京市大兴区等 232 个试点县 (市、区)、天津市蓟县等 59 个试点县 (市、区) 分别开展农村承包土地经营权、农民住房财产权 (简称“两权”) 抵押贷款试点。这项决定在防范风险、遵守有关法律法规和农村土地制度改革等政策的基础上，赋予农村承包土地（指耕地）的经营权和农民住房财产权（含宅基地使用权）抵押融资功能，在农村承包土地的经营权抵押贷款试点地区，允许以农民承包土地的经营权抵押贷款；在农村住房财产权抵押贷款试点地区，允许以农民住房财产权抵押贷款。兰考县入选农民住房财产权抵押贷款试点，在兰考，农村“两权”抵押贷款获贷主体基本是农村新型经营主体。获贷主体集中，一方面，是因为适度规模经营带来承包土地经营权的集中，便于经营权的确认、评估及流转，使抵押成为可能；另一方面，说明银行更看重获贷主体的持续发展能力和第一还款来源。据《金融时报》2015 年 12 月 12 日报道，兰考县天裕蔬菜种植专业合作社从当地流转土地 1360 余亩，以种植、销售无公害蔬菜为主业，带动了当地 1000 多名农民就业，兰考县农信社为其发放了 300 万元的土地承包经营权抵押贷款。

四、兰考金融精准扶贫的成效

自 2014 年脱贫攻坚战打响以来，兰考县积极创新金融扶贫模式，科学谋划金融扶贫组织体系和政策体系，健全工作机制，实施金融助推精准扶贫、精准脱贫工程，取得了可喜的成绩。

（一）金融助力脱贫攻坚成效显著

兰考县坚持以脱贫攻坚统揽经济社会发展全局，充分发挥资本市场助推作用，同时积极发挥政府引导调节作用，为实现脱贫目标提供了强力支撑。在发挥市场基础作用方面，一是送资本市场知识下乡。在河南省证监局的大力支持下，兰考县2016年7月举办了“送资本市场知识下乡”活动，进一步发挥资本市场服务该县脱贫攻坚的作用，加强对企业管理人员资本市场知识的培训，促进企业规范运作，有力推动企业管理人员树立资本市场理念，促进兰考产业转型升级。同时，该县与中原股权交易中心签署了战略合作框架协议，为兰考企业在“四板”挂牌提供了有力保障。目前，兰考县35家企业在中原股权交易中心挂牌展示，在省直管县中排名第一。二是创新融资方式。兰考县采取市场化、专业化运作模式，坚持把提升资本运作能力作为改革突破口，破解融资难题，成立7个融资平台、2个担保公司和1家农业保险公司，完成一大批城市基础设施、乡村道路、棚户区改造等项目，2016年融资到位资金53亿元；获批全国首个普惠金融综合改革试验区，持续为“三农”、实体经济、县域发展提供有力金融支持；与相关金融机构合作，以基金形式搭建30亿元规模的投融资企业PPP股权合作新模式，为老城区改造、新规划区土地储备和扶贫搬迁提供了充足资金保障。三是探索金融扶贫模式。兰考县探索建立了政府主导、金融支持、风险保障、企业发展的金融扶贫模式，县财政先后拿出3000万元风险补偿金，为贫困户发放贷款3.23亿元，培育壮大小微企业和新型农业经营主体1093家，带动6000户贫困家庭增收脱贫。同时，引入保险机制，与中原农业保险合作，投入1000万元，撬动保险保障金42.3亿元，为建档立卡户提供财产、人身、产业保险服务，解决贫困群众产业发展的后顾之忧，做到脱贫路上“零风险”。2016年底开展设施农业保险承保土地5500亩、鸡棚621座、鸭棚1054座、羊棚96座。四是扶持企业上市。兰考县成立企业上市推进领导小组，负责协调、推进企业上市，用好用足相关政策，更好地服务该县脱贫攻坚工作。2017年，兰考县首家土生土长的“新三板”挂牌企业瑞华股份拟转主板，并申报IPO材料；博源股份于2017年1月11日挂牌“新三板”；河南沐桐环保公司已完成股份制改造，正积极谋求创业板上市；五农好、润野食品、万恒食品等35家企业在中原股权交易中心挂牌。作为标杆企业，瑞华股份每年收购农作物秸秆、树皮等农林废弃物30万吨，为当地农民创收8000多万元，在农林废弃物收储、运输等环节惠及农村产业链用工近千人。瑞华股份还出资百万元为兰考县许河乡107户特困户整修房屋院落，改善他们的居住环境，对引导该县企业通过资本市场快速发展壮大具有重要的示范和带动作用。五是推动上市公司注册地迁址兰考县。在证监部门的支持下，目前迁址至该县的“新三板”挂牌公司越来越多，在夯实该县脱贫攻坚的产业基础、促进产业结构调整、服务和改善民生等方面发挥了重要作用。目前，格林美、晓鸣禽业、恒大、杭萧钢构等上市公司入驻兰考县；从事“云服务”的慧云股份以及从事褐菇种植的奥吉特股份已将注册地变更为兰考县，拟在兰考实现主板上市。在积极支持兰考发展的同时，自身也借助资本市场快速做优做强。六是发挥资本市场机构合力作用助推脱贫攻坚。兰考县与中原证券、华信期货建立了“一司一县”结对帮扶机制，依托兰考县开设分支机构或组建专门团队，成立金融扶贫工作站，从资本中介服务、投资者教育、消费扶贫、教育扶贫等方面落实金融扶贫工作机制。中原证券捐资110多万元，支持坝头乡张庄小学改善教学食宿环境，支持兰考儿童走出去开阔眼界、树立远大理想；华信期货利用场外期权为孟寨乡蛋鸡养殖户稳定鸡蛋价格、保障稳定增收，并捐资30万元资助兰考60名学生上学；郑州商品交易所每年资助100名贫困学生完成大学学业，已累计投入150多万元。牧原股份等上市公司发起设立规模约50亿元的中证焦桐扶贫产业基金已完成注册，该基金整合上市公司、私募投资基金等各类资源，重点投向县域扶贫产业，通过专业化管理、市场化退出促进县域产业发展。目前，中证焦桐扶贫产业基金已与瑞华股份签订战略合作协议，在募集资金尚未到位的情况下，首期使用注册资金6120万元支持瑞华股份规范发展，为其顺利上市创造了良好条件。

在发挥政府引导调节作用方面，兰考县也积极为金融扶贫铺路。一是加强领导。自脱贫攻坚战打响以来，中央和省委高度重视兰考县脱贫工作。兰考县各级党委、政府和党员干部把思想和行动统一到中央关于脱贫攻坚的决策部署上来，把脱贫攻坚作为头等大事和第一民生工程来抓，出台专门实施意见和扶贫攻坚规划，选派专职工作队伍充实到全县所有贫困村，坚持“五天四夜”工作制，确保不脱贫不脱钩，帮助群众加快脱贫致富步伐，充分发挥了党的政治优势、组织优势和密切联系群众的优势，为脱贫攻坚提供了强有力的保证。二是把握要义。扶贫开发贵在精准，成败在于精准。兰考县按照“一进二看三算四比五议六定”六步工作法，扎实开展多轮排查摸底、督查联动、统筹认定等精准识别工作，明确了“扶持谁”的问题，打牢了精准扶贫的基础。兰考县建立县级领导联系贫困村制度，选派345名后备干部脱岗进驻115个贫困村，抽调335名优秀乡镇干部进驻非贫困村，对450名村党支部书记进行轮训，通过精准派人和全面覆盖，解决了“谁来扶”的问题，夯实了基层扶贫攻坚的主体责任。针对不同原因、不同类型的贫困户，制定了12项有针对性的具体帮扶政策，并在项目安排、资金使用和措施到户方面创新方式方法，确保所有建档立卡贫困户都能有相对稳定可靠的收入来源和增收渠道。通过精准施策解决了“怎么扶”的问题，提高了贫困群众的获得感和扶贫成果的可持续性。兰考县严格标准程序，按照户年人均纯收入稳定超过国家扶贫线和“两不愁三保障”的标准，逐户核算家庭收入等信息并进行公示公告，遵照贫困发生率、基础设施建设和基本公共服务达标率的要求，统筹考虑产业发展和集体经济情况，科学解决了“如何退”的问题，确保贫困户和贫困村退出过程和结果符合精准要求。三是加大投入力度。兰考县在全省率先建立

“先拨付、后报账，村决策、乡统筹、县监督”的资金分配运行机制，有效提高了扶贫资金的使用效率。创新金融扶贫模式，先后拿出 3000 万元风险补偿金撬动各类金融机构向贫困户发放贷款 3 亿元，并对已脱贫户通过信用评定争取银行贷款，提供政府贴息，有效解决了贫困户贷款难的问题，激发了自我发展的内生动力。县财政拿出 1500 万元，将贫困人口全部纳入重、特大疾病救助范围，切实缓解因病致贫的问题。对未脱贫户中的小学生每人每年资助 300 元、对初中生每人每年资助 1200 元、对高中生和中职中专学生每人每年资助 5000 元，阻止贫困代际传递。对兜底人员全部纳入低保，60 岁以下人员给予每年 1000 元的临时救助，保障其基本生活。此外，兰考县还申请并获批国家普惠金融改革试验区，入选财政部第三批政府和社会资本合作示范项目，创造股权合作新模式，为产业扶贫和县域发展提供了充足的资金保障。

兰考县坚持政府推动、市场拉动、金融撬动，通过县扶贫领导小组、县直部门、乡镇领导班子、驻村工作队和贫困农户“五级联动”，层层落实帮扶责任，形成了脱贫攻坚的强大合力。兰考县创立政府主导、金融部门参与、上市公司带动的“三位一体”金融扶贫模式，金融资本已成为推动兰考县脱贫发展的重要驱动力量。

（二）形成了乡村金融服务体系建设的有效模式

为实现稳定脱贫目标，兰考县大力开展金融产品和服务体系创新建设。一是推进产品和融资模式创新建设。引导银行业机构积极与兰考县政府、工商联、商会、行业协会等开展合作，探索通过 PPP、政府采购、发债等方式为县域发展提供融资支持。针对兰考县特色产业、核心客户上下游供应链业务等，创新推出合适的产品和服务。积极创新小微企业流动资金贷款服务模式，推行“无间贷”等免还本续贷金融产品，以更好地满足小微企业资金需求。二是推进担保方式创新建设。探索土地承包经营权、宅基地使用权、林权、大型农机具等为标的的抵押贷款业务，并积极与兰考县农村产权交易中心合作，在全辖区筛选优质客户，稳妥推进试点，有效弥补当地农户和小企业担保能力的不足。加强与专业担保公司、保险公司的合作，充分利用农业保险产品，为涉农和小微企业拓宽融资担保渠道。加强与县政府的沟通协作，建立贷款风险补偿基金，为银行支持小微企业及涉农企业发展提供风险保障。三是推进金融环境改善建设。积极推动社会诚信文化建设。各机构应依法合规开展债权清收化解，积极争取地方政府、司法部门在起诉、判决、执行方面的支持，严厉打击金融犯罪活动和逃废银行债务行为。开展宣传教育增强公众信用意识，构建信用激励与惩罚机制，逐步形成“守信受益、失信惩戒”的氛围。同时协调市县两级政府建立信贷投放风险补偿机制，建立和发展担保机构，设立小微企业贷款风险补偿基金，缓释金融风险，增强银行服务小微企业和“三农”的主动性和积极性，促进县域经济健康发展。

加强金融综合服务体系建设是促进兰考县稳定脱贫的重要举措。兰考县坚持以金融服务体系为翘板，深入推进稳定脱贫奔小康的工作，成效突出。在金融扶贫贷款情况方面，截止到 2017 年 6 月 14 日，根据银行机构提供的数据以及各乡镇（街道）核实统计的数据来看，当前，兰考县“三位一体”“四位一体”“小额信贷”等金融扶贫贷款项目共放款 2625 笔 29131.77 万元，其中为贫困户放款 2319 笔 12184.9 万元，占总放款笔数的 88.34%、总放款额的 41.83%（占全县建档立卡贫困户数的 10.51%），为企业（个人）放款 306 笔 16946.87 万元，占总放款笔数的 11.66%、总放款额的 58.17%。在金融扶贫贴息方面，自 2015 年开展“小额信贷”项目以来，共为金融扶贫贷款贫困户贴息 592 户 118.41 万元，占贷款贫困户数的 25.53%；自 2017 年开展“三位一体”“四位一体”项目以来，共为金融扶贫贷款企业（个人）贴息 12 家 43.66 万元，占企业（个人）贷款数的 3.91%。在金融扶贫贷款企业（个人）履行扶贫义务情况方面，自 2015 年以来共有 129 家企业（个人）履行扶贫义务，为推荐乡镇（街道）捐赠扶贫资金或带动贫困户发展，其中有 66 家企业（个人）捐赠扶贫资金 360 万元，有 63 家企业带动 366 人建档立卡贫困户发展，占企业（个人）贷款总数的 42.16%。通过实施金融扶贫，培育壮大了小微企业和合作组织，尽最大可能实现了家门口多人群就业，助推了大众创业、万众创新，增强了产业集聚优势，加速了脱贫奔小康的步伐。

在脱贫奔小康的道路上，兰考县不断加大对金融扶贫工作的推进力度，以创建国家普惠金融改革试验区为契机，寻求金融支持县域发展新途径。改革创新是破解发展难题的根本途径，是打赢脱贫攻坚战的强大动力。兰考县虽然脱贫摘帽了，但是兰考人深刻体会到，脱贫不是目的，小康才是目标，兰考县与全面建成小康社会的目标还有不小差距。在稳定脱贫奔小康的新征程中，兰考县将进一步解放思想、开拓创新，充分利用金融扶贫这一创举，努力破解“瓶颈”，着力补齐“短板”，努力与全国同步实现全面小康。

第八章 拓展精准扶贫新方式

改革开放以来，中国政府主导的开发式扶贫中，形成了专项扶贫、行业扶贫与社会扶贫等丰富多样的扶贫工作模式。多样化的扶贫方式和手段，使中国的农村贫困治理取得了显著成效。随着国家宏观经济社会发展以及新阶段农村贫困状况的演进变化，传统扶贫方式和手段在发挥减贫效益的同时，问题与挑战逐渐显现，越来越难以适应经济社会发展新形势与新情况，需要在认真总结经验的基础上，突破传统扶贫模式的不足，创新扶贫模式。特别是在精准扶贫战略下，需要借助经济发展新业态、新机遇与民生事业发展新政策，不断创新扶贫方式，重新构筑贫困人群利益保护与增长机制，实现贫困人群可持续脱贫。

兰考县作为国定扶贫开发工作重点县以及国家连片特困地区重点县，具有农业基础设施薄弱、工业化程度低、城镇化水平不高、农村社会事业发展滞后、贫困人口致富能力差等典型特点。党的十八大以来，兰考县在推进精准扶贫精准脱贫过程中，同样面临传统扶贫方式的局限与不足，特别是剩余贫困人口集中表现在因病、因残致贫以及缺乏劳动力等方面，传统扶贫方式难以有效惠及这部分贫困人口。为此，兰考县在推进县域经济发展与农村精准扶贫过程中，根据党和政府的政策引导，结合地方实际，探索了一批新型农村扶贫方式，包括电商扶贫、资产收益扶贫、信息化扶贫、特殊群体扶持等，不仅有效弥补了传统扶贫方式的不足和局限，也有利于开创新时代富有中国特色的农村扶贫开发道路模式。

一、探索电商扶贫实践模式

近年来，伴随着互联网的普及以及农村基础设施的逐步完善，中国农村电子商务发展迅速，交易量持续保持高速增长，已成为农村转变经济发展方式、优化产业结构、促进商贸流通、带动创新就业、增加农民收入的重要动力。2015 年，国务院扶贫办将电商扶贫列入精准扶贫十大工程之一。电商扶贫这一扶贫新手段、新方法，逐渐受到扶贫工作者以及研究者的探索和关注。随后，国家陆续出台了一系列加快电商发展的政策，包括《国务院办公厅关于促进农村电子商务加快发展的指导意见》《国务院扶贫办关于促进电商精准扶贫的指导意见》等。同时，各地、各级政府也出台了相应的地方性政策，推动农村电商发展以及电商扶贫的实践创新。据统计，2015 年全国农村网购较上年增长了 96%，农产品网销增长超过 70%，农村电商点达到 25 万个。① 电商扶贫作为一种将扶贫开发与互联网深度融合的新型业态，已经成为深化扶贫攻坚、实施精准扶贫的重要路径之一。通过大众创业、万众创新，发挥市场机制作用，加快农村电子商务发展，把实体店与电商有机结合，使实体经济与互联网产生叠加效应，有利于促消费、扩内需，推动农业升级、农村发展、农民增收。可以说，电商扶贫不仅是精准扶贫的重要载体，同时也是转变农业发展方式的重要手段。

（一）兰考电商扶贫的政策背景

2015 年初，为推动实施精准扶贫战略，国务院扶贫办提出将实施整村推

---

① 汪向东：《农村电商的新进展和新趋势》，《南方农村报》2016 年 7 月 20 日。

进工程、职业教育培训工程、扶贫小额信贷工程、易地扶贫搬迁工程、电商扶贫工程、旅游扶贫工程、光伏扶贫工程、构树扶贫工程、贫困村创业致富带头人培训工程、龙头企业带动工程 10 项扶贫工程。其中，电商扶贫工程将按照“有上网技术条件、有产业开发基础、有村级站点、有物流条件、有积极性”的标准选择试点村，通过在贫困村设立电商扶贫实验基地、采取“平台 + 园区 + 培训”等方式，整合贫困地区优势产品、对接市场。同时，国家将安排专项资金扶持农村电商发展，重点向建设县、乡、村三级物流配送体系倾斜，培育农村电商环境，鼓励带动更多社会资本进入。

随后，国务院办公厅发布《关于促进农村电子商务加快发展的指导意见》，提出深化农村流通体制改革，创新农村商业模式，培育和壮大农村电子商务市场主体，加强基础设施建设，完善政策环境，加快发展线上线下融合、覆盖全程、综合配套、安全高效、便捷实惠的现代农村商品流通和服务网络的指导思想，以及 2020 年初步建成统一开放、竞争有序、诚信守法、安全可靠、绿色环保的农村电子商务市场体系等工作目标。2016 年，结合农村电商发展状况以及在推进电商扶贫过程中存在的问题，国务院扶贫办发布《关于促进电商精准扶贫的指导意见》，要求进一步创新扶贫开发体制机制，将电商扶贫纳入脱贫攻坚总体部署和工作体系中，实施电商扶贫工程，推动互联网创新成果与扶贫工作深度融合，带动建档立卡贫困人口增加就业和拓宽增收渠道，加快贫困地区脱贫攻坚进程。在总体目标上，国家提出“逐步实现对有条件贫困地区的三重全覆盖”，即对有条件的贫困县实现电子商务进农村综合示范全覆盖、对有条件发展电子商务的贫困村实现电商扶贫全覆盖以及第三方电商平台对有条件的贫困县实现电商扶贫全覆盖。要求到 2020 年在贫困村建设电商扶贫站点 6 万个以上，约占全国贫困村 50%；扶持电商扶贫示范网店 4 万家以上；贫困县农村电商年销售额比 2016 年翻两番以上。2017 年，中央一号文件再次专门指出推进农村电商发展的工作要求。文件提出促进新型农业经营主体、加工流通企业与电商企业全面对接融合，建立健全农产品电商发展标准体系，支持电商平台和乡村电商服务点建设，加强从村到乡镇的物流体系建设，实施电子商务进农村综合示范，鼓励地方规范发展电商产业园，实施信息进村入户工程，完善全国农产品流通骨干网络，构建公益性农产品市场体系，加强物流基础设施网络建设，推进“互联网+”现代农业行动等一系列工作目标和要求。

2015年6月，兰考县入选河南省第二批电子商务进农村综合示范县，在电子商务创业就业、农村物流配送、农特产品网销品牌培育、发展资金等方面得到了省级层面的大力扶持。县委、县政府以此为契机，结合地区实际，运用“互联网+”的思维，在原有电商发展的基础上，通过开放招商，招大引强，认真做好县域电子商务产业发展，并将发展农村电子商务与县域经济社会发展以及精准扶贫精准脱贫相结合，制定了“12316”的电子商务进农村发展目标。其中，“1”即建成一个区域标志性电子商务中心；“2”即依托“万村千乡”市场工程、邮政物流、新华书店等现有流通网络，积极引进国内物流领军企业，至少建设两家适应农村电商发展的县乡村三级物流配送中心，打通农村电子商务“最后一公里”；“3”即引进3个投资规模在亿元以上的“OTO”线下生产、线上销售一体化的特色电商孵化园；“1”即有效培训农村电商骨干1万人次；“6”即培育6家电子商务销售额超过500万元的示范企业。拟通过1—2年时间，推进兰考县形成应用普及广泛、支撑体系全面、配套服务完善、产业相对集聚的农村电子商务发展格局，实现兰考县电子商务“引领中原、示范河南、享誉全国”的发展目标。

（二）兰考电商扶贫的探索实践

2016年初，入选河南省第二批电子商务进农村综合示范县以后，兰考县根据《国务院办公厅关于促进农村电子商务加快发展的指导意见》等有关文件精神以及河南省商务厅、财政厅《关于支持兰考县和扶沟县开展省级电子商务进农村综合示范工作的通知》《关于做好2015年电子商务进农村综合示范有关工作的通知》等文件要求，结合地区农村电商发展的实际，制定了《兰考县电子商务进农村综合示范工作实施方案》，提出了兰考县农村电子商务发展的工作思路、工作目标、总体规划、重点工程以及实施步骤和重点示范项目的实施内容等。随后，兰考县组织开展了全县范围内农村电子商务基本情况调查，对本地特色农产品、手工艺品、工业品、旅游等产业发展规模以及特色产业市场覆盖面、市场占有率以及从事电商的企业、人员、重点网销产品、交易额、本地网购金额等情况进行了摸底。根据《国务院办公厅关于加快电子商务发展的若干意见》《商务部"十二五"电子商务发展指导意见》《河南省人民政府关于加快电子商务发展的若干意见》精神，兰考县制定了《兰考县人民政府关于加快农村电子商务发展的实施意见》，内容涵盖了发展规划、扶持政策、平台监管、人员培训等电子商务产业发展的配套政策及优惠措施，从顶层设计层面为农村电商发展以及电商扶贫提供了政策支持和行动指南。

基础设施尤其是网络基础设施的建设与完善对于电子商务发展起到基础性作用。兰考作为中部贫困地区，农村电子商务发展仍处于起步阶段，基础设施建设滞后，缺乏统筹引导，贫困群众网上交易能力较弱，影响了农村贫困人口通过电子商务就业创业和增收脱贫的步伐。为优化电商发展环境，兰考县重点依托电信、联通、移动三大网络运营商，加快固网通信市场和移动通信市场的基础设施建设，进一步提高农村宽带普及率和无线网络覆盖水平，推进光纤进村入户。在基础网络建设等方面，对农村居民给予一定优惠，以方便农民网上购物、网上创业，支持农村电子商务经营主体发展。同时，电商基础设施建设还包括电商平台的建设。一方面，兰考县规划建设了2.3万平方米的电商大厦，致力于打造“一中心、四园区”的电子商务生态体系，即兰考县（电子商务）综合服务中心、兰考县电子商务创意园、兰考县同乐居家具电商产业园、兰考县电子商务物流园、中部家居网络科技示范园，为企业和创业者提供全方位、一站式服务。另一方面，兰考县引进了阿里巴巴、恒大微购、乐村淘、云书网、苏宁等多家电商平台企业，推动商业综合体和电商融合，以打造线上购买支付、线下消费体验有机融合的一体化新兴业态。

农村电商人才不足也是阻碍电商发展以及参与扶贫工作的重要原因之一。据2015年10月阿里研究院与淘宝商学院联合发布的《县域电子商务人才研究微报告》显示，未来两年县域网商对电商人才的需求量将超过200万人。[①] 在电商人才建设方面，兰考县更加注重产业的可持续发展，在积极引进高端人才的同时，也注重加强电子商务知识的培训引导，宣传推广电商发展的成功经验，并以大学毕业生、返乡创业人员和农民为重点，培育一批电子商务创业带头人，不断壮大电商队伍。2017年，河南省政府也在全省启动了农村电商技能人才培训三年行动计划，针对农业合作社的领办人、职业农民、就地和返乡创业的大学生等对象进行培训，以进一步推动农村电商的发展。

此外，在农村新型流通体系建设方面，兰考县依托农村三级流通体系建设和乡村配送服务网点建设，构建了具备“工业品下乡”和“农产品进城”双向流通功能的农村新型流通体系，解决了农村电商发展“最后一公里”问题。在培育农村电商经营主体、探讨解决农产品上行方案等方面，兰考县积极与淘宝、阿里巴巴等知名电商平台企业开展合作，通过建立“兰考馆”方式，拓展销售渠道，提高兰考特色产品的知名度，并鼓励引

① 吴昊男、高光涵、李晚莲：《电商扶贫工程实施中的困境探究及其脱困对策——基于武陵山区溆浦县的实地调查》，《农村经济与科技》2017年第3期。

导本地农业龙头企业在第三方平台开设旗舰店，培育兰考农副产品网销品牌等。

2016年，兰考县完成线上销售额1.64亿元，电商指数达到3.848，全国排名第388位，河南省排名第12位，在832个国家级贫困县排名前十。与此同时，发展农村电商不仅有助于传统农业产业的提升改造，也为农村扶贫工作提供了新的思路，逐渐成为精准扶贫精准脱贫的实施载体。兰考县在推进农村电商发展过程中，也将电子商务作为实施精准扶贫、促进群众增收致富的创新举措。通过立足特色优势资源禀赋，积极搭建网络营销平台，鼓励贫困户、农村青年发展电子商务，全力打造经济发展新引擎，实现了从"输血"到"造血"的转变。以乐村淘电子商务有限公司为载体，完成乡镇电商体验店布点226家，营业额上升明显，优化了特色农产品供应链条。以兰考特色农副产品为核心，加强花生、大枣、食用菌、有机蔬菜、葡萄、小杂果、小杂粮、家具、古筝、琵琶等资源的整合，降低供应链的运营成本，积极开展C2B反向定制、O2O线上线下一体化发展等电子商务模式，不断为群众创利创收。由此，兰考县初步走出了一条农民增收、就业增加的"电商扶贫"新路子。同时，鼓励在外工作人员回乡创业，将先进思想、知识、经验带回家乡，带动村民致富。例如，闻名全国的兰考县"山药姑娘"潘春婷，通过土地流转，种植了180亩无公害山药，产品以实体店和网店双向的销售模式，实现产品供不应求。2016年2月12日，《人民日报》刊登了她的创业故事。

二、创新资产收益扶贫应用方法

2015年以来，资产收益扶贫开始出现在国家扶贫开发政策的顶层设计中。资产收益扶贫的实质是资产资本化扶贫，就是让贫困人口充分利用既有资源、资产，以入股或委托方式参与产业发展，成为股东或“收租公”，获取分红或租金，从而享受到产业发展的成果。[①]作为一种新兴的资本投资扶贫形式，资产收益扶贫结合了财政支农资金使用和农村集体产权制度改革，不仅有助于重构农村产权制度，增加农民财产性收入和工资性收入，也打破了以往资本投入利用的固有形式，对于贫困人口特别是丧失发展能力的特困户脱贫致富具有积极意义，也有助于以精准扶贫推进共享发展目标的实现。目前，四川、湖南等省份已经开始探索实施资产收益扶贫新模式，主要是利用财政专项扶贫资金或部分支农资金作为贫困人口的股份，参与专业大户、家庭农场、农民合作社等新型经营主体和龙头企业、产业基地的生产经营和收益分红，以增加贫困人口的财产性收入。兰考县开展精准扶贫精准脱贫以来，也将资产收益扶贫作为新的扶贫方式，探索了光伏扶贫、扶贫资金入股企业、合作社分红以及集体资源折股开发等具体扶贫举措和实践。

（一）兰考资产收益扶贫的政策背景

2015 年 10 月 29 日，“资产收益扶贫”首次出现在《中共中央关于制定国民经济和社会发展第十三个五年规划的建议》中，指出资产收益扶贫主要针对自主创收能力受限制的农村贫困人口，目的在于把细碎、分散、沉睡的各种资源要素转化为资产，整合到优势产业平台上，扩展贫困人口生产生存空间，让其享受到优质资源，实现脱贫致富。2015 年 11 月 29 日，《中共中央、国务院关于打赢脱贫攻坚战的决定》(以下简称《决定》)明确提出了探索资产收益扶贫的新要求。《决定》指出，在不改变用途的情况下，财政专项扶贫资金和其他涉农资金投入设施农业、养殖、光伏、

① 新浪网：《肖万春：资产收益扶贫是特困户脱贫的根本途径》，http://news.sina.com.cn/o/2016-06-23/doc-ifxtmses0814791.shtml，2016 年 6 月 23 日。

水电、乡村旅游等项目形成的资产，具备条件的可折股量化给贫困村和贫困户，尤其是丧失劳动能力的贫困户。资产可由村集体、合作社或其他经营主体统一经营。并要求强化监督管理，明确资产运营方对财政资金形成资产的保值增值责任，建立健全收益分配机制，确保资产收益及时回馈持股贫困户。同时，支持农民合作社和其他经营主体通过土地托管、牲畜托养和吸收农民土地经营权入股等方式，带动贫困户增收。贫困地区的水电、矿产等资源开发，赋予土地被占用的村集体股权，让贫困人口共享资源开发收益。

2017 年 7 月，财政部、农业部、国务院扶贫办联合印发了《关于做好财政支农资金支持资产收益扶贫工作的通知》，针对当前资产收益扶贫工作中存在的对贫困户带动作用小、获益少等问题，提出了因地制宜、稳步推进，产业为本、注重实效，加强引导、强化风控，完善制度、规范运行的“四大基本原则”，以及立足优势产业选好项目，严格选好实施主体，注重形成物化资产，实施差异化扶持政策，切实保障贫困户收益，适时开展动态调整的“六大实施环节”，并实施“五大保障措施”，即加强组织领导，强化风险防控，严格监督管理，健全激励机制，营造良好氛围等，以进一步推进贫困地区资产收益扶贫工作，增强贫困群众的获得感。

目前，结合各地在实践中探索的资产收益扶贫方式来看，资产收益扶贫中的资产类型十分多样化，包括社会自然资源、农户和村集体自有资源或权益、扶贫或其他资金直接投资以及扶贫或其他资金投资生产设施和不动产等，并形成了项目资产折股量化给贫困户、资产托管或入股、分享资源开发收益三种主要实践模式。[①] 兰考县在精准扶贫过程中，一方面组织开展了村庄清产核资工作，以摸清村庄内资产总量结构，明晰村集体产

① 新浪网:《肖万春：资产收益扶贫是特困户脱贫的根本途径》，http://news.sina.com.cn/o/2016-06-23/doc-ifxtmses0814791.shtml，2016 年 6 月 23 日。

权，鼓励和支持村集体利用闲置或低效使用的集体财产进行经营获益，通过依法改造、发包租赁、入股联营等方式盘活存量，并允许村集体在符合土地利用总体规划和土地整治规划的前提下，依据土地确权情况，整理开发村集体路边、渠边、河边、房边等空闲地和荒滩、荒地、坑塘等资源，增加的水、土资源由村集体经济组织经营管理，依法通过开发、发包或租赁等方式获取集体经济收益。另一方面，鼓励村集体受农户委托统一组织土地流转，支持村集体将群众自愿流转的土地（不含建设用地）或房屋，进行反租倒包，或由村集体投资兴建标准化厂房、开办集贸市场、建设仓储物流等物业设施，通过自主经营、发包经营、联合经营等形式增加集体收入。

（二）兰考资产收益扶贫的探索实践

从地理环境来看，兰考县属于暖温带大陆性季风气候，四季分明，温度适中，光照充足，年均日照时数 2075h，年太阳辐射量 4950MJ/m^2，光能等自然资源较为丰富。同时，伴随国家精准扶贫精准脱贫迅速推进，大规模扶贫资源进入农村，特别是兰考县创新扶贫财政资金管理使用办法，将到户增收资金使用权下放到村一级单位，为贫困村创新扶贫方式提供了良好的制度环境和基础。为此，兰考县结合地区实际，充分利用光能等自然资源和扶贫资金，探索了光伏扶贫、扶贫资金入股分红、扶贫贷款入社分红等资产收益扶贫方式，不仅提高了扶贫资源的开发和利用效率，也为提高贫困农户内生发展动力以及壮大村集体经济发展提供了重要契机。

第一，光伏扶贫收益共享。光伏扶贫是资产收益扶贫的一种重要方式，对于增加贫困人口资产、帮助其脱离贫困具有重要意义。光伏扶贫主要是在住房屋顶和农业大棚上铺设太阳能电池板，“自发自用、多余上网”。由于光伏发电具有清洁环保、技术可靠、收益稳定等特点，既适合建设户用和村级小电站，也适合建设较大规模的集中式电站，还可以结合农业、林业开展多种“光伏 +”应用。因此，在光照资源条件较好的地区因地制宜开展光伏扶贫，既符合精准扶贫精准脱贫战略，又符合国家清洁低碳能源发展战略；既有利于扩大光伏发电市场，又有利于促进贫困人口稳收增收。2015 年，国务院扶贫办将“光伏扶贫”作为确定实施的“十大精准扶贫工程”之一。

兰考县自 2016 年开始探索通过光伏扶贫增加贫困户收益和壮大村集体经济。按照国家和省级政策规划部署，结合兰考县经济社会发展状况、土地利用规划、贫困村和贫困户规模与分布、交通运输条件、能源资源和电源结构等基本条件，县委、县政府决定采取以集中式为主、村级和户用为辅的光伏扶贫方式，开展 2016—2017 年光伏扶贫工程，将全县贫困人口纳入光伏扶贫计划中，共扶持 72132 人，贫困户 22071 户。同时，由于兰考县内大多数贫困户房屋承重能力差，村集体无荒滩、荒地，且村集体建筑面积小，兰考县确定采用“光伏 + 发电站”为主、村级和户用为辅的建设形式。在实施光伏扶贫工程中，兰考县将扶持对象分为两类：一是无劳动力、无资源、无稳定收入来源的建档立卡贫困户；二是无集体经济收入或集体经济薄弱、资源缺乏的贫困村。

2016 年 8 月，兰考县政府与森源电气签订了《光伏扶贫项目合作协议》，由该公司承建光伏扶贫项目。项目总投资 48.6 亿元，分两期进行。其中，一期装机容量 31.5 兆瓦，投资约 3.05 亿元。包括为 6200 户安装户用分布式光伏发电项目，每户装机规模 5 千瓦左右，总容量 31 兆瓦左右，规划投资 3 亿元左右；在全县各乡镇建成不低于 15 个村级分布式光伏扶贫发电项目，每个村级分布式光伏发电系统装机规模 30 千瓦左右，总容量 450 千瓦左右，规划投资 450 万元左右，重点建在村室、文化大院、学校等房顶。二期装机容量 455 兆瓦，投资约 45.5 亿元。包括建设村级小型光伏电站，每个村级小型光伏电站规模控制在500千瓦以下，总容量60兆瓦左右，规划投资6亿元左右；在具备条件的乡镇建设集中式光伏扶贫电站项目，采取农光、渔光、牧光、林光互补等多种形式，按照每个贫困户（安装户采用分布式光伏发电系统的贫困户除外）对应25千瓦的项目规模标准，总容量395兆瓦左右，规划投资39.5亿元左右。户用分布式光伏发电系统、15个村级分布式光伏扶贫发电项目建设资金由兰考县人民政府统筹整合使用财政专项扶贫资金、银行贴息贷款资金、企业捐助资金、贫困户自筹资金等在内的各类资金用于项目建设；户用分布式光伏扶贫项目需要的银行贷款，由县政府协调贫困户委托森源电气办理，由森源电气统筹使用、统贷统还。按照合作协议，企业对光伏扶贫设备保质、保量，确保设备正常使用运行周期不低于20年，在每户装机不低于5千瓦的前提下，确保每户年收益不低于3000元。

为推进光伏扶贫项目发展，兰考县成立了光伏扶贫项目领导小组，统筹协调光伏扶贫项目建设工作，做好项目的跟踪服务，负责解决项目推进和建设中出现的各种问题，为光伏扶贫营造良好的投资建设环境。截至2018年底，兰考县6070户户用分布式发电系统完成5522个，正在施工522个；第一批16个村级电站已全部完成，第二批99个村级电站正在施工90个；移交电力公司5945户，完成并网2845户。确保每个贫困户有3000元的收入，每个贫困村稳定实现2万—3万元的集体收入，全县有集体收入的村增加到180个，收入最高的达到400余万元。

第二，扶贫资金入股分红。兰考县作为河南省综合实验示范县，首次尝试把到户增收资金使用权下放到村一级单位，“到户增收资金”给精准扶贫的“滴灌管道”注入了活水。而如何运用好这笔扶贫款，让源头之水活起来，特别是如何保障扶贫效益惠及最贫困人群身上，并实现长效稳定脱贫，这些成为村级扶贫资金使用过程中最大的难题。

面对扶贫资金使用“瓶颈”，兰考不断创新扶贫资金使用模式。在村级层面，多个贫困村采取了扶贫资金入股企业的方式，将农户到户增收资金集体打包，入股到一些前景好、规模效益佳的企业，通过分红的方式实现农户扶贫资金持续性的保值增值。同时，为防止企业出现亏损而导致农户利益受损，兰考县也做好了风险把控，即县检查、审计等部门对企业进行相应的资产评估。具体来看，一些村庄均采取打包入股的方法，由贫困农户自愿填写申请表，村干部负责将到户增收资金从农户手里收过来，打包交到乡财政，再由乡镇财政部门组织企业和农户之间签订入股分红合约。扶贫资金集体打包入股分红的方式，既能够实现贫困农户特别是一部分极贫人口的生计可持续，又能够为地方企业发展提供资金支持，同时还能够为企业壮大发展、吸纳地区劳动力转移奠定基础，实现了贫困农户、企业与其他农户的共赢、共享和发展。[①] 位于爪营乡的栗西塑钢断桥中空玻璃加工厂，有市场、有技术，就是缺少发展资金，通过村民决议，25 户贫困户利用 10 万元的扶贫资金，以每户 4000 元的额度入股到玻璃厂。由此以来，玻璃厂正式运转起来，贫困户成为股东，不仅年底能够得到一笔分红，有一定劳动能力的贫困户还能到厂子里打工赚钱。同时，由于扶贫资金由村集体打包入股，贫困户也由原来的扶贫“与己无关”转变为“以我为主”，极大地调动了贫困人口扶贫参与的积极性、主动性和创造性。而一些企业也返还村集体一定的分红利益，这为壮大村集体经济、发展村庄公益事业奠定了坚实的基础。

扶贫贷款入社分红。在探索资产收益扶贫过程中，除对光伏等资源开发以及扶贫资金资本化扶贫以外，兰考县还探索了农户扶贫贷款入股村集体合作社的方式。通过整合贫困户到户资金以及扶贫免息贷款等现金资

---

① 根据兰考县实地调研资料整理。

源，入股到村级合作组织，立足村庄实际，发展本村农业产业，并探索扶贫资金的循环使用，既激发了村庄内生动力，增加了村集体资产，又解决了村庄产业发展的资金难题，提高了扶贫资金的使用效率。

兰考惠安街道办的何寨村，在精准扶贫过程中探索出“合作社＋贫困户”的资产收益扶贫模式。即对无劳动能力的贫困户，实行贴息贷款入股入社、利润分红的脱贫方式。在政府扶持下，何寨村成立了种植合作社，利用到户增收资金，按“三无”贫困户每户10000元的标准，让贫困户入社参股分红，股金还归村集体。农户与村委会签订承诺书，等他们脱贫后，扶贫项目资金所占股权将转让给其他需要帮助的贫困户，让扶贫资金得到循环使用。

仪封乡代庄村党支部书记代玉建2014年就带头创办了怡心农民合作社，以“引导群众走共同发展、共同富裕的道路”为宗旨，并承诺将合作社20%的收入作为村集体经济收入，用于发展村内公益事业。兰考县精准扶贫实施以来，他带领村“两委”成员以合作社为平台，先后推出了苗圃基地建设项目、林下养鹅、日光温室、水产养殖等项目，并试行探索了农民土地经营风险担保制度、土地托管制度，以怡心合作社为品牌，努力打造绿色有机农业。2015年，合作社盈利23万元，第一批入社的60户社员户均分红3800元。已经多年没有集体收入的代庄村，年底实现收入6万元。

三、加强信息化扶贫能力建设

信息化扶贫逐渐成为当前精准扶贫精准脱贫过程中一种全新的扶贫方式，特别是伴随当前物联网、移动互联网等新一代信息技术的迅速发展，信息化能力成为一种促进城乡区域和经济社会协调发展的重要资源，利用信息技术优势，实现对贫困村和贫困户的精准识别、精准匹配、精准帮扶与精准管控，将为精准扶贫助力提速。基于此，兰考县也进行了信息化扶贫的有效实践，探索出手机 App 服务平台——致富通以及以农村智慧无线网络为基础的信息化扶贫解决方案。

（一）兰考信息化扶贫的政策背景

现代人的生活、工作、人际交往都与“信息”密不可分。当前，以信息技术为代表的新一轮科技革命方兴未艾，互联网日益成为创新驱动发展的先导性力量。以数字化、网络化、智能化为特征的信息化浪潮，代表了新的生产力和发展方向，推动人类认识世界、改造世界能力的空前提升，也深刻改变着人们的生产生活方式。进入 21 世纪特别是党的十八大以来，中国信息化建设取得长足进展。网民数量、网络零售交易额、电子信息产品制造规模已居全球第一，一批信息技术企业和互联网企业进入世界前列，形成了较为完善的信息产业体系。信息技术应用不断深化，“互联网 +”异军突起，经济社会数字化网络化转型步伐加快，网络空间正能量进一步汇聚增强，信息化在现代化建设全局中引领作用日益凸显。

贫困地区由于经济落后、地理环境复杂、基础条件差、消费潜力薄弱等诸多因素，信息化普及率不高一直是普遍存在的难题。在扶贫领域，早在 2011 年《中国农村扶贫开发纲要（2011—2020 年）》中，国家就已经提出要“建立扶贫开发信息系统”。2013 年，《关于创新机制扎实推进农村扶贫开发工作的意见》进一步提出要“建设全国扶贫信息网络系统”，加快扶贫开发信息化建设步伐，构建全国扶贫开发信息化平台，推动扶贫开发体制机制创新。2014 年国家提出精准扶贫机制以后，国务院扶贫办针对各级扶贫开发部门与相关行业部门尚未形成信息共享和业务协同机制；扶贫开发信息公开程度较低，无法充分发挥社会力量对扶贫工作的参与和监督作用的现状和问题，制定了《全国扶贫开发信息化建设规划》，以加强全国扶贫开发信息系统的顶层设计，统筹规划全国大扶贫信息化体系。《中共中央、国务院关于打赢脱贫攻坚战的决定》明确提出实施“互联网 +”扶贫行动，提出要把握信息化步伐加快的大趋势，加强信息基础设施建设，尽快缩小贫困地区与其他地区的“数字鸿沟”，以“互联网 +”推动新的扶贫变革。信息化不仅仅作为一种扶贫手段，更是贫困地区实现脱贫发展的主要推动力。

2016 年 7 月，中共中央办公厅、国务院办公厅印发了《国家信息化发展战略纲要》，指出适应和引领经济发展新常态，增强发展新动力，需要将信息化贯穿国家现代化进程始终，加快释放信息化发展的巨大潜能。2016 年 9 月，河南省扶贫办发出《关于做好全国扶贫开发信息系统推广使用工作的通知》，提出依据全国扶贫开发信息系统，对于支撑扶贫对象动态管理、信息采集、完善建档立卡工作体系，实现精准帮扶和管理等，具有重要的基础性、先导性作用。依托这一系统，在进行扶贫对象动态管理的基础上，开展扶贫资金管理、项目管理工作，实现扶贫对象识别、帮扶和脱贫的全过程信息化管理。2017 年 7 月，河南省委办公厅、省政府办公厅联合印发贯彻落实《国家信息化发展战略纲要》的实施意见，为河南省未来十年信息化发展制定了“规划图”和“施工图”。实施意见围绕增强信息化发展能力、提升信息化应用水平、优化信息化发展环境三大任务，提出了 60 项具体措施，描绘了一幅信息设施高效泛在、信息产业领先强大、信息服务普惠均等的美好蓝图。

兰考县在推进精准扶贫精准脱贫过程中，十分注重信息化扶贫的重要意义。2014 年 3 月，习近平总书记视察兰考时，兰考县作出了“三年脱贫，七年小康”的重要承诺。随后，兰考县在《关于强力推进三年扶贫攻坚工作的意见》中，提出了包括信息化在内的公共服务水平提升目标，如实现“每村至少有一名有文化、懂信息、能服务的信息员；学校、自然村通宽带”等。2016年初，河南省委、省政府发出的《关于打赢脱贫攻坚战的实施意见》也提出“积极推进贫困地区农村信息化建设，培育一批基层农村信息化站点”的目标和要求，特别是强调推进贫困地区教育信息化和医疗信息化建设，以实现优质教育资源共享，以及贫困地区医疗服务的水平和可及性，这些为兰考县推进信息化扶贫工作提供了大量的政策引导和资金支持。

（二）兰考信息化扶贫的实践探索

自国家提出信息化扶贫以来，全国多地积极推广实践信息化扶贫工作，形成了多种多样的信息化扶贫模式。包括利用大数据技术推进精准扶贫，助推金融扶贫、电商扶贫、产业扶贫等其他扶贫项目实施，发挥网络优势促进城乡统筹融合，推动基本公共服务提升。同时，信息基础设施及其带来的信息化服务，也让贫困人口通过网络了解世界、掌握信息，找到摆脱贫困的新方法。兰考县在信息化扶贫的道路上，也形成了创新性的实践和举措。

2015年9月，兰考县举办了信息化扶贫工作培训会，邀请中国人民大学教授对信息化扶贫的重要意义进行阐述，并对“互联网＋扶贫”的新模式进行了深入探索，为贫困户量身打造了融扶贫项目、资源、信息数据库、政策解读、农技指导、市场行情等为一体的便民、快捷、高效的手机App服务平台——致富通，使贫困群体能及时有效地获取多样化信息，促进经济与现代信息技术相融合，提高劳动生产力，实现由“在产扶贫”向“在线扶贫”的有效转变。

2017年，在证监会扶贫办规划指导下，由河南磐石信息技术有限公司作为实施单位，率先在兰考县实施了全国第一例以农村智慧无线网络为基础的创新信息化扶贫解决方案。这一模式打破以往传统的以政府协同工作为主的信息化扶贫模式，选择了以农村广泛覆盖的智慧无线网络为核心基础，利用创新 Wi-Fi 技术结合大数据深度应用，支撑面向农民群众的农村电商、金融、科教、民生等服务的创新解决方案。借助这一模式，农民用手机就可以便捷免费连接互联网，为广大农村修上一条信息高速路，这让农民群众在共享互联网发展成果方面有更多获得感。使用无线网的农民，系统会自动采集识别农民所属乡镇、村庄、户主、产业情况、客户端情况等基本信息，可以协助完成便捷的信息化建档立卡工作；同时这些信息形成农村扶贫大数据，也为政府精准决策提供了信息支撑。比如，家住红庙乡的村民，主要产业为种植芹菜，耕种期无线网络系统会向村民提供芹菜的种子、化肥等相关农资信息，还会推送适合芹菜种植的各种技术指导培训，收获期每天则可以查看到国内芹菜的市场行情以及芹菜的采购、采销信息，并且在系统的电商平台上在线提交出售信息后，可以将芹菜以较高的价钱卖到外地。①

此外，兰考县还将信息化应用到基层党建工作中，有效地推进以党建促脱贫工作的开展。为使党员教育管理工作适应新形势新要求，兰考县委组织部开发了“红色 e 家・网上党委”教育管理云平台，基于“云”架构设计，将互联网、移动互联网技术与党员教育、党务管理等元素整合，采用计算机网页版和 App 移动客户端双平台，通过“微课程”的形式，打造党员教育管理及日常学习、活动、互动交流的新载体。可以说，信息技术也加强了党员队伍管理以及党建信息化管理水平的提升。

习近平总书记在中央全面深化改革领导小组第十五次会议上指出，“让信息多跑路，让群众少跑腿”。信息化扶贫作为一种新的扶贫方式，是

---

① 映象网生活频道：《中国首个创新信息化扶贫模式落地兰考》，2017 年 4 月 27 日。

与经济社会发展紧密联系，伴随信息化时代发展而产生的。这一模式不仅通过网络信息化建设实现各地区贫困及扶贫信息的发布与反馈，助力实现精准扶贫精准脱贫，其本身也是扶贫开发的重要内容，通过信息化建设能够有效提升干部和贫困人口素质和知识水平，为实现脱贫攻坚和全面建成小康社会打下坚实基础。

综合来看，兰考县按照中央扶贫开发工作的指导性意见，结合地区实际，在地区脱贫攻坚过程中不断探索精准扶贫精准脱贫的新方式，如电商扶贫、资产收益扶贫、信息化扶贫等，不仅有效弥补了传统扶贫方式在现今扶贫工作中的短板和缺陷，丰富了中国特色的扶贫方式和手段，也更加突出了扶贫开发与经济社会发展相衔接的整体性、综合性特征。全面建成小康社会，要求我们高度重视农村贫困人口脱贫这一最突出的短板，想方设法补齐短板，统筹推进经济建设、政治建设、文化建设、社会建设、生态文明建设，实现经济社会全面、协调、可持续发展，促进全体人民共享改革发展成果。同时，新的脱贫方式的出现也体现了新时代新阶段贫困地区在新的经济形态、新的经济增长方式影响下自身的新发展和新变化。

从兰考探索精准扶贫新方式的实践经验来看，不仅在于结合地方实际，充分运用中央顶层扶贫政策设计创新县域扶贫机制，更在于将多样化的扶贫方式有效结合，将传统扶贫方式与新型扶贫方式相结合，进一步增进扶贫资金使用效率和效益。如金融＋产业＋资产收益、信息化＋电商、金融＋保险等扶贫方式，不仅有效促进了扶贫资金的高效使用，在增加贫困人口收入的同时，也激发起贫困人口的内生动力以及村集体经济社会文化发展的活力。此外，兰考县精准扶贫新方式的实践探索，证实了物质资本、人力资本以及社会资本等多维扶贫资本开发的协同性特征，也体现了中国特色扶贫开发道路模式的新发展、新变化。

四、兰考拓展精准扶贫新方式的经验与启示

（一）始终坚持创新发展理念

改革开放40年来，我国在各领域的发展中均取得了重大进步，但仍面临着一系列不平衡、不协调和不可持续问题。“面临着我国跨越‘中等收入陷阱’的五大挑战，即全要素生产率挑战、城镇化挑战、生态环境挑战、被动依附型挑战和不平等挑战。”[①]党的十八大以来，中国经济社会发展进入新阶段，经济新常态、互联网时代、知识信息社会、消费社会、后工业社会、贫富分化、生态文明等是描述这个时代的热点词汇。同时正处在全面建成小康社会的伟大历史阶段，需要不断地创新发展理念，破解发展难题。党的十八届五中全会上，以习近平同志为核心的党中央提出“创新、协调、绿色、开放、共享”新发展理念，这不仅是治国理政思想的新飞跃，更是我们党对新时期脱贫攻坚的指导思想。我国的脱贫攻坚以促进贫困地区、贫困人群可持续发展为导向，发展既是脱贫攻坚的手段，又是脱贫攻坚的目标，发展与脱贫攻坚相辅相成、互致互促。兰考拓展扶贫新方式，树立了大产业化、信息化、社会化、资本化扶贫新思路，深刻体现了新发展理念。

具体表现为：（1）积极利用新经济、新动能、新业态创新扶贫方式方法。兰考电商扶贫、信息扶贫的实践就是坚持创新发展，将互联网科技、信息技术等新生产要素充分融入传统行业中，推进特色农副业走向定制时代，为稳定脱贫提供广阔的网络平台，打破贫困地区地理、经济发展边缘

① 胡鞍钢、任皓、鲁钰锋、周绍杰：《中国跨越中等收入陷阱：基于五大发展理念视角》，《清华大学学报（哲学社会科学版）》2016年第5期。

劣势，用互联网、物联网、物流快递等减少地区区域区隔，构筑产业扶贫新体系。（2）坚持协调发展助推脱贫攻坚。兰考在大力发展电子商务与信息产业、光伏产业时，特别注重城镇、农村集体经济与贫困人群脱贫致富的协调发展，避免造成新的城乡二元分离。重点推动贫困村光纤进村入户，通过补贴等方式给农民一定优惠，以大学毕业生、返乡创业人员和农民为重点，以进一步推动农村电商的发展，实现“工业品下乡”和“农产品进城”城乡统筹发展态势。另外，让有劳动能力的贫困人群实现本地就业，采取各种方式为建档立卡贫困户充分享有教育、医疗卫生等政策救助保障体系，让贫困人群享受城市化的红利，缓解城乡、贫富教育差距、健康差距以及其他公共服务差距。（3）建立贫困人群利益共享机制。在脱贫攻坚与区域经济发展过程中，经济增长与贫困人群脱贫的有效衔接是关键问题。兰考一方面促进了城乡中小企业、合作社、集体经济的发展；另一方面通过政策保障强化了贫困人群的参与分红等收益机制，实现了不同人群共享发展成果的局面。更为关键的是，为贫困人群生计的可持续改善搭建了新平台与新途径，不仅有助于传统救济式扶贫所致的贫困人群福利依赖，而且解决了以往产业扶贫贫困人群参与不足、获益不多的难题。

（二）坚持破除体制机制障碍

创新从何而来？有人会说来自理念创新、理论创新与方式方法创新，也有人会说来自压力与挑战。其实关键的是人的因素，尤其是党员干部因素。敢于担当是中国共产党人的优良品质，总是在国家与人民需要的时候毫不犹豫地挺身而出，背后是责任履行、做事自觉、忘我境界、品行修养。正如习近平总书记所指出的：“是否具有担当精神，是否能够忠诚履责、尽心尽责、勇于担责，是检验每一个领导干部身上是否真正体现了共产党人先进性和纯洁性的重要方面。”兰考脱贫攻坚实属先例，恰逢经济发展新常态、生态文明建设加速与利益群体矛盾凸显，兰考党员干部着眼大局，勇于担当、能够担当、敢于担当、直面矛盾和问题、积极学习理论知识与省内外经验、大胆开拓创新、敢于攻坚克难、啃硬骨头，胸怀战略思维、创新思维、辩证思维、底线思维、民主思维、法治思维来解决问题，创新电商扶贫、信息扶贫、资产收益性扶贫与特殊人群扶持等政策，重新梳理先富与后富人群利益共生共存关系，构筑共享共赢机制。

（三）坚持贫困人群受益原则

从理论研究的视角来说，拓展精准脱贫新方式属于社会政策创新范畴。社会政策是推动社会发展、促进社会和谐的有效工具，是在现代化过程中发展起来的以为社会成员提供普遍的社会保障和社会福利为目标的政策体系。减贫政策创新的目标是贫困人群受益，它规定着拓展精准脱贫新方式的方向，要求必须坚守贫困人群受益这一底线，突出贫困人群参与这一重点，通过制度创新与氛围营造，为贫困人群受益做好政策设计。兰考在特殊人群帮扶方面，通过整合资金，为特殊困难儿童、贫困妇女、兜底贫困户、经济困难学生等特殊群体建立起社会福利与救助体系，起到了兜底与发展双重作用。在电商扶贫、信息扶贫等领域，强化农村、贫困人群参与重点，注重制度建设，构筑好贫困人群受益保障机制与监管机制，提高互联网的亲民性和益贫性。

（四）注重保障体系建设

拓展精准脱贫新方式是新时期贫困问题复杂性、脱贫致富艰巨性叠加的结果，是我国精准扶贫“层层传导压力”情境下地方政府自发探索的结果，是贫困人群新想法、新需求促动的结果。然而，关键是政策创新需要强大的后盾，那就是对政府传统扶贫方式的缺陷要有清醒的认识，对经济社会发展新理念和治国理政新思想要有清晰的理解并有效贯彻，同时也是强大的财力支持与组织保障的结果。这就是拓展精准脱贫新方式的内外保障机制问题。调研期间，经常能听到当地党员干部对传统扶贫方式效果的反思。在各类有关脱贫攻坚的政策文献中，“改变”“创新”等是较多出现的词语，可见突破传统扶贫方式的窠臼是创新的前提。兰考以习近平总书记关于扶贫工作重要论述为指导，以脱贫攻坚统揽经济社会发展全局，发挥党的政治优势、组织优势与联系群众优势，坚持真扶贫、扶真贫基本原则，构筑电子商务、信息、政府、集体经济、贫困人群、社会组织共同参与的大扶贫格局，改变传统扶贫“政府独角戏”格局，形成政策合力、资源合力、多元思维合力、方式方法合力。在资源保障方面，兰考在全省率先建立“先拨付、后报账，村决策、乡统筹、县监督”的资金分配运行机制，赋予乡镇政府与村级组织一定的决策权与项目主导权，避免了乡村两级扶贫干部“等靠要”思想，做到提前谋划规划、未雨绸缪。县级层面，在以党建促脱贫方式引领下，整合资源到县级政府，避免了政府部门资源分布散、统筹使用难度大等问题，使得资源整合与利用效率最大化。

（五）简政放权、激发内生动力

新中国成立以来，党和政府高度重视减贫工作，扶贫理念与思路不断与时俱进，扶贫方式方法不断创新，财力物力投入巨大，但脱贫致富时至今日才敢宣布成功实现。为什么？传统扶贫方式存在缺陷与不足根源在哪里？单纯从经济上找原因或者从政策上寻找出路都是不全面的。追根结底是由于体制机制短板导致“最后一公里”尚未打通，乡村治理体系尚未完善，治理能力尚未实现现代化。兰考县委、县政府将部分职能下放到乡镇一级，赋予基层治理主体一定的主动权与主导权，实现了乡村统筹、资金配给、部门督导、县级督导的新工作体制机制。在资产性收益扶贫、光伏扶贫等扶贫方式创新方面，赋予村级集体一定的资产收益权，壮大集体经济，发挥乡村集体互帮互助传统。赋予乡村两级一定的项目决策权、资金使用权，激活了乡村两级贫困治理主体潜能，建立了符合市场经济的乡村贫困治理新机制。兰考实践告诉我们，精准脱贫成败的关键在基层，重点在基层，难点也在基层。在顶层设计相对完善的前提下，重点关注政策执行过程中的“肠梗阻”，直面基层工作僵硬、方法保守、“等、靠、要”等问题，激活乡村社会自我发展、互助合作格局，激发乡村两级干群积极性，尊重基层干群民主意识与参与能力，有助于保持乡村贫困治理体系长效运行。

综上所述，从兰考实践经验来看，拓展精准脱贫新方式的前提在于转变观念。只有转变观念，才能避免“穿新鞋，走老路”，才会产生新思路、新方法与新政策。核心在于不忘初心，坚持政策创新“扶贫”根本目标，才不会走偏，问题才能更聚焦，措施才能更有效，益贫效果自然显著。在未来一段时间，脱贫攻坚走向纵深，“骨头更硬更难啃”，贫困表象可能更加复杂，致贫原因可能更多，贫困人群的需求可能更加多元化，新的问题与矛盾可能不断出现，这就决定了我们不能恪守传统不创新，更不能形而上学照着做，应该时刻关注国内外减贫新理论、新模式与新成果，因地制宜、与时俱进，进一步深化认识、厘清思路，探索多渠道、多样式的精准脱贫新方式。在这个层面，兰考拓展精准脱贫新方式的探索对于全国其他地方的精准脱贫工作具有启迪价值与示范意义。

第九章 巩固脱贫成果建立稳定脱贫长效机制

防止返贫和继续攻坚同样重要，已经摘帽的贫困县、贫困村、贫困户，要继续巩固，增强“造血”功能，建立健全稳定脱贫长效机制，坚决制止扶贫工作中的形式主义。

——习近平《在十二届全国人大五次会议四川代表团上的讲话》

2017 年 3 月 8 日

众所周知，贫困往往是多重因素相互叠加和累积的结果，而且贫困也具有较强的动态性和反复性，贫困人口在脱贫后也有可能返贫，贫困也会在代与代发生传递。为此，在脱贫攻坚过程中，我们也应高度重视返贫问题，探寻稳定脱贫的长效机制。2017 年 3 月 8 日，习近平总书记在参加十二届全国人大五次会议四川代表团的审议时指出：“防止返贫和继续攻坚同样重要，已经摘帽的贫困县、贫困村、贫困户，要继续巩固，增强‘造血’功能，建立健全稳定脱贫长效机制，坚决制止扶贫工作中的形式主义。”[①] 实际上，稳定脱贫长效机制是从贫困和反贫困的历史维度与社会属性等层面来探讨贫困发生、发展及应对的。赢得脱贫攻坚战的胜利，并不意味着贫困作为一个问题或一种现象将被完全消除。研究者指出，2020 年以后，中国农村贫困问题将从原发性的绝对贫困进入一个以转型性的次

① 《习近平李克强张德江俞正声刘云山张高丽分别参加全国人大会议一些代表团审议》，《人民日报》2017 年 3 月 9 日，第 1 版。

生贫困为特点的新阶段，或者说将从原生贫困向再生贫困转变，再生贫困即返贫问题将成为扶贫开发长效性的主要障碍。[①] 基于此，我们将稳定脱贫长效机制界定为，在外部帮扶和支持退出后，贫困人口和地区已具备较强的内生动力和自我发展能力，并形成一套具有稳定性、可持续性的脱贫致富能力和经济社会发展活力的支撑体制机制。

对于兰考县而言，在脱贫摘帽的过程中，以脱贫攻坚统揽经济社会发展全局，实现打赢脱贫攻坚战与全面实现小康社会的有机衔接，调动和激发县域经济社会发展的内生动力，提升贫困村庄和人口的自我发展能力，并提高农村基层治理体系和治理能力，是建立健全稳定脱贫长效机制的主要着力点和基本经验。

一、建立稳定脱贫长效机制的几个基本问题

赢得脱贫摘帽的成果，并不意味着脱贫攻坚任务的结束。贫困县在实现摘帽以后，建立稳定脱贫长效机制的任务依然十分艰巨，包括以内生动力为导向，提升脱贫社区和脱贫人口自我发展能力；精细化构筑县域兜底体系，解决存量贫困人口保障问题以及着力加强县域社会扶贫体系建设。

（一）提升发展能力

贫困的成因是多维的。多维贫困成为解释贫困成因、探寻贫困应对之道的核心概念和分析框架。多维贫困理论的主要提出者是诺贝尔经济学奖获得者阿马蒂亚・森，他主要是从基本可行能力的角度对贫困的多维性进行界定与分析的，他认为贫困不仅仅是指收入贫困，还包括饮用水、道路、

① 李小云：《把攻克深度贫困堡垒作为脱贫攻坚的重中之重》，《贵阳日报》2017 年 8 月 9 日，第 A6 版；何华征、盛德荣：《论农村返贫模式及其阻断机制》，《现代经济探讨》2017 年第 7 期。

卫生设施等其他客观指标的贫困以及对福利的主观感受的贫困。[①] 在多维贫困的操作化层面，联合国开发计划署指出：贫困不仅仅是缺乏收入，也是对过上长寿而健康的生活、接受良好的教育以及拥有有尊严且体面的生活水平等各项人类发展权利的剥夺。[②] 对于贫困区域和人群而言，贫困是内部与外部、历史与现实、表层与深层等多重因素、多种力量共同、综合作用的结果，而这些因素和力量是相互关联、彼此影响的。

为确保农村贫困人口彻底地摆脱贫困，建立稳定长效机制行之有效的方法就是不断提升贫困人口的自我发展能力。提升贫困人口的自我发展能力是贫困农村地区脱贫攻坚的核心与关键。在当前的扶贫脱贫实践中，贫困人口还未能从根本上实现由被动脱贫向主动脱贫的转变，其积极性和能动性尚需进一步调动，其“造血”功能也亟待激发。现代化和市场化是一把双刃剑，尤其是对贫困地区和人口而言，既是机遇又是挑战。但是，在现代化和市场化的总体发展战略下，政府在推行精准扶贫精准脱贫中应当给予贫困人口更多的话语权和参与权，并在政策设计和实施上努力调动贫困人口的自我脱贫意识和主体意识，贫困人口自身也需要更加积极、主动地参与到现代化和市场化进程中，适当调整对外部资源和支持的依赖心态，增强自我脱贫、自我发展能力。

（二）激发内生动力

在城乡人口流动和资源交流的过程中，人口和资源基本上是单向流动的，大量的青壮年农民等优质劳动力和社会精英被吸纳到城市，留守农村的人口和资源基本上是在劳动能力、教育程度和发展能力等方面均处于劣

① ［印］阿马蒂亚·森：《以自由看待发展》，中国人民大学出版社 2012 年版；王小林、Sabina Alkire：《中国多维贫困测量：估计和政策含义》，《中国农村经济》2009 年第 12 期。
② UNDP：《2010 年人类发展报告》，www.un.org，2011 年。

势、弱势的人群，即所谓“386199”部队。这部分群体自我发展能力孱弱，致使农村地区尤其是贫困地区出现空心化现象、衰败化迹象；与此同时，资本、市场、技术等基于成本和利润考虑又不愿下乡进村，使得长期的城乡二元结构所引发的农村发展要素匮乏问题越发突出，农村发展机会越来越微弱，缺乏发展活力和动力，进而走向贫困边缘或者落入发展陷阱。

在贫困成因、类型和特性发生较大变化的背景下，稳定脱贫就不能仅仅局限于其本身的狭小范围，而应从更加开阔的视野、开放的心态进行扶贫脱贫战略和政策的顶层设计。其关键是应当跳出扶贫脱贫这项专门性、部门化的工作阈限，从农村发展的角度探寻贫困人口可持续减贫和贫困地区可持续发展的道路与路径。换言之，脱贫攻坚应与农村发展相关联，脱贫攻坚脱离不了农村发展的整体约束和支撑，脱贫攻坚也不能仅仅局限于短期效应和目标，还应关照农村可持续发展问题，为其创造有利条件。脱贫攻坚也不只是帮助贫困人口摆脱贫困的过程，更是赋予农村发展活力和激发农村内生动力的过程。因此，在很多扶贫脱贫政策和项目的实施过程中，不能局限于短期目标，即不能仅仅聚焦于贫困人口脱贫、贫困村出列和贫困县摘帽等直接和显性指标，而应深入调查和密切关注贫困地区具有长久性和稳固性的发展瓶颈与关键难题、贫困人口的真正需求和发展意愿，从区域发展、经济发展格局、社会保障和权利保护等多角度、多层面探索更具综合性、包容性的应对方案，注重劳动力、人才、市场、资本、技术、信息以及观念、文化、心理等多重发展要素和资源的合力攻关与优化配置，激发农村发展活力和农民发展动力。

（三）用好社会力量

发挥社会力量、提高社会资源利用率、构建稳定脱贫长效机制是增强贫困地区发展动力的关键之一。习近平总书记强调：“扶贫开发是全党全社会的共同责任，要动员和凝聚全社会力量广泛参与。要坚持专项扶贫、行业扶贫、社会扶贫等多方力量、多种举措有机结合和互为支撑的‘三位一体’大扶贫格局，强化举措，扩大成果。”当前，我国扶贫开发工作初步形成专项扶贫、行业扶贫、社会扶贫“三位一体”的基本架构。从社会扶贫的主体看，中国特色社会扶贫体系泛指除专项扶贫和行业扶贫之外由社会各界参与的扶贫开发事业，包括定点扶贫、东西扶贫协作、社会组织扶贫、企业扶贫和个人扶贫五种形式。① 广泛动员社会力量参与扶贫开发是贫困治理的重要趋势，更能凸显中国特色社会主义制度优势。社会力量的参与可以为政府贫困治理提供有益补充，推动社会治理体系和治理能力不断提升。政府主导下的脱贫攻坚战，主要是以专项扶贫和行业扶贫为主，虽然社会力量积极参与扶贫开发，由于客观原因，各地仍出现定位不准、参与不足、扶贫不精准、难以形成社会合力的现象。如何利用社会力量实现精准扶贫，形成三足支撑的扶贫局面仍是稳定脱贫的关键所在。

在精准扶贫、精准脱贫的过程中，对于深度贫困地区而言，政府加强贫困地区基础设施建设，改善贫困地区公共服务水平，但在社会主义市场经济条件下，政府在社会资源的配置中存在天然不足，需要市场机制弥补，发挥市场的自身特性，促进社会资源的高效化、合理化。在新时代背景下，致贫原因的多维性决定扶贫开发主体的多元性，在“三位一体”的大扶贫格局中，需要发挥社会力量，利用好社会资源。作为扶贫的中坚力量，社会扶贫主体多元、资源广泛、形式更加灵活，能够有效弥补脱贫攻坚过程中的不足。社会扶贫不同于政府扶贫，社会力量通过建立自身的市场循环体系，有效地打破城乡边界壁垒、加快城乡地区的价值流动。② 同

---

① 林万龙、李成威、陆汉文、曹洪民：《全面深化改革背景下中国特色社会扶贫政策的创新》，《经济纵横》2016 年第 6 期。

② 文丰安：《新时代社会力量参与深度扶贫的价值及创新》，《农业经济问题》2018 年第 8 期。

时，社会扶贫利用自身优势可以实现“输血”与“造血”并重，凸显稳定脱贫成效，如社会企业带动贫困人口就业，激发贫困人口的内生动力。社会扶贫的主体是市场，市场在资源配置中起决定性作用。在脱贫攻坚过程中，非公企业、本地商会和爱心人士利用自身资源优势积极投入扶贫事业中，为扶贫工作贡献社会力量。当前，扶贫开发工作重视精准化，由于社会力量在脱贫攻坚中缺乏科学性、计划性，所以导致出现社会资源的利用效率较低、社会资源整合程度低的问题。

（四）强化民生服务

在贫困研究领域，制度视角是一种基本的研究视角，它从社会制度及其具体安排的角度探讨贫困的成因和特性。马克思和缪尔达尔是这种观点的典型代表。[①] 其基本观点是：失业及其所导致的贫困完全是资本主义制度的产物；导致贫困的根本原因在于发达国家与不发达国家之间存在着结构上或制度上的差异，正是由于这种差异的存在，滞后、短缺、过剩成为不发达国家经济的普遍现象。不少中国学者将研究重心聚焦于国家的制度和政策安排所造成的影响，包括城乡间分割式权利体系、非均衡发展战略、土地制度、金融政策、税收制、就业制度等，认为许多国家制度、政策安排都是不利于农民的，或者就是导致农民贫困的直接成因。[②] 立足于中国国情和今后的发展走向，城乡二元结构及其一系列的制度体制是农村贫困发生和存续的重要制度因素之一，城乡二元结构带来了一系列不公平、不合理的制度安排和政策框架，如城乡二元户籍制度、公共服务体

① 马克思：《资本论》（第1卷），人民出版社1975年版；［瑞典］冈纳·缪尔达尔：《亚洲的戏剧：对一些国家贫困的研究》，首都经济贸易大学出版社2001年版。

② 陆汉文：《当代中国农村的贫困问题与反贫困工作——基于城乡关系与制度变迁过程的分析》，《江汉论坛》2006年第10期；刘明宇：《贫困的制度成因——产业分工与交换的经济学分析》，经济管理出版社2007年版。

制、资源配置体系等，这些制度安排和政策框架极大地限制了农村尤其是贫困地区的发展空间和机会，妨碍了贫困人口的发展权利，导致其难以平等地分享改革发展成果。统计资料显示，2016 年兰考县城镇居民、农村居民人均可支配收入分别为 21124 元、9943 元，2017 年分别为 23068 元、10907 元。①从这些数据资料可以发现，兰考县城乡居民收入仍然存在一定的差距。因此，在开展以贫困农村和农民为中心的脱贫攻坚行动中，应反思并力图打破长期延续的城乡二元制度体制，从城乡一体化发展和城乡统筹减贫的角度重构一套城乡相互支持、良性互动和高度融合的制度安排和体制设置，为农村尤其是贫困乡村的可持续发展提供良好的外部环境。

从新中国成立以后的历史发展脉络来看，城乡二元结构及其一系列的制度体制是农村民生事业发展滞后和公共服务水平低下的主要根源。长期以来，城市与农村实行两种不同的公共服务提供制度。城市的公共服务一直是由各级政府来供给的，城市居民不需要自己出资支持公共服务的供给；而农村社区和居民则需承担很大一部分农村公共服务的筹资责任，乡镇政府、乡村和农民个体很大程度上一直是农村公共服务的主要提供者，由于各地区经济发展水平和农民个体收入水平存在着较大的差距，不同区域、城市与乡村、乡村内部的民生事业和公共服务水平的非均衡性就相当明显。②为此，从内容设计和实施路径上看，脱贫攻坚应以城乡一体化和城乡统筹发展为导向，注重城乡公共服务均等化和农村民生事业发展，构建脱贫攻坚的社会支持体系。在具体操作层面，脱贫攻坚应紧紧围绕民生事业和公共服务的各个领域与不同层面，即贫困人口最关心、最迫切需要的并与其生产生活尤其是脱贫致富密切相关的各项事务，至少应包括农田水利、产业、饮用水、用电、交通、房屋、教育、医疗卫生、社会保障、

---

① 《2017 年兰考县国民经济和社会发展统计公报》。

② 李海金:《农村公共产品供给、城乡统筹与新农村建设》,《东南学术》2007 年第 2 期。

文化事业等，其中最基本的是脱贫攻坚规划中所明确提出的“两不愁三保障”（即不愁吃、不愁穿，义务教育、基本医疗、住房安全有保障）。

二、兰考建立稳定脱贫长效机制的主要探索

实现整县脱贫摘帽以后，兰考县坚持在思想认识上不懈怠，在政策措施上不松劲，迅速部署和落实巩固脱贫成果，推进全面小康各项工作。兰考在巩固脱贫成果方面的主要做法如下。

（一）提高认识，坚决摒弃“歇脚缓劲”的思想

兰考县在实现脱贫摘帽以后，立刻部署、迅速动员，坚决摒弃“歇脚缓劲”的思想。兰考县委县政府清醒地认识到，虽然兰考取得了脱贫攻坚的胜利，但全面建成小康社会任重而道远，兰考仍然面临众多挑战。表现为：经济总量偏小、综合实力不够强，2016 年城乡居民可支配收入仍低于全省平均水平近 37%，主导产业竞争力还没有完全形成，对发展的支撑作用还没有充分发挥；城镇化水平偏低，城市功能还不完善，镇村建设相对滞后，现代服务业刚刚起步，城乡一体化发展任务艰巨；教育、医疗、养老等民生事业还需大幅提升，公共服务供给能力还需进一步加强。特别是整体脱贫之后，部分群众脱贫基础还比较脆弱，农民年人均纯收入低于 4000 元的还有近 2 万人，因灾因病因学返贫随时可能发生；未脱贫人口中丧失劳动能力和无劳动能力的占 70%，政策兜底任务还很重；贫困村、非贫困村产业发展不均衡，集体经济还比较薄弱。这些问题是兰考县急需补齐的工作短板，更是全面建成小康社会的关键制约。同时，兰考面临着重大的发展机遇，兰考政治优势明显，是国家新型城镇化综合试点县、全国普惠金融改革试验区、全省改革发展和加强党的建设综合试验示范县

等，政策优势叠加、发展空间广阔；省委省政府深入推进“三区一群”建设，全面融入国家“一带一路”建设，为兰考融入全省、全国和全球发展大局创造了难得的历史机遇。兰考准确把握历史站位，准确研判减贫与发展形势，深刻认识到虽然取得了脱贫摘帽的重大胜利，但稳定脱贫奔小康的任务依然十分艰巨，保持脱贫攻坚阶段形成的良好发展态势，稳步实现全面建成小康社会目标，容不得丝毫懈怠。

兰考县“稳定脱贫奔小康”行动迅速。2017 年 4 月 18 日，兰考县举行了“稳定脱贫奔小康誓师大会”，中国证监会办公厅、省直相关部门负责同志，曾在兰考任职的有关领导同志，全县副县级以上领导干部，乡镇(街道)、县直单位在职人员、企业单位党员代表及稳定脱贫奔小康工作队队员，全县 450 个行政村“两委”干部，全县企业代表等约 7000 人参加誓师大会。通过召开誓师大会、组织干部学习、加强宣传等手段，兰考全县上下凝聚起“稳定脱贫奔小康”的共识，有效消除了“歇脚缓劲”的思想认识。

（二）以“稳定脱贫奔小康”统揽经济社会发展全局

兰考县明确提出：“全面建成小康社会，必须持续探索县域治理新途径，以巩固脱贫成果为基础，培育壮大产业体系，加快城乡一体化发展，深化改革、扩大开放，统筹推进经济社会全面发展。”经过扎实调研和缜密论证，兰考制定并颁布了《关于稳定脱贫全面建成小康社会的意见》(以下简称《意见》)，全面部署落实稳定脱贫奔小康各项工作。《意见》明确稳定脱贫全面建成小康社会的总体要求、工作目标、重点工作与关键环节以及组织保障体系，成为全县以稳定脱贫奔小康统揽经济社会发展全局的纲领性文件，为各行业部门、各主体有效行动提供了指南。特别是在深入调查的基础上，对稳定脱贫存在的风险点进行了全面摸查，出台了《全县“稳定脱贫整改提升大会战”十项工作要求》和《兰考县稳定脱贫整改提升大会战督查巡查工作实施方案》，并组织召开专题会议部署落实相关工作。

具体来说，兰考县在构建稳定脱贫长效机制方面，除了坚决贯彻2016年4月中共中央办公厅、国务院办公厅《关于建立贫困县退出机制的意见》(以下简称《意见》) 中关于“贫困人口、贫困村、贫困县退出后，在一定时期内国家原有扶贫政策保持不变，支持力度不减，留出缓冲期，确保实现稳定脱贫”要求之外，还结合自身实际，谋划了一批有针对性的政策举措。主要包括：（1）在保持原结对帮扶关系不变的基础上，调整优化县直和乡镇机关党支部，与450个农村（社区）党支部结对子，选取后备干部和入党积极分子，组建450个稳定脱贫奔小康工作队，在基层组织建设、产业发展等方面持续开展驻村帮扶。（2）继续推进转移就业扶贫，加强贫困家庭劳动力技能培训，重点实施与兰考产业体系相关的培训项目。继续推进产业扶贫，对脱贫攻坚中已经培育形成的产业，持续在技术、资金、信息等方面进行帮扶；对尚未形成特色产业的村，帮助找准产业发展方向、谋划实施具体项目。继续推进社会保障扶贫，加大教育、医疗、养老、住房等保障力度，持续开展最低生活保障、特困人员救助供养、保险救助等工作。（3）坚持贫困村与非贫困村同步推进，持续加大农村道路、农田水利、美丽村庄等基础设施建设力度，持续改善农村生产生活条件，持续提高公共服务能力和水平，推动农村繁荣发展。（4）围绕稳定提升脱贫成效，探索建立高精度考核指标体系，将劳动力就业、产业发展、美丽村庄、集体经济等方面作为重点考核内容，建立台账，强化督导，并将考核结果作为干部评优评先、选拔任用的重要依据。此外，兰考坚持以“稳定脱贫奔小康”统揽经济社会发展全局，通过培育壮大县域特色产业体系，加快推进新型城镇化体系，加强基础设施建设，深化改革开放，着力保障和改善民生、促进生态文明建设等手段，将稳定脱贫与全面小康有效衔接，争取在巩固脱贫成果的基础上，取得更大的胜利。

以贯彻落实《意见》要求为根本，兰考县陆续出台了相关政策，构筑起稳定脱贫奔小康政策体系，兰考县将这一政策体系概括为“三保障五政策”：涵盖了教育保障、医疗保障、住房保障；产业发展政策、就业创业政策、金融支持政策、设施农业政策、标准化厂房补助政策等。通过这些政策，兰考县构筑起了更加有效的农村社会安全网，激活了脱贫农户、脱贫社区进一步发展生产、就业创业的热情，增强了其各项发展能力。

（三）“党建引领”，为稳定脱贫奔小康提供强大引擎

在脱贫攻坚阶段，兰考县在以党建促脱贫领域加大力度。实践证明，党建引领不仅为脱贫攻坚提供了有力的政治保障和组织保障，也有效提升了党的基层组织凝聚力和战斗力。稳定脱贫奔小康阶段，兰考在脱贫攻坚阶段党建成果的基础上进一步加强党建引领，推出了多项重要举措。其一，延续党政双主官负责的责任体制。“五级书记一起抓扶贫”体现了脱贫攻坚的内在要求，通过各级党委统揽全局、协调各方，各项工作得以有序有力推进。稳定脱贫奔小康同样是一项综合性、系统性工程，兰考将其视为全县工作的重中之重，通过压实主体责任，形成了高效的领导体系。其二，继续实施驻村帮扶。推进“支部连支部、加快奔小康”工作开展，在保持原结对帮扶关系不变的基础上，调整优化县直和乡镇机关党支部，与450个农村（社区）党支部结对子，选取后备干部和入党积极分子，组建450个稳定脱贫奔小康工作队，在基层组织建设、产业发展等方面持续开展驻村帮扶。其三，继续实施“双提升工程”。“双提升工程”是兰考在脱贫攻坚阶段推出的党建举措，主要内容是提升基层组织服务能力、提升村集体经济实力。兰考县认识到，在稳定脱贫奔小康阶段，继续实施“双提升工程”，能够有效提升基层组织的战斗力和凝聚力，增进社区团结，

从而更好引领农户抢抓发展机遇，实现快速发展。其四，基层党建“抓两头、带中间”。突出整顿软弱涣散农村基层党组织，积极开展重树“四面红旗”评选活动，补齐短板，激发活力。每年按照行政村总数10%的比例倒排，通过选派整建队伍、吃透村情民意、联合会诊定案、开展集中整顿、评估验收问责、建立持续机制“六步工作法”，建强支部班子治“弱”、规范制度运行治“乱”、提升“造血”能力治“穷”，推动软弱涣散村党组织转化升级；学习运用焦裕禄书记树立“四面红旗”的做法，围绕脱贫攻坚、基层党建、产业发展、美丽村庄，每半年开展一次“红旗村”评选表彰，每评上一面红旗，给予村干部每月500元工作报酬奖励，激发了村级组织比学赶超、晋位争先的热情。其五，选优配强带头人。把培育优秀村党支部书记作为打开农村工作局面、加快脱贫攻坚步伐的“金钥匙”，着力培养一批能带领贫困群众共同致富的骨干力量。

（四）“一创双提”，进一步优化县域治理体系、提升治理能力

前文已述，在脱贫攻坚阶段，兰考县域治理体系不断完善，治理能力显著提升。省委领导在视察兰考时高度肯定了兰考的成绩，并提出了“兰考各项工作要在全省当标杆”的要求。兰考高度重视将脱贫攻坚时期形成的经验做法、体制机制，吸收转化为制度化的县域治理体系安排，并以更高的标准进一步优化县域治理体系，提升治理能力。

所谓“一创双提”，指的是兰考紧紧围绕建设区域副中心城市的奋斗目标，紧扣兰考发展实际和群众新期待而开展的“创新思想观念、提高工作标准、提升发展环境”活动。通过广泛征求意见和充分调研，兰考认识到影响和制约兰考跨越发展的突出问题是经济社会日益快速发展的需求与广大干部群众相对滞后的思想观念之间的矛盾，以及由此产生的工作标准不高、发展环境不优等问题。为有效解决这些问题，兰考将迈上科学发展

的快车道；否则，兰考将会在低水平发展的门槛内长期徘徊。具体来说，“一提双创”活动要解决如下几个方面的问题：（1）创新思想观念方面。小进即满、不思进取。只愿和过去纵向比成绩，不想与先进横向比差距，缺乏只争朝夕、抢抓机遇的大发展意识，缺乏“不进则退、小进即退”的区域竞争压力。因循守旧、思想僵化。完全凭经验、依赖走老路，没有干过的不敢去试，没有见过的不敢去想，工作总是停留在学习别人的模式下，缺乏自主创新、敢为人先的意识和勇气。不敢亮剑、缺乏担当。怕工作失误，求稳怕乱，不敢主动作为，缺乏领导干部应有的担当精神。量钱办事、疏于运筹。习惯于简单用财政的钱办事，缺乏资本运作观念，不善于与金融单位合作，不善于在市场上找钱。不善于思考、被动依赖。遇到难题不是思考怎么破解，而是消极等待依赖。心浮气躁、缺乏认真态度。工作浮在表面，钻研业务不够，对本部门工作或者分管领域工作的基本情况一知半解，工作停留在已安排、已部署上，缺乏“钉钉子”精神。目光短浅、急功近利。存在着狭隘的政绩观和急功近利的浮躁思想。私心太重、不讲大局。当涉及个人利益时忘记了自己是一名共产党员、是一名公职人员，把个人利益凌驾于公共利益之上。（2）提高工作标准方面。多数没有标准。县域治理中，各行业、各单位都有工作职责，明确了工作方向，但往往缺乏具体的工作标准，没有标准就会影响到履职尽责，就会影响到量化考核，就会影响到工作实效。有的标准不高。工作中存在的“差不多”思想其实质就是标准不高的体现，表现在各项工作都干了，但没有干到最好，没有达到最好的效果。有的标准执行不到位，存在着有标准但执行不到位现象，标准的落实缺乏有效的监督和惩戒机制。有的错误地理解高标准。（3）提升发展环境方面。发展硬环境方面，路网建设还需加快推进，水电气暖等基础设施还不完善，公共服务设施还需不断强化。政务环境方面，有的服务意识淡薄，有的工作效率不高，有的廉洁从政不足，有的审批程序烦琐。社会环境方面，精神文明建设有待加强，环境治理不尽如人意，社会诚信体系还不完善，社会稳定形势依然严峻。法治环境方面，有的纪律约束不够，有的执法不严、司法不公，有的案件查办不力。政商环境方面，有的清而不亲，有的亲而不清，有的干部服务意识不强。

兰考在稳定脱贫奔小康阶段，继续坚持问题导向，破解县域治理领域的难题，稳步提升县域治理体系现代化水平和治理能力，将在脱贫攻坚阶段形成的众多好的做法和经验，直接转化应用到新时期的工作中，如督查体制改革、放管服改革、社会信用体系建设等。

（五）探索稳定脱贫奔小康多元化模式

脱贫摘帽后，兰考继续探索多元化的模式，助推稳定脱贫奔小康。如集体经济发展政策方面，兰考县探索提出“盘活集体资产、开发集体资源、发展服务经济、开展经营服务、发展物业经济”的思路，财政、农林、水利、金融等部门出台22项扶持措施，这些措施包括整合涉农资金向村集体经济项目倾斜、土地出让收益按规定返还村集体、专项资金形成的资产转交村集体或村集体领办、创办的合作社持有和管护等。又如，在社会扶贫领域，兰考坚持“党建引领、党群融合、自力更生、勤劳致富”的原则，形成了政府、市场、社会协同推进的大扶贫工作格局。打造“爱心美德公益超市”平台，确保帮扶精准。在全县16个乡镇（街道）建立32家“爱心美德公益超市”，超市中粮油、衣物、学生用品等种类不低于30种。以“爱心美德公益超市”缺货榜等形式向社会各界有针对性地征集物资，动员机关、企事业单位及党员干部和群众捐赠物品，建立网上平台，实现线上线下互动，让爱心资源得到合理配置。脱贫户通过“积分”卡，可到爱心超市按需选取日用品，有效地解决了捐赠方与贫困户“供需信息不对称”问题，让帮扶更加精准，贫困群众的获得感和幸福感得到提升。改善人居环境，激发脱贫积极性。兰考县动员 14 家爱心企业与贫困群众对接帮扶。利用贫困户家里的旧砖、旧瓦、旧木头，因人因地制宜，由企业提供资金和人工为贫困户的房屋吊顶、整理院落、改造厨房、建水冲式卫生间。再如，推进兰考版“扶贫车间”——巧媳妇工厂，促家风带社风。全县以促进妇女创业创新增收致富为目的，为每个乡镇（街道）下拨资金 1 万元，实施以服装类、手工制品类、电子商务类、农家乐类、种植养殖类等为特色的“巧媳妇”工程，形成“一村一品一特色”的妇女创业就业格局。截至 2018 年底，全县共打造“巧媳妇”加工点 73 个，吸纳 1300 多个贫困人员在家门口就业，实现贫困户年增收 1521 万元。

1. 着力建设县域社会扶贫体系

党的十九大报告对脱贫攻坚提出了新要求：要动员全党全国全社会力量，坚持精准扶贫、精准脱贫，建立大扶贫格局。当前在脱贫攻坚战略下，形成专项扶贫、行业扶贫、社会扶贫“三位一体”大扶贫格局。社会资源进入扶贫领域，为党政扶贫提供了有益的补充。如何充分利用好社会资源，助力脱贫攻坚，兰考县积极探索由靠政府扶贫转向全社会参与的扶贫之路。兰考县的社会扶贫模式来源于对实践的反思，2016 年春节，兰考县扶贫干部带着米面油到惠安街道的贫困户家里慰问，在其中一户贫困户家里，当干部把米面油送到家里即将离开的时候，贫困户家里的小女孩轻轻地问了一句：“叔叔，米面油我家都已经有了，能不能给我换个新书包?”小女孩的一句话给扶贫干部留下深刻印象，也促使他们深深地反思。当前扶贫工作强调精准，突出精准，而爱心力量如何实现精准扶贫呢?为此，兰考县探索建立由党委政府引导，兰考县委统战部牵头，工会、团委、妇联、工商联等群体组织协调负责，社会企业积极参与奉献爱心的社会扶贫模式。以“爱心美德公益超市”为平台，形成助学扶贫、“巧媳妇工程”、改善人居环境互相关联、彼此支撑的

“1+3”社会扶贫模式。

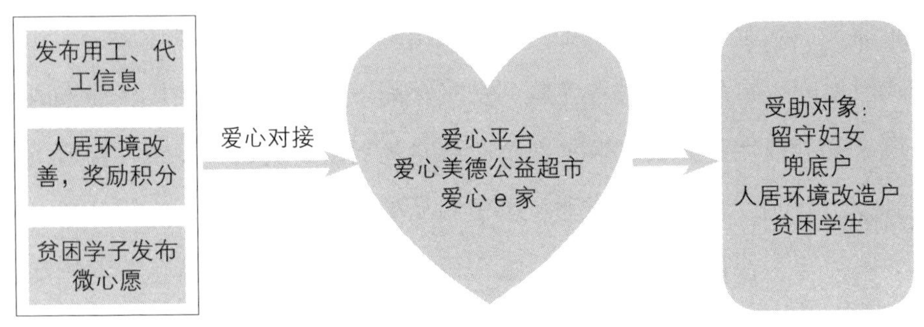

图 9-1 兰考县社会扶贫模式运行机制图解

汇聚社会爱心力量，助学贫困学生是社会资源扶贫的主要形式之一。帮扶单位和爱心企业对贫困生的资助缺乏系统性规划，部门之间信息不共享、不对称，导致出现有的贫困学生得到多个部门和爱心企业的资助，有的贫困孩子却从来没有得到过资助。爱心不精准、受助不均衡致使社会资源资助贫困学生易出现碎片化、重捐漏助等现象。兰考县针对此现象，由团县委县政府牵头探索扶贫助学模式。首先，发动和鼓励爱心企业、爱心人士积极参与，兰考通过开展“大美兰考公益行”“点亮学子希望助力社会扶贫”暨“双百贫困学生”爱心助学金发放仪式、“衣点爱心”一“分”工程等活动，2018 年以来募集社会资金 5700 万元，使全县 1.1 万名贫困户得到了精准帮扶；其次，为了实现贫困学生均衡救助，兰考县建立贫困生信息库，已有 1200 名贫困学生信息入库，依托“爱心 e 家”平台，及时公布贫困生信息；最后建立“三帮一”帮扶机制，即一名科级以上干部、一名优秀教师、一名爱心人士共同帮扶一名贫孤儿童，干部负责孩子家庭事务的协调解决，教师负责教育辅导，爱心人士提供资金资助，负责解决孩子生活难题，实施定位跟踪帮扶，直至贫困学生完成学业。为了进一步增强贫困学生努力学习的信心，让贫困学生有尊严地受助，结合学生家庭贫困情况和在校表现情况，给贫困学生发放积分券，利用积分券在“爱心美德公益超市”免费领取学习和生活用品，激发贫困学生的学习积极性。

同时，在“爱心美德公益超市”设立“微心愿”墙，贫困学生可以在“微心愿”墙上写下自己所需的图书或者生活用品，其需求也会及时在“爱心 e 家”平台发布，使更多社会爱心人士看到这样的需求，更大程度帮助孩子完成心愿。“你有微心愿，大家帮你圆”的形式，有效地实现了爱心精准对接、爱心“供”“需”对称。兰考县东坝头乡杨庄村贫困学生刘洋，父亲去世得早，母亲瘫痪在家，他每季度都可到爱心美德公益超市实现 200 积分的微心愿，继续自己的求学路。截至 2018 年，通过爱心平台助学共帮扶了 896 名类似刘洋这样的贫困生。

2. 实施“巧媳妇”工程，促进留守人口就业

兰考是劳务输出大县，大多数青壮年劳动力选择外出务工，农村妇女为了照顾老人、孩子以及地里的庄稼，不得不选择留在家里，成为留守妇女。针对大量留守妇女没有合适的就业渠道和技术，兰考县坚持“政府引导、企业带动、妇联参与、社会协同”的运作模式，县妇联发挥职能作用，重点推进实施“巧媳妇”工程。通过整合闲置厂房、闲置院落、闲置学校等资源，把生产车间建在村、搬到家，让广大留守妇女利用闲散时间实现在家门口的增收致富，走出了一条具有兰考特色的产业扶贫新路子。2018 年，兰考共改造、新建“巧媳妇”就业基地 139 座，促进 7600 余人实现就业，实现贫困户年增收 1800 余万元。

兰考县的具体做法：一是政府引导，合理推进。兰考县委县政府重视“巧媳妇”工程，将其纳入县扶贫政策，研究制定《兰考县实施“巧媳妇”工程助力“1+3”社会扶贫方案》，促进“巧媳妇”工程常态化发展。同时，

在县委、县政府帮助下，发展“巧媳妇”工程整合资金2300万元，其中国家证监会援助近700万元。并制定下发标准化厂房奖补方案，在全县首批推进50座“巧媳妇”标准化厂房。在推进“巧媳妇”工程实施过程中，充分发挥社会合力，动员能人富户、知名企业、成功人士等积极参与“巧媳妇”工程厂房建设和项目入驻等。二是因地制宜，创新发展。“巧媳妇”工程是兰考县因地制宜的探索，为推进制度化发展，兰考研究制定了“巧媳妇”工作点认定标准及改造提升标准。人社部门与“巧媳妇”工作点实施精准对接、按需培训，举办“农村妇女致富公开课”，协调各方社会力量开展妇女灵活就业培训，不仅为农村留守妇女“传送技能”，而且实现在家门口就业。三是示范引领，激发活力。兰考县通过表彰典型，发挥示范引领作用，每年举行“巾帼扶贫 爱心暖冬”公益会演和“三八”节表彰大会、表彰“巧媳妇”工程就业示范基地、“美丽巧媳妇”先进典型等，让留守妇女以主动就业为荣，建立自身的存在感和价值感。

截至2018年底，兰考县已评选出“最美巧媳妇”660名。同时，将18座受到奖补的“巧媳妇”扶贫车间中稳定就业的105名建档立卡贫困户评为“最美巧媳妇”，并以“爱心美德公益超市”为依托，结合“爱心e家”为她们每月发放40分积分券。通过积分券在“爱心美德公益超市”按需领取物品，培树文明乡风。兰考县通过“爱心美德公益超市”超市平台找准了扶贫与扶智、扶志的结合点。兰考县红庙镇建立的“巧媳妇”工程车间以彩灯加工为主，其中有20多人是60岁以上的老太太。虽然在工作中老人的手脚不是十分麻利，但是每天也能挣40多元钱，每月大概有1000元的收入。在这之前，他（她）们因为年龄原因找不到合适的工作，没有收入，只能依靠子女贴补家用，逐渐地成了家庭的负担。如今，他（她）们有了自己的收入，不用事事向儿女开口要钱了，还可以给孙子孙女零花钱，老人在家庭中有了地位，幸福感和存在感显著提升。

3. 改善人居环境，提升精气神

兰考县在大力推进精准扶贫、精准脱贫的同时，十分重视贫困人口的居住环境和精神面貌的转变。兰考县工商联利用联系服务企业的优势，引导非公企业参与到贫困群众人居环境改善中来。按照“四议两公开”工作法，确定了1715户人居环境改善帮扶对象，建立“互联网+社会扶贫”众筹模式。针对贫困户人居环境长期得不到改善，精神面貌难以改观等问题，兰考县通过“春风行动”“七改”（改厨改厕改水改电，改房改院改习惯）等，对贫困户的居住环境和个人卫生进行引导，力争达到“五净一规范”的标准，不仅改善人居环境，更提升了贫困群众的精气神。兰考县把人居环境改善与扶志扶智相结合，建立积分考核体系，由驻村工作队每周对人居环境改造户的日常保洁和个人卫生情况进行检查，对保持好的住户奖励10分积分券。贫困群众凭积分券，到“爱心美德公益超市”中兑换所需物品。同时，县委统战部、工商联、扶贫办组成四个督导组，每月抽查100户，考核结果纳入全县目标管理年度考评。

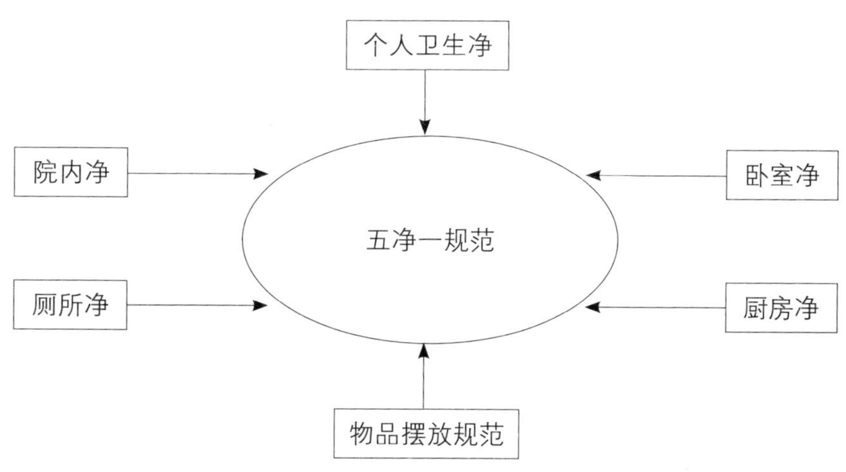

图9-2 “五净一规范”内容图示

创建“五美庭院”是农村人居环境改善的重要环节，是实现美丽乡村建设的细胞和灵魂，亦是推动扶贫与乡村振兴的有效衔接。兰考县创新模式，将“五美庭院”（即整洁美、卫生美、绿化美、文明美、和谐美）创建工作与社会扶贫工作紧密结合。兰考县引导、调动社会各方力量参与“五美庭院”创建，支持农村人居环境改善工作。第一，以乡情乡愁为纽带，吸引和凝聚民间资本和社会力量参与创建工作；第二，县金融办、扶贫办、总工会等单位联合在全县建档立卡贫困户中评选“五美庭院”，考核合格户每月发放 30 分“爱心美德公益超市”积分券，引导贫困户改善居住环境，营建幸福家园；第三，兰考县社会扶贫办公室、县工商联联合在全县建档立卡中的人居环境改善户中评选 100 户“五美庭院”，验收合格后，由县社会扶贫领导小组办公室对“五美庭院”统一授牌并奖励价值 500 爱心积分的物品。通过以表现换积分、以积分换物品的激励形式，有效提升农户参与美丽家园建设的自觉性、积极性、主动性，达到了“积分改变习惯、勤劳改变生活、环境提升精气神”的目的。“爱心美德公益超市”建立的初衷是精准利用社会资源，使贫困人口公平地共享爱心资源。“爱心美德公益超市”打破了传统的扶贫模式，使社会资源更加合理、高效地参与脱贫攻坚战。兰考县社会扶贫的探索践行了习近平总书记“动员社会各方面力量共同向贫困宣战”的要求，将社会扶贫与扶智、扶志有机结合，利用社会物质资源帮助贫困人口的同时激发了贫困人口脱贫的自信和信心，兰考县搭建“爱心美德公益超市”，通过助学扶贫、“巧媳妇”工程、人居环境改善“1+3”社会扶贫形式，促进社会资源更加精准地在扶贫领域发挥作用。

（六）激发内生动力，增强可持续生计

高质量打赢脱贫攻坚战，建立健全稳定脱贫长效机制的核心在于增强

贫困人口的可持续生计能力。贫困治理的最终目的是帮助贫困人口建立可持续生计能力，提升贫困人口的生存技能，实现非农领域就业是构建可持续生计的重要载体。对有就业能力就业意愿的贫困人口进行精准培训的目的是提升自身技能，帮助其实现就业。对于贫困家庭而言，贫困人口实现稳定、充分就业，家庭收入持续增加，意味着贫困人口的脆弱性逐步地减少，发展可持续性增强。

1. 精准培训，提升贫困人口技能

对贫困人口而言，进行技能培训，保证有就业能力的贫困人口获得“一技之长”，是实现稳定脱贫的重要方式。贫困人口技能是劳动力资本的重要体现，技能培训对贫困人口的收入有明显的促进作用，尤其是非农收入的增加，更能增强应对社会风险的能力。兰考县在提高贫困人口技能方面，坚持精准培训，依据实际情况对有就业意愿、就业能力的贫困人口，进行分层、分类的实用技术培训和职业技能培训，保证培训内容和培训对象准确衔接，提高培训的实用性，确保有培训意愿和符合受训条件的贫困劳动力都能得到培训机会，通过培训提高其就业创业技能、激发其就业创业热情，实现贫困人口高质量的充分就业。

兰考县在贫困人口技能培训方面的具体做法是：第一，结合特色产业，开展实用技术培训。对16—70岁的农村贫困劳动力，开展“一村一品”“一户一业”的实用技术培训。对18—45岁的农村建档立卡贫困人口进行短期培训，以驾驶和机械操作技能为主。帮助贫困家庭劳动力中有能力发展产业的发展产业，没有能力发展产业的在产业发展中稳定就业。第二，结合劳务品牌打造，开展家政服务培训。为帮助大龄生活困难人员就业，兰考县以发展家庭服务业为切入点，家政服务业将逐渐成为兰考增加就业的新领域。第三，结合“互联网+”平台，开展“互联网+”创业培训。第四，结合创业带贫，开展创业致富带头人培训。[①]

兰考采取不同的方法分类培训，针对不同层次不同劳动能力的人员进行不同方式的培训，力争做到人尽其才。依托高级技工学校和兰考职业技术学院，开展订单培训、定向培训，同时提供信息服务，完善劳务对接机制。通过兰考县贫困人口培训的具体做法不难看出，培训扶贫在“精”“准”上下功夫，对不同的贫困人口开展不同培训，更加注重实用性、实效性，同时创新培训形式，多方式、多渠道利用网络媒介提升培训效果，使贫困劳动力通过培训掌握就业创业必备的知识或技能，实现转移就业。建立稳定脱贫长效机制，必须增强贫困人口发展能力，而精准、高效的培训是提升贫困劳动力能力素质的有效路径。如今兰考县虽然已经实现脱贫摘帽，但是巩固脱贫成果仍是重大课题，帮助贫困劳动力增强可持续生计是稳定脱贫、实现小康的内在条件。

2. 稳定就业，提升贫困人口发展能力

就业被视为民生之本，是贫困人口摆脱贫困最有效、最直接的途径。如果贫困家庭的一个成员能掌握一技之长、实现转移就业，就能带动全家稳定脱贫。兰考由政府主导，县人社部门负责，乡镇（街道）劳保中心协调，建立县乡村三级就业创业服务体系。兰考县为实现劳动力转移就业，开展了多方面的工作。首先，实现精准化信息管理，保证贫困劳动力基本信息、就业创业培训情况、享受政策情况等方面的信息精准，同时实行动态信息化管理，开展转移就业“清零”活动，一对一帮扶，实行销号制度。其次，创建就业扶贫基地和就业扶贫车间，因地制宜推广合适的就业扶贫模式，进一步促进贫困人口可持续发展，帮助贫困劳动力实现家门口就业。再次，搭建就业平台，拓宽就业渠道。“栽下梧桐树，引得凤凰

① 兰考县人力资源和社会保障局：《2018 年稳定脱贫奔小康工作的情况汇报》。

来。”兰考县凭借自身优势，吸引大批知名企业入驻，为贫困人口提供大量的就业机会，帮助贫困人口实现专业就业。据统计，2018年，兰考县有3556名贫困劳动力在企业实现就业。最后，统筹开发公益性岗位。兰考县对符合条件的就业困难贫困劳动力予以托底安置，解决他们的就业增收问题。2018年，新开发非全日制公益性岗位299个（兰考县社区卫生管理员），用于安置建档立卡贫困家庭劳动力，充分保障贫困劳动力稳定就业。

同时，政府主导制定优惠政策，扩大就业岗位，在不同的层级帮助各类贫困人口实现就业。在产业集聚区，主要以吸引青壮年劳动力就业为目的，重点打造了龙头产业，同时大力发展战略性新兴产业，为增强县域综合实力打下坚实基础；在乡镇，主要以带动40—60岁年龄人群就业为目的，按照“一乡一业”或“多乡连片一业”的原则，积极引进主导产业配套企业，建设6乡镇产业园区，带动群众创业就业；在农村，主要以带动60岁以上年龄人群和闲散劳动力就业为目的，积极培育龙头企业引领、畜牧规模养殖支撑、饲草种植配套“三位一体”的畜牧产业化，同时大力发展群创产业，吸纳群众在家门口就业。[①]尽可能多地吸纳贫困劳动力就业，提高贫困群众自主脱贫能力，使广大贫困者真正成为兰考经济社会发展的中坚力量，成为兰考稳定脱贫，建设全面小康的中流砥柱。

3. 教育扶贫，阻断贫困代际传递

习近平总书记指出，治贫先治愚，扶贫先扶智。教育是阻断贫困代际传递的治本之策。在贫困治理过程中，阻断贫困代际传递备受关注，教育被认为是阻断代际传递的关键因素。农户受教育水平在提高非农就业机

---

① 兰考县人力资源和社会保障局:《兰考县人力资源和社会保障局行业扶贫工作开展情况》，2017年5月31日。

会、增加农户经济收入、消除农村贫困方面具有重要作用。[①]兰考县在教育扶贫中对贫困家庭学生实施精准资助，保障其学业顺利完成，确保每一位学生不因家庭贫困而辍学。在义务教育方面，推进县乡村三级教育均衡发展，扩大学生公平接受高质量教育的机会；在职业教育方面，开展职业教育和技能培训，提高贫困家庭劳动力技能，增强就业和创业能力。兰考县在实施教育扶贫过程中，认真贯彻落实国家、省教育扶贫政策，同时根据兰考实际情况，加大对建档立卡贫困户在校生的补贴额度。

表 9-1 反映了兰考县对不同教育阶段的补贴情况，表明兰考县加大教育投入力度，对不同阶段的教育实施精准资助，保证贫困家庭学生在每一个阶段都能享受教育扶贫成果，确保学业顺利完成。

表 9-1　兰考县教育扶贫政策

教育阶段	扶持对象	补助标准（生 / 年）
学前教育	在籍在园（校）建档立卡 3—6 岁儿童	生活补贴 500 元
义务教育	除 2014 年、2015 年已脱贫的所有建档立卡贫困家庭在校在籍学生	小学分阶段教育补贴 300 元
		初中分阶段教育补贴 1200 元
普通高中	除 2014 年、2015 年已脱贫的所有建档立卡贫困家庭在校在籍学生	分阶段教育补贴 5000 元
	2017 年 9 月起，在兰考县高中就读的兰考籍学生	每生每年发放教育扩充补贴 1000 元
中职教育	除 2014 年、2015 年已脱贫的所有建档立卡贫困家庭在校在籍学生	分阶段教育补贴 5000 元
	2017 年 9 月起，在兰考县高中就读的兰考籍学生	每生每年发放教育扩充补贴 1000 元

① LOPEZ R，VALDES A. “Fighting rural poverty in Latin America:new evidence of the effects of education，demographics，and access to land”，*Economic development and cultural change,* 2000，pp. 197-211.

续表

教育阶段	扶持对象	补助标准（生 / 年）
高等教育	兰考县建档立卡贫困家庭中接受高等教育的在校在籍学生	5000 元生活补贴
	2017 年 9 月起，在兰考县高中新考入大专及二本、一本院校的兰考户籍学生	一次性发放教育扩充补贴：大专、二本 2000 元，一本 3000 元

资料来源：《兰考县稳定脱贫奔小康实战手册》。

教育扶贫可以提高贫困农户的人力资本水平，从而降低其陷入贫困的概率。教育扶贫具有双重内涵："扶教育之贫"和"依靠教育扶贫"。因此，教育扶贫绝不仅仅是改善办学条件和资助贫困学生，教育扶贫政策还必须关注学校教育结构的变革，根据贫困学生的心理和文化特征，设计出相应的学校教育方法、内容和目标，通过教育供给侧结构性改革为扶智脱贫创造有利条件。[①] 兰考县在教育扶贫领域，"依靠教育扶贫"助力贫困学生接受完整教育，阻断贫困家庭代际传递，促进贫困人口知识和技能的提高，提升抵御社会风险的能力。兰考县以脱贫攻坚统揽经济社会发展全局，"扶教育之贫"，加大教育投资力度，改善教育办学条件，强化教师队伍建设，推动教育资源均衡化。

（七）优化兜底保障体系，实现精准化治理

社会保障作为贫困人口稳定脱贫长效机制最后的防线，在目标群体瞄准、政策目标定位、保障标准确定等方面都标示着其制度属性的"兜底性"，也担负着"安全网"这一社会功能。为了保证稳定脱贫路上不落下一人，保证脱贫的成效，兰考相继制定出台了《关于落实"两不愁三保

① 孟照海：《教育扶贫政策的理论依据及实现条件——国际经验与本土思考》，《教育研究》2016 年第 11 期。

障”要求的实施方案》《稳定脱贫奔小康工作方案》《兰考县稳定脱贫全面小康医疗卫生工作实施方案》《稳定脱贫全面小康就业创业工作方案》《兰考县人力资源和社会保障局稳定脱贫奔小康工作方案》等政策文件，逐步构建了最低生活保障、特困人员供养、残疾人等兜底性制度，基本养老保险，基本医疗保险等多层次的社会保障体系。社会保障体系是对现行的社会救助、社会福利和社会保险等政策的整合，这是巩固脱贫摘帽成果的重要举措，有效保证了稳定脱贫的长效性、可持续性。

1. 政策兜底，构筑“最后防线”

习近平总书记提出“五个一批”，即发展生产脱贫一批、易地扶贫搬迁脱贫一批、生态补偿脱贫一批、发展教育脱贫一批、社会保障兜底一批。其中“通过社会保障兜底一批”作为“五个一批”之一，是实现稳定脱贫和全面建成小康社会不可缺少的部分。扶贫和救助，是一对相辅相成的范畴，总的原则是可以通过经济扶持的对象给予扶贫，不能通过经济扶持的对象给予救助。[①] 兰考县对于没有劳动能力并且通过自身能力不能脱贫的贫困人口进行兜底保障，加强社会保障救助的制度衔接，建立健全社会保障、社会救助和扶贫开发信息的共享。兜底保障政策为那些难以通过自身能力脱贫的贫困人口提供了必要的维持基本生活的手段。这是对“五个一批”的落实，也是对由于不同原因致贫的贫困人口实施的分层分级解决对策。

---

① 唐均：《精准扶贫需在“可持续”上狠下功夫》，《人民论坛》2017 年第 1 期。

表 9-2　最低生活保障救助政策

类别	认定条件	救助标准
城乡居民最低生活保障对象	人均收入低于当年全县最低生活保障线标准，家中没有非生活必需品或奢侈品等	一档 174 元 / 月 二档 154 元 / 月 三档 134 元 / 月
特困人员供养对象	无劳动能力，无生活来源，无法定赡养、扶养、抚养义务人或者其法定义务人无履行义务能力的城乡老人、残疾人以及未满 16 周岁的未成年人	4600 元 / 年
政策兜底户	建档立卡家庭中无劳动能力或丧失劳动能力，除补贴收入外无其他收入来源（“五保”除外），或因癌症等其他重大疾病医疗费支出巨大、入不敷出，不能依靠发展产业自主脱贫者	1. 每人每月领取低保金 174 元；2. 60 岁以下的每人每年 1000 元临时救助金；3. 人均土地不足一亩收益 500 元补足差额

资料来源：《兰考县稳定脱贫奔小康实战手册》。

兰考县在稳定脱贫奔小康的路上，确保不落下一人。经过调查摸底，兰考县需要通过政策兜底解决脱贫稳定的建档立卡贫困户有 4052 人。对于这些无能力脱贫的贫困人口，兰考县实行政策兜底脱贫，推动扶贫政策与农村低保、危房改造、家庭经济困难学生资助等政策无缝衔接。其具体措施包括：一是对于兜底的特困群体，全面纳入最低生活保障范围；二是对于 60 岁以上的贫困户，发放新农保每人每月 80 元；三是对达到兜底标准的年龄不到 60 岁的贫困户，县财政将拿出 1000 万元设立临时救助基金，并将低保户重新认证结余资金作为补充，每人每年一次性救助 1000 元；四是对建档立卡户危房改造实现全覆盖。为了保障兜底政策顺利实施，一要驻村工作队和包村干部积极与民政、住建等部门沟通对接，确保各项兜底政策落实到位；二要街道负责对城区所有低保户按贫困标准救助到位，确保全县范围内不能落下一户。兰考县兜底保障政策实行扶贫与低保的衔接，形成兜底扶贫合力，发挥兜底保障的作用，构建稳定脱贫最后的安全防线。

2.“病有所医”，防止因病返贫

因病致贫、因病返贫是许多贫困人口陷入贫困的主要原因，对这类易返贫群体而言，完善的医疗保障体系是巩固脱贫成效的保障。没有全民健康，就没有全面小康。为解决贫困人口就医需求，进一步减轻医疗费用负担，兰考实行了政府资金兜底的医疗保障政策，大幅度提高医疗保障水平，使这些贫困户提高了生产能力，树立了生活信心，赢得了生活尊严，为贫困家庭脱贫致富、同步进入全面小康社会奠定了坚实基础。兰考县结合实际情况，在脱贫摘帽后坚持脱贫不脱政策，确保贫困人口基本医疗保险全覆盖，实现所有贫困人员城乡居民基本医疗保险参保率达到 100%。投入 1400 万元，对困难群体实行医疗救助。一是落实家庭医生签约服务，做好广大群众的健康“守门人”，贫困人口家庭医生签约服务全覆盖。二是实施健康扶贫保障政策，确保群众基本健康医疗需求得到保障。三是实现“六险”并网，做到“一站式”结算。四是除享受 2016 年政府医疗救助政策以外的所有城乡居民参加全民健康保险，每人每年保险费为 50 元。①

表 9–3　2016—2018 年兰考县医疗救助投入与报销状况

	2016 年	2017 年	2018 年（上半年）
投入资金（万元）	800	1100	1400
报销金额（万元）	882.16	860	616
受益群众（万人次）	4.8	4.5	2.74

资料来源：兰考县卫计委，《健康扶贫有关资料》。

① 兰考县人力资源和社会保障局：《兰考县人力资源和社会保障局 2017 年行业扶贫工作总结及 2018 年工作谋划》。

兰考县兰阳街道朱庄村居民张玉礼患有冠心病，因病先后在多家医院住院治疗，医疗花费巨大，导致家里一贫如洗，因病陷入贫困。但是依靠国家的医疗保障体系和兰考县医疗保险全覆盖的政策，大大解决了张玉礼家庭的后顾之忧。据统计，张玉礼看病总花费91911元，其中农合报销51161.27元、大病报销12240.46元、大病补充报销13616.73元，之后全民健康保险又报销9374.2元，最后实际负担5518.34元。兰考县对医疗事业的巨大投入，让贫困人口真正实现了“病有所医”。根据2016—2018年兰考县医疗救助投入与报销状况表显示，兰考县加大医疗救助的投入力度，实现贫困人口医疗保险全覆盖，真正为贫困人口解决看病之忧，避免贫困人口因病致贫、返贫的发生，为兰考县稳定脱贫全面小康提供强有力的健康保障。

3.“老有所养”，完善社会保障体系

实现贫困人口“老有所养、老有所依”，才能巩固脱贫成效，建立稳定脱贫长效机制。兰考县在脱贫攻坚路上实现了城乡居民社会保险全覆盖，扩大社会养老保险覆盖面，引导农村贫困人口积极参保续保，对特困人员养老保险金实行政府兜底，确保所有贫困群众纳入保障范围，保证每一名农村贫困人口都能参加城乡居民基本养老保险、基本医疗保险，全面落实包括困难群众大病补充医疗保险在内的各项医疗保险待遇和基本养老保险待遇。

兰考县为完善基本养老保障体系，实现稳定脱贫奔小康采取的举措是：（1）实现贫困群众城乡居民基本养老保险全覆盖。城乡居民法定人群全覆盖，确保符合参保条件的贫困人口参保率达到100%，进一步织密织牢社会保障安全网。（2）充分发挥城乡居民养老保险制度在助力精准扶贫方面的托底保障作用。加强部门沟通，摸清农村贫困人口应参加城乡居民基本养老保险、基本医疗保险底数，建立农村贫困人口参保信息数据库，

建立工作台账，实现动态管理。（3）进一步提高城乡居民养老保险基础养老金最低标准。从 2018 年起，将城乡居民基本养老保险金最低标准提高至每人每月 100 元，进一步提高城乡居民收入水平。（4）鼓励提高城乡居民基本养老保险最低缴费档次，提高居民自我保障能力。（5）完善财政缴费补贴机制，加大财政缴费补贴力度。建立缴费激励机制，增加缴费梯次补贴，加大财政对城乡居民养老保险缴费补贴力度，多缴多补，鼓励引导参保群众多缴多得，多缴多补。①

三、巩固脱贫成果建立稳定脱贫长效机制的经验及启示

（一）稳定脱贫应注重系统性和互动性

稳定脱贫是一项系统工程。从兰考的实践来看，稳定脱贫的系统性主要体现在两个层面：一是从县域发展和治理的维度来统领脱贫攻坚，注重脱贫攻坚专项工作与县域发展和治理整体工作之间的联动性、互促性与融合性。以一个县域为中心的脱贫攻坚工作，鉴于目标管理和绩效考核的外部激励与政治要求，首要的是探索贫困县脱贫摘帽、贫困村脱贫出列、贫困人口脱贫致富的实现路径和机制，及时圆满完成既定的目标任务。但是，如果仅仅局限于或满足于脱贫攻坚这一专项工作和短期事务，就不能为脱贫攻坚构建起长效性和稳固性的保障体系，也难以为 2020 年以后的发展议程和框架提供有效支撑和前期导向。为此，我们应以脱贫攻坚为契机和引领，助推县域经济社会可持续发展和贫困县发展转型，并探索贫困县科学、良性、有效治理的基本框架、实施路径与机制。二是着力构建政

① 兰考县人力资源和社会保障局：《2018 年行业扶贫工作方案》。

府—市场—社会的扶贫治理格局，实现政府主导型扶贫、市场导向型扶贫和社会参与型扶贫三种扶贫机制的有效协同。《“十三五”脱贫攻坚规划》提出：“创新脱贫攻坚体制机制，构建政府、市场、社会协同推进的大扶贫开发格局。”大扶贫格局的基本结构是政府、市场、社会三种组织机制和支持力量的衔接与互促。在观察视角和关注重点上，“大扶贫观”意味着综合市场视角和公共治理视角看待贫困问题和减贫工作。市场视角关注的是以市场机制为基础的经济增长和初次分配对贫困问题和减贫事业的影响，公共治理视角关注的是以政府力量和公民社会为基础的权利与机会安排、公共财政支出、社会慈善支出对贫困问题和减贫事业的影响。当然，市场机制和公共治理相互影响、交织在一起。[①] 由此，我国扶贫开发工作中形成了越来越有意识地构建政府主导型扶贫、市场导向型扶贫和社会参与型扶贫三种扶贫机制的多元协同架构。在实施路径上，应通过政府扶持、产业引导、扶贫担保、金融支持、公司参与，促进贫困农户、龙头企业、金融机构等多方共赢、持续发展，用市场机制优化配置产业扶贫资源，把政府主导和市场机制有机结合起来，把扶贫开发与企业发展有效兼顾起来，帮助企业和农户真正实现优势互补、互利共赢、共同发展；鼓励和引导企业、社会组织和个人通过多种方式参与扶贫开发，注重扶贫基金会、扶贫开发协会、慈善总会等社团组织及其他 NGO、NPO 组织对扶贫开发的支持作用，倡导扶贫志愿者行动。

稳定脱贫也需要关注脱贫攻坚的主客体、内容体系等各个子系统和项目之间的有效协同和良性互动。其一，在脱贫攻坚的主客体互动上，通过建立一套分工合理、责任明确、结构完备、层次分明的管理制度、工作体制和运行机制，实现政府机构、市场组织、社会组织、贫困人口等内部与

---

① 李海金、罗忆源：《连片特困地区扶贫开发的战略创新——以武陵山区为例》，《中州学刊》2015年第12期。

外部、主位与客位之间良性地参与、沟通、协商，形成全社会支持扶贫、参与扶贫的强大合力。在贫困乡村和人口层面，应综合考量地域文化、价值理念、生产生活方式等复杂情况，将扶贫脱贫资源嵌入农村治理结构中，深入贫困人口的日常生活及其逻辑体系中，增强扶贫脱贫资源的开放性、共享性，保障其基本权益和平等发展机会。其二，在脱贫攻坚的内容体系层面，根据收入贫困、能力贫困、权利贫困等多维贫困的认识框架以及脆弱性、可持续生计和社会排斥等对贫困的分析范式，建立并完善以政治—经济—社会为基本结构的支持体系，在坚守并进一步强化以政党领导和政府主导为基础的稳定脱贫的政治支持系统的同时，重点引导与支持市场力量和机制参与到脱贫攻坚尤其是产业扶贫、政府购买服务等项目中，动员与吸纳社会力量和机制参与到弱势群体保护、贫困人口心理疏导、考核评估等事务中。

（二）以城乡互动和融合为导向，构建稳定脱贫与县域发展的联结机制

城乡二元结构及其一系列不合理的体制机制是造成城乡基本公共服务失衡的重要因素，因此要实现城乡基本公共服务均等化，必须建立有利于改变城乡二元结构的体制机制，促进城乡发展要素的有效衔接和良性互动。其实现路径与机制主要有：一是破解城乡二元结构和体制，建立以工促农、以城带乡的可持续减贫机制。城乡统筹和一体化发展的核心要点是，“通过工业和城市的发展，支持和引导农村的发展，由城乡分离走向城乡一体。其核心是通过国家整合，将资源尽可能地向乡村配置并激活农村内在的动力”。[①] 在脱贫攻坚的新背景下，首先，要着力消解妨碍城乡

---

① 徐勇：《国家整合与社会主义新农村建设》，《社会主义研究》2006 年第 1 期。

互动和融合的体制机制，进一步打破不利于城乡人口、劳动力流动的分割式、差异化、不公平的户籍制度和就业制度，让贫困农民“进得来、留得住、过得好”；合理确定农村公共物品的分担体制，强化政府尤其是中高层政府的公共服务提供责任，做好城乡公共物品和公共服务的统筹供给；进一步完善农村社会保障体系，化解城乡社会保障制度之间的差距性和非均衡性，保障农民的基本生存发展权利。其次，探索以工促农、以城带乡的城乡发展模式，贫困农村稳定长效脱贫机制的建立需要城市和二、三产业的辐射与带动，推动贫困地区的产业化发展和城镇化建设。二是实现贫困人口收入来源的多样化、收入结构的合理化，提升贫困人口的可持续生计能力，降低生存发展风险。

兰考的做法和经验如下：（1）以特色产业园为引擎，建立以县域经济发展为导向的可持续减贫路径，实现以发展促进减贫的长效机制。结合地方特色，兴办工业园区和农业企业，延长产品加工链，提高产品的附加值，为农民创造就业机会，贫困人口就地转移为兼业的产业工人，生计手段和收入的来源更加多元化，也在一定程度上带动了部分农民工返乡创业，缓解了人口“空心村”现象的不断恶化。（2）以微型企业为载体，吸收贫困人口尤其是妇女和老人实现农村劳动力就近就业，将城市尤其是沿海地区的产业链延伸到贫困乡村，实现城市的技术、信息、市场等与农村的劳动力等生产要素之间的有效融合与互动。结合县情发展泡桐加工和民族乐器加工，利用优越的地理位置引入一批优质企业，优先帮助贫困人口实现就业脱贫。（3）以农民专业合作社为平台和中介，建构统购统销机制，将城市的理念、发展资源（如信息、市场、知识分子、社团）等引入乡村，实现城市带动乡村的新机制，实现农民的组织化，提升农民的发展能力和应对市场的能力。

（三）找准社会扶贫与稳定脱贫的契合点

在巩固脱贫成果阶段，汇聚社会力量，用好社会资源，实现政府扶贫向全社会扶贫的转变，在这一过程中找准社会扶贫与稳定脱贫的契合点至关重要。县域经济社会资源有限，发展受到资源环境的掣肘，难以实现持续性高效化发展。在脱贫攻坚需要大量人力、物力和财力投入之时，仅仅依靠政府的力量难以实现脱贫目标，所以利用好社会资源，激发社会资源的活力，打造稳定脱贫的长效体制机制十分重要。兰考社会扶贫模式与稳定脱贫精准对接，取得显著成效，受到中共中央、国务院重视。2018 年 8 月 19 日发布的《中共中央、国务院关于打赢脱贫攻坚战三年行动的指导意见》专门指出："推广以表现换积分、以积分换物品的'爱心美德公益超市'等自助式帮扶做法，实现社会爱心捐赠与贫困群众个性化需求的精准对接。"

兰考县社会扶贫模式的启示：第一，发挥工商联、共青团、妇联等组织协调和联系纽带的优势，实现社会帮扶与贫困人口精准对接。社会扶贫是脱贫的重要力量，但社会主体在扶贫领域相对松散，缺乏系统性，致使社会资源难以高效、精准地帮扶贫困人口。兰考县利用工商联、共青团、妇联等群众组织的职能作用，整合爱心企业、爱心人士的扶贫资源，形成爱心助学、"巧媳妇"工程、人居环境改善的社会扶贫模式。兰考县理顺政府与社会主体关系，协调社会扶贫主体机制，整合社会力量，提升社会扶贫实效，形成了"群众干、干部扶、社会帮"的合理扶贫格局。第二，以"爱心美德公益超市"为平台，整合社会扶贫资源，提高社会资源利用效益。爱心力量在扶贫济困中从来不会缺席，但是这类资源缺乏有效整合，缺乏公开透明的监管制度。兰考县以"爱心美德公益超市"搭桥，在社会扶贫资源与贫困人口之间建立联结机制，凸显社会扶贫投递的准确性、有效性。爱心超市的物品来源于社会各界力量的捐赠，救助对象是建档立卡的贫困户，凭借爱心积分可以在爱心超市领取所需物品。爱心积分由贫困人口通过劳动能力换取，这样的受助让贫困人口更有获得感和尊严。同时兰考县利用互联网平台，每周向社会各界公布捐赠情况，保证做到公开透明。兰考“1+3”社会扶贫模式，打破了传统的扶贫模式，由以往仅仅依靠政府扶贫转向全社会参与，实现社会资源有效整合，社会资源与贫困人口精准对接。第三，创新社会扶贫机制，将社会资源转化为贫困人口的内生动力。兰考县社会扶贫模式明确了社会、政府和市场的分工与合作，最大限度地发挥社会扶贫的功效。依托社会扶贫资源，创造性建立积分考核奖励机制，用劳动换积分，用积分换取物品，使贫困户有尊严地受助，激发了贫困人口发展动力，提升了贫困人口的精气神。兰考县脱贫成果的巩固也表明，稳定脱贫长效机制的建立，需要形成政府、市场和社会三足合力，发挥社会资源效益，提升贫困人口的自我发展能力。

（四）稳定脱贫应与农村基层发展和治理有机关联

党的十八大报告提出：“推进国家治理体系和治理能力的现代化”，“加快形成科学有效的治理体制，完善社会保障体系，健全基层公共服务和治理网络，建立确保社会既充满活力又和谐有序的体制机制。”县域治理作为国家治理最基础的执行层，是实现国家治理与基层治理有效衔接和良性互动的关键组织平台和联结纽带。兰考县在县级层面开展了一系列以县域治理体系和治理能力现代化为导向的体制机制创新行动，架构稳定脱贫的体制性支撑，当然这些最终都要落实到农村基层治理体系和治理能力上。农村基层发展和治理，是脱贫攻坚关键的约束条件和支撑系统。在公共政策执行层面，脱贫攻坚需要借助于农村基层治理的体制通道、组织平台和动员网络而真正落到实处。基层组织及其体系完善和功能提升对于增强农村贫困人口自我发展能力至关重要。然而，当前农村社会精英大量流入城市，村组干部老龄化严重，基层组织涣散、能力不强，基层治理形同虚设，基层治理的带动能力和动员能力弱化，不利于脱贫攻坚工作的真正落实。建立健全稳定脱贫的长效机制需要配强农村基层干部队伍，兰考县以党建促脱贫、干部队伍建设、定点帮扶等为依托，激发基层党组织、驻村干部、第一书记的执行和动员能力，使之成为带领贫困人口脱贫致富的领路人。

在县域整体发展层面，建立健全稳定脱贫长效机制需要同时兼顾贫困乡镇、村庄、人口与非贫困乡镇、村庄、人口。除了一些直接针对贫困地区和人口的扶持政策、资金和项目之外，在脱贫攻坚进入冲刺阶段时，不应该对贫困村与非贫困村、贫困人口与非贫困人口做出严格、明确的区分，一是防止过多的资源集中于贫困村庄和人口，有可能出现资源堆积和损耗；二是引发贫困村庄和人口周边的非贫困村庄和人口的心理失衡，导致区域性的发展不均衡和基层治理危机。这就需要县级党政机构和部门立足于县域治理和发展的现实境况与未来走向，从整体协同和均衡发展的角度，保持政策关照、资源配置、项目管理和利益分享等方面的张力，从而将脱贫攻坚与基层发展和治理有机关联起来。

第十章　总结与思考

县域是脱贫攻坚的“一线战场”，在国家贫困治理体系中占据着特别重要的位置。赢得832个贫困县“一线战场”的胜利，对于打赢全面建成小康社会背景下的脱贫攻坚战具有支撑性和基础性意义。2014年，河南省兰考县被确定为第二批党的群众路线教育实践活动联系点，习近平总书记先后两次亲临兰考，叮嘱兰考的党员干部要像焦裕禄同志那样到群众中去，想办法让农民的钱袋子尽快鼓起来。面对习近平总书记的嘱托，兰考立下了“三年脱贫、七年小康”的军令状。作为焦裕禄精神的发源地，肩负着习近平总书记的殷切嘱托，兰考县始终将脱贫摘帽和小康致富作为全县工作的重中之重。经过两年多努力，兰考县的贫困人口已经由2014年的7.7万人迅速减少到2017年底的3127人，贫困发生率由2014年的10%降至2017年的1.27%。2017年3月27日，河南省政府宣布，经国务院扶贫开发领导小组评估，兰考县正式在全国脱贫摘帽。兰考县率先实现整县脱贫摘帽，在中国减贫史上翻开了崭新一页。这意味着自20世纪80年代中期国家启动有组织推进的扶贫开发事业以来，中国贫困县总规模第一次实现了净减少，同时也拉开了全面建成小康社会决胜期贫困县脱贫摘帽的序幕。

作为新时期率先脱贫摘帽的成功案例，兰考的脱贫摘帽经验无疑具有重要的理论和实践价值。深入总结和研究兰考脱贫摘帽不仅有助于中国减贫理论的发展，更有助于坚定打赢脱贫攻坚战的信心，有助于脱贫攻坚战中各种政策创新、体制机制创新的分享与推广。下面，我们将集中讨论贫困县摘帽兰考样本的基本内涵及其主要启示。

一、贫困县摘帽兰考样本的基本内涵

经过三年的持续努力，兰考县实现了率先脱贫摘帽。从兰考脱贫攻坚的经验来看，经过前后两轮深入实地走访、调研多次召开讨论会，我们认为兰考脱贫摘帽经验真实可信，兰考脱贫摘帽过程中形成的做法和经验，对于其他县市谋划县域脱贫攻坚的政策体系、方法体系和治理体系具有重要的借鉴意义。

（一）县域脱贫摘帽的可复制“样本”

毋庸置疑，从全国范围来看，新时期 832 个国家扶贫开发工作重点县，各县的减贫与发展实际需求有别，资源禀赋各异，因而在推进脱贫攻坚战的过程中，要坚持因地制宜结合县域实际情况谋划减贫与发展的思路和方法。但打赢县域脱贫攻坚战的同时也面临着一系列共性的问题，特别是共性的难点问题，兰考在解决这些共性问题、难点问题时形成的做法和经验，颇具借鉴意义。就此而言，兰考脱贫摘帽经验构成了可复制的“样本”，具有示范意义。

第一，打赢县域脱贫攻坚战，需要解决好认识体系、政策体系、方法体系和治理体系四个方面的基本问题。首先，从兰考经验来看，科学的认识是有效行动的先导。兰考县高度重视提高和统一各级干部对脱贫攻坚战重大战略意义的认识，坚持习近平新时代中国特色社会主义思想的引领，特别强调要以习近平总书记关于扶贫工作重要论述来指导县域脱贫攻坚的布局谋篇和具体推进。具体来说，兰考县委、县政府领导班子带头学，学习过程中强调原原本本学，结合县域减贫与发展实际学。通过专题党课、以会代训等形式，带动全县干部学习和领会习近平总书记关于扶贫工作重要论述，掌握精准扶贫精准脱贫的工作方法。特别强调发挥“标兵”作用，以身边的榜样提升全县干部的学习和实干热情。经过系列学习活动，兰考县各级干部对打赢县域脱贫攻坚战的政治站位有了很大提高，对各项工作之间的关联性，各自岗位职责的重要性有了更为清晰的认识。其次，在“中央统筹、省负总责、市县抓落实”的扶贫开发管理体制中，县一级发挥着重要的作用，负责将国家层面、省级层面关于脱贫攻坚的顶层设计、各项政策安排，结合县域减贫与发展实际，转化为具有操作性的政策“实践文本”。在这方面，兰考创造性地提出了“三级精准”的理念和方法，一方面不折不扣地落实好中央和省出台的各项政策，另一方面结合县域实际，推出了多项针对性的专门政策，真正实现了“精准扶贫，不漏一人”的工作要求。按照“三级精准”的理念和方法，兰考共制定了12项针对建档立卡贫困户的扶持政策，为贫困人口稳定脱贫提供了有力的政策支撑。最后，贯彻精准扶贫精准脱贫基本方略是保证高质量打赢脱贫攻坚战的关键。兰考县按照精准扶贫精准脱贫基本方略的各项要求，着力解决好“扶持谁、谁来扶、怎么扶、如何退”四个关键性的问题。找准政策扶持对象是后续工作的基础性环节，兰考在2014年建档立卡数据的基础上，先后开展了4轮精准扶贫回头看，利用大数据比对、各项督查检查等手段，确保贫困识别的精度，收到了良好效果，识别结果得到了群众的认可。在解决好“谁来扶”的问题方面，兰考县加强驻村工作队的选配与管理，真正发挥好驻村工作队和第一书记的作用。在选配环节，兰考从全县后备干部队伍中选拔优秀干部，充实到脱贫攻坚的第一线，在脱贫攻坚的前沿阵地培养干部、磨炼干部、提拔干部。建立完备的制度，厘清驻村工作队、第一书记、乡镇干部、村“两委”等各主体的责任，形成相互配合，共同协作的工作机制，真正把驻村工作队锻造成为县域脱贫攻坚最前线的宣传员、服务员、信息员、实验员。这些举措不仅确保了政策资源的精准传递，也在实践中增强了干部的群众观点和党性修养，提升了干部的农村工作能力。在解决“怎么扶”的问题方面，坚持分类施策、精准扶持的原则，根据贫困农户各自的致贫因素和发展意愿，将各项政策资源与贫困农户的减贫及发展需求有效对接。贫困退出是容易产生矛盾的领域，兰考县在贫困退出方面，在省里“1+7+2”的要求基础上，自我加压，出台了“1+7+2+5”的退出标准，在实际操作过程中，跟老百姓一起算账，做到让老百姓认账。同时，注重脱贫后续支持政策体系建设出台了“三保障五政策”，真正做到稳定脱贫。

第二，兰考县脱贫摘帽经验，体现了县域治理和减贫发展的一般规律。关于新时期中国农村贫困问题及其有效治理不能脱离新一轮城乡关系变迁和农村改革发展的历史背景。总体上讲，全面建成小康社会背景下的脱贫攻坚战，任务十分艰巨，但新时代以来县域减贫与发展同时也面临着巨大的机遇。一方面，中央层面密集部署，以各项惠农政策和扶贫开发政策支持贫困县摆脱贫困，实现县域经济社会发展面貌的整体改观；另一方面，随着中国经济的深度调整，沿海地区产业加速向中西部地区转移、工商业资本和金融资本下乡，农业产业化发展，以及人口流动趋势的变化，为贫困县县域减贫与发展提供了良好的外部环境。如何有效地利用各种政策利好和外部环境优势，将其转化为实实在在的成果，是总体谋划县域脱贫攻坚和区域发展的基本思考框架。兰考县坚持按照习近平总书记关于县域发展与治理的三点指导，以脱贫攻坚统揽县域经济社会发展全局，从产业体系布局、新型城镇化体系建设、公共服务体系建设等方面，统筹考虑脱贫攻坚与区域发展的关系，谋划脱贫攻坚和县域发展的总体方略，深入推进各项配套改革，真正实现了“把强县和富民统一起来”“把改革和发展相结合起来”“把城镇和乡村贯通起来”。可以说，良好的县域脱贫攻坚和改革发展思路与规划，为打赢脱贫攻坚战提供了有力保障。县域内的贫困社区贫困人口，能够有序参与到县域经济社会发展的过程中，各项成果对贫困人口脱贫增收发挥了带动作用。

第三，在县域脱贫攻坚过程中，各县都遇到了一些难点问题，诸如形式主义问题、政策落实问题等，兰考县在解答这些难点问题方面，形成了宝贵的经验，收到了良好效果，为其他县市解决类似问题提供了“样本”。党的十八大以来，国家精准扶贫精准脱贫的政策体系和治理体系“四梁八柱”的顶层设计逐渐完成，为各地结合实际打赢脱贫攻坚战提供了资源、方法上的保障。从实践层面来看，这套体系具有科学性和有效性，但在执行方面，一些地方由于存在一些认识问题、方法问题，推进效果不够理想，一定范围内形式主义问题较为突出，各项政策举措的落实仍面临一些体制机制障碍。兰考的经验表明，在脱贫攻坚过程中，要深入推进县域各项改革，为精准扶贫精准脱贫基本方略在县域实践中有效贯彻保驾护航。以政策落实问题为例，兰考县为了破解政策“最后一公里”问题，在原有县委督查室、政府督查办等机构的基础上，组建兰考县委县政府督查局，并赋予督查局督查调研、进度检查、督查协调等九项职能。围绕着县域精准扶贫工作的有效开展，兰考县委县政府督查局与各个责任主体签订目标责任书，逐级压实责任，定期检查督察，通过台账式管理，确保了县域脱贫攻坚各项部署的有序落实。特别是通过督查调研，将精准扶贫工作开展过程中的各类问题及时反馈到县级决策部门，为各项政策的不断调整与优化提供了信息和参考。

（二）兰考脱贫摘帽经验的理论与实践贡献

兰考成功实现脱贫摘帽，不仅赢得了县域脱贫攻坚战的胜利，更为重要的是，其成功经验充分体现了习近平新时代中国特色社会主义思想特别是习近平总书记关于扶贫工作重要论述的指导意义，充分体现了中国共产党领导下中国国家贫困治理体系的政治优势和制度优势，充分体现了精准扶贫精准脱贫“四梁八柱”顶层设计的科学性和可操作性，充分体现了脱贫攻坚政策“组合拳”与县域经济社会发展实际结合、与贫困村及贫困户内在脱贫需求相结合的治理结构安排的运行成效。

其一，兰考脱贫摘帽的成功经验，充分证明了习近平总书记关于扶贫工作重要论述的科学性和有效性。党的十八大以来，以习近平同志为核心的党中央高度重视扶贫开发事业，将打赢脱贫攻坚战作为全面建成小康社会的底线目标和标志性指标，纳入“五位一体”的总体布局和“四个全面”的战略布局，以前所未有的力度推进。围绕着如何认识打赢脱贫攻坚战的战略意义，如何准确把握中国农村贫困问题的实质，如何更为有效地开展贫困治理，习近平总书记多次发表重要讲话，多次做出重要指示和批示，多次亲临脱贫攻坚一线与干部群众共商脱贫大计，这些重要的论述形成了内容丰富、逻辑严密、全面系统的论述体系。兰考脱贫摘帽的成功经验，充分表明习近平新时代中国特色社会主义思想，特别是其中习近平总书记关于扶贫工作重要论述对于打赢脱贫攻坚战的指导意义。习近平总书记关于扶贫工作重要论述解决了新时期脱贫攻坚战的认识论、方法论和实践论问题。从认识论的角度来讲，要深刻认识到打赢脱贫攻坚战的重大战略意义，切实提升政治站位；要充分认识到脱贫攻坚任务的艰巨性，把工作的重心放到脱贫攻坚上来，以脱贫攻坚统揽经济社会发展全局；要科学认识新时期中国农村贫困问题的成因和实质，结合地方实际准确把握制约当地贫困社区和贫困农户脱贫增收的瓶颈因素；要看到脱贫攻坚与其他各领域工作之间的辩证关系，以各领域全面深化改革为脱贫攻坚保驾护航，同时在脱贫攻坚的过程中提升县域治理各领域的能力。从方法论的角度来讲，要坚持因地制宜的观点，将中央、省一级关于脱贫攻坚的各项政策部署落到实处，要坚持贯彻精准扶贫精准脱贫的基本方略，做到“六个精准”，借助“五个一批”的分类施策办法，切实解决好“四个问题”。从实践论的角度来讲，要坚持以人民为中心的发展理念，以贫困社区和贫困人口的减贫与发展需求为出发点，将政策支持和外部发展机遇转化为实实在在的减贫成果，提升县域发展的内生动力，带动贫困人口稳定脱贫；要坚持实事求是的思想路线，践行“从群众中来到群众中去”的群众路线，扶贫与扶志相结合，激发贫困社区和贫困人口脱贫的主观愿望和内在动力。这些思想对于打赢县域脱贫攻坚战具有重要的指导意义，兰考县的成功脱贫恰恰是习近平总书记关于扶贫工作重要论述科学性和指导性的生动体现。

其二，兰考脱贫摘帽的成功经验，充分体现了中国共产党领导下中国国家贫困治理体系的政治优势和制度优势。经过三年的不懈努力，兰考实现了成功脱贫摘帽，三年间，兰考累计 7 万余人脱贫，其中 2014 年实现脱贫 5063 户 19360 人；2015 年实现脱贫 10843 户 37556 人；2016 年实现脱贫 5310 户 12675 人。从世界范围来看，在短时间内实现如此大规模的减贫，堪称“中国奇迹”，而创造这一奇迹的根本，在于中国国家贫困治理体系具有独特的政治优势和制度优势，即中国共产党的坚强领导。中国共产党诞生于近代中国社会陷入空前危机、民族危亡的时刻，自诞生之日起，中国共产党就将实现民族独立、国家富强、人民幸福作为矢志不渝的奋斗目标。消除贫困、改善民生，逐步实现共同富裕，是中国共产党领导的社会主义事业的本质。发展为了人民，发展依靠人民，发展成果由人民共享，是党领导下中国特色社会主义事业建设的根本价值取向。党的十八大以来，以习近平同志为核心的党中央，将打赢脱贫攻坚战作为全面建成小康社会背景下社会的底线目标和标志性指标，作为社会主义的本质，以前所未有的力度推进，中国国家贫困治理体系和治理能力显著提升。从实践层面来看，在中国共产党领导下，形成了五级书记一起抓扶贫的扶贫开发领导格局，各贫困县将脱贫攻坚作为第一民生工程，以脱贫攻坚统揽经济社会发展全局，聚精会神打赢脱贫攻坚战；围绕着脱贫攻坚目标的实现，全党全国全社会高度动员，密集行动，在资源保障、人力保障、政策保障、体制机制保障等方面均形成了有力支持。我们看到，脱贫攻坚战在中国国家治理领域中无疑是重要的板块。在党的领导下，脱贫攻坚成为政治注意力、公众注意力高度密集、资源高度密集的领域，同时也是各项改革创新举措高度密集的领域。这些政策创新、体制机制创新，不仅为打赢脱贫攻坚战提供了有力支撑，也为其他领域的改革积累了经验，探索了道路，有利于中国国家治理体系的不断优化和治理能力的不断提升。此外，在中国共产党领导下，县域脱贫攻坚领域还贡献出众多的中国奇迹，如在贫困识别领域中，国际通行的贫困识别方法（主要包括家计调查和参与式财富评估以及二者相结合的识别办法），识别精度都不到65%，而以兰考为代表的中国县域贫困治理的识别精度超过了98%。这一奇迹，无疑得益于新时代中国国家贫困治理领域的改革创新，特别是得益于加强驻村工作队和基层组织建设的成果。应当看到，在中国共产党领导下，坚持习近平总书记关于扶贫工作重要论述的指导，坚持精准扶贫精准脱贫的基本方略，为解决众多国际减贫与发展领域的难点问题提供了中国方案，贡献出了中国智慧。

其三，兰考脱贫摘帽的成功经验，充分体现了精准扶贫精准脱贫“四梁八柱”顶层设计的科学性和可操作性，体现了脱贫攻坚政策“组合拳”与县域经济社会发展实际结合、与贫困村及贫困户内在脱贫需求相结合治理结构安排的运行成效。精准扶贫精准脱贫基本方略的提出，在中国乃至世界减贫史上堪称重要的理论和实践创新。在减贫研究领域内，知识界广有共识的是，贫困问题的成因具有多维性，即贫困问题不能简单理解为物质生活的匮乏状态，而是要看到贫困社区和贫困人口面临多个维度的匮乏、脆弱性和权能缺失状态，包括生计、人力资本、政治权力等方面。同时，在社区和个体层面，致贫因素的组合每每不同，因而有效的贫困治理需要增进政策供给对于多元化、差异化需求的回应能力。然而，从世界范围来看，成功的经验并不多，主要体现在局部地区或特定的反贫困干预项目上，并没有形成完整的国家贫困治理领域的体系化改革和能力建设案例。党的十八大以来，按照习近平总书记关于扶贫工作重要论述的指引，国家贫困治理体系经历着密集的调整与优化，在深入贯彻精准扶贫精准脱贫基本方略的过程中，中央层面各部委密集出台“一揽子”政策举措，密集推进一系列体制机制改革，为各地结合地方减贫与发展实际，谋划脱贫攻坚的思路和路径提供了有力的支撑。特别是围绕着增进政策供给对于政策需求的有效响应能力，中国创造性地形成了“中央统筹、省负总责、市县抓落实”的扶贫开发管理体制，通过实施“四到县”的改革，将决策重心和资源配置重心下沉到县及县以下层级，同时扩大贫困社区和贫困人口在减贫与发展过程中的参与度，确保了政策供给的有效性和回应性。兰考在脱贫攻坚过程中，进一步形成了项目安排权限下放到村、资金管理权限下放到乡镇的改革思路，通过这些改革措施，避免了政策资源的错配，将各项扶持政策与贫困人口的发展意愿和自身优势更好衔接，形成了分类施策、精准帮扶的工作格局，收到了良好的效果。

二、兰考脱贫摘帽的主要启示

在中国国家贫困治理体系中，各项决策部署如何因地制宜地落到实处，县域是关键的一环。县一级需要结合国家脱贫攻坚的总体部署和县域扶贫开发工作实际，合理安排工作进度，统筹好人力、财力、政策、项目等各项资源，并具体组织各项工作有序开展。同时，县域脱贫攻坚直接面对老百姓，直接接触群众工作，人民群众能否在国家政策中有实实在在的获得感，是否在扶贫开发过程中增进对国家政策的认同和对执政党的真心拥护，很大程度上取决于县域脱贫攻坚工作做得是否扎实，是否卓有成效，是否扶到了点上、扶到了根上、扶到了心里。可以说，脱贫攻坚的“一线战场”在县域，实现各个贫困县脱贫摘帽，对于打赢全面建成小康社会背景下的脱贫攻坚战具有支撑性和基础性意义。兰考脱贫摘帽的成功经验，为其他县市谋划县域脱贫攻坚，解决精准扶贫精准脱贫领域的难点问题提供了重要的启示。兰考脱贫摘帽的经验表明，党的十八大以来，在习近平总书记关于扶贫工作重要论述的指引下，国家贫困治理体系“四梁八柱”的顶层设计具有科学性和有效性，特别是兰考脱贫摘帽的成功样本反映出县域脱贫攻坚的一般性规律，主要包括五个方面。

（一）坚持以脱贫攻坚统揽经济社会发展全局

以脱贫攻坚统揽经济社会发展全局，对于打赢县域脱贫攻坚战具有重要意义。一方面，贫困的成因具有复杂性和多维性，有效的贫困治理需要统筹各方，最大限度地增进部门之间、政府市场与社会之间的协调，形成最为广泛的合力，综合性地回应贫困社区和贫困人口的减贫与发展需求。另一方面，县域脱贫攻坚阶段的布局谋篇，需要将各种政策资源和外部发展环境，结合县域实际，“找准发展的路子”，转化为实实在在的减贫与发展成果。具体来说，兰考县以脱贫攻坚统揽经济社会发展全局，体现在县域发展的谋篇布局贯穿新发展理念的要求，把县域贫困治理纳入全县发展全局来谋划和推进，体现在县一级在谋划县域发展规划、重大建设项目、重大工程时，始终围绕着促进贫困人口参与和分享改革与发展红利，补齐制约县域城乡协调发展的短板因素，为县域贫困地区和贫困人口脱贫增收提供各方面的支撑。同时，打赢县域脱贫攻坚战，不仅是加大财力投入补齐各类短板因素，还需要以深化改革的思维来巩固脱贫攻坚的成功。兰考县以全面深化县域改革为脱贫攻坚破除各类体制机制障碍，确保精准扶贫精准脱贫的基本方略能够落到实处。一方面，因地制宜抓好各项精准扶贫政策的落实；另一方面，在县域层面明晰政府、市场与社会的边界，以便更好地发挥市场的决定性作用和履行政府的职能。

（二）脱贫攻坚与全面深化县域改革相结合

新时期中国农村贫困治理面临着一系列的新问题和新挑战，如何根据农村减贫形势的变动来调整和优化政策供给，推动体制机制创新，是赢得脱贫攻坚战胜利的关键。2014 年 3 月 18 日，习近平总书记到兰考县参加县委常委扩大会议并发表了重要讲话，提出脱贫攻坚和县域治理要坚持“把改革和发展结合起来”。按照习近平总书记的指示，兰考县坚持问题导向，破解制约精准扶贫精准脱贫基本方略贯彻落实的体制机制性因素，形成了多个方面的创新做法。具体而言，主要包括：加强驻村工作队的选派与管理，建立完善的制度，在压实责任的同时明确各方职责，形成各方配合共同推动精准扶贫的工作格局；改革县域督查体制，会用督查、擅用督查，以督查工作督促和激励干部将主要的注意力放到脱贫攻坚上来，确保县域精准扶贫各项部署有序推进；创新产业扶贫工作模式，将产业扶贫规划与县域城镇化规划相衔接，将产业扶贫与县域小城镇发展和乡村振兴相衔接；改革县乡之间的事权关系，把资源配置和决策的重心下沉到基层，增强政策安排的有效性等。实践证明，兰考以问题为导向的深化改革，有力地促进了脱贫攻坚工作有序开展，避免了片面发挥政治优势而忽视全面深化改革，让干部群众干实事谋发展有热情、有动力、有支撑。

（三）因地制宜谋划县域精准扶贫的政策体系

在国家贫困治理体系新一轮的调整中，有两个方面的突出特点。其一，注重强化中央层面的顶层设计，根据新时期减贫形势的变动，结合精准扶贫精准脱贫的基本方略，中央、各部委相继出台了一系列政策文件，构筑起新时期国家贫困治理的政策框架。其二，在强化顶层设计的同时，向直面减贫与发展一线的基层政府层级赋权，将决策重心和资源配置重心下沉到基层。特别是实现了由“四到省”管理体制向“四到县”管理体制的转变，鼓励基层政府组织结合当地贫困问题的实际状况，细化国家层面、部委层面的大政方针，形成契合地方需求的“操作文本”。从学理层面来讲，基层政府组织更容易接收到贫困社区和贫困农户的需求信息，因而赋予基层政府因地制宜“细化”各项政策的权限，有益于增进政策供给的有效性，从而深入践行“以人民为中心”的发展理念。兰考县在谋划县域精准扶贫政策体系的过程中，形成了“三级精准”的政策理念，一方面，将中央层面、省级层面的各项政策部署结合地方实际有效贯彻落实；另一方面，根据地方特点，推出了多项针对性的政策举措，共同构筑起县域精准扶贫政策体系。特别是注重政策之间的配合与衔接，注重政策支持与贫困农户发展意愿以及自身需求与优势的结合，注重贫困社区和贫困农户在扶贫方案形成过程中的主体性发挥，从而确保了政策供给与政策需求的精准对接。

（四）扶贫与扶智扶志相结合，激发内生动力

内生动力可以从两个层面理解。其一，扶贫开发仅仅依靠外部支持是不够的，贫困社区和贫困农户是发展的主体，要摆脱“等、靠、要”的思

想，积极参与到减贫与发展的过程中，通过自身努力与外部支持相结合，实现脱贫增收。其二，扶贫开发的过程是帮助贫困地区、贫困社区和贫困人口改善发展环境、提升发展能力的过程，稳定脱贫意味着贫困地区、贫困社区和贫困人口逐步具备自我发展的能力。兰考县坚持将扶贫与扶智扶志相结合，注重内生动力的激发。用兰考县委书记蔡松涛的话来讲，就是兰考内生动力首先体现在“县级干部领着干、科级干部比着干，人民群众比着干”。保持干部队伍积极向上的精神面貌，激发干部干事热情，是兰考在建设内生动力过程中首先要解决的问题。通过各类学习、交流、研讨，兰考干部队伍坚定了“三年脱贫、七年小康”的信心与决心，通过建立有效的激励制度，干部有了干事的热情。通过干部下乡、基层党建，在贫困社区和贫困农户中形成了强大的发展共识。特别是兰考大力推进移风易俗，实施“五净一规范”等旨在改变贫困人口精神面貌的专项行动，在当地形成了奋发有为、以脱贫为荣的社会氛围，精神贫困问题得到了较为有效的治理。兰考注重系统性改善当地贫困社区和贫困人口的内生发展能力，贫困村层面，在补齐各种基础设施和公共服务短板的同时，实施“双提升工程”，加强基层党组织的能力建设，夯实基层党组织引领发展的战斗堡垒作用，加强村集体经济建设，让村里公共事务有人关心、有人管、能管好。注重贫困农户的人力资本建设，帮助贫困农户建立稳定生计，建立家庭成长的支撑体系，有效防止返贫现象，提升脱贫质量。上述举措体现了精准扶贫精准脱贫的深层次要求，即不仅要实现“两不愁三保障”等指标层面的要求，而且要整体性改变贫困地区、贫困社区和贫困农户的精神面貌，促进其自我发展能力的成长。

（五）坚持党建引领县域脱贫攻坚

党的领导是中国国家贫困治理体系最大的政治优势和制度优势。以党建促脱贫是中国减贫道路中独特的经验，也是中国扶贫开发事业取得举世瞩目重大成就的关键性因素。在基层扶贫开发工作中，尤其要做好以党建促脱贫工作，以党建引领县域脱贫攻坚全局。从兰考脱贫摘帽的经验来看，党建引领县域脱贫攻坚领域体现在三个方面。首先，党的领导能够发挥统筹全局、协调各方的作用，形成强大的脱贫攻坚合力。党的领导为脱贫攻坚事业提供了政治保障、思想保障和组织保障，将县域各种资源、各种人力有序配置到县域脱贫攻坚的各条战线。通过县、乡、村三级书记一起抓扶贫，县域范围内逐级压实脱贫攻坚责任，形成了有力有序推进的局面。其次，通过践行实事求是的思想路线和从群众中来到群众中去的工作路线，精准扶贫精准脱贫的基本方略得以有效贯彻。精准扶贫精准脱贫的基本方略本质上与党的思想路线和工作路线要求是一致的，通过选派驻村工作队和第一书记，脱贫攻坚的各项政策部署有了落实的直接管道，基层的社情民意可以直接反馈到县域主管精准扶贫的决策部门，贫困治理获得了不断自我优化的能力。最后，通过夯实村级党组织的战斗堡垒作用，解决了贫困村组织涣散乏力的问题，形成了脱贫致富的“红色引擎”，贫困村的村级治理水平显著改善，凝聚力、向心力大为增强。

兰考成功实现脱贫摘帽的经验表明，实施精准扶贫精准脱贫，找准了新时期中国农村贫困治理的有效路径。通过精准施策，县域发展的短板因素得以补齐，贫困社区和贫困农户的内生发展动力不断成长，为全面实施乡村振兴奠定了基础。同时，打赢脱贫攻坚战的成果不仅体现在实现了各项减贫指标保质保量完成，更体现在通过高质量实施脱贫攻坚，老百姓有了实实在在的获得感，对党的政策增进了认同，党的执政之基得以不断夯实。在实施脱贫攻坚的过程中，农村基层治理体系和治理能力显著增强，县域经济社会发展进入了良性运行的状态。

三、“摘帽县”巩固脱贫成果的重要意义

贫困县实现脱贫摘帽以后，并不意味着扶贫工作的终结。前文已述，在脱贫攻坚阶段，取得了多方面的脱贫成果。巩固好脱贫成果，不仅有利于建立稳定脱贫的长效机制，也有助于县域持续发展能力的建设，有利于县域治理体系的完善和治理能力的提升。有鉴于此，应着力克服“歇脚松劲”的思想，做到思想上不松懈、政策上不松劲，及时巩固脱贫成果，最大化打赢脱贫攻坚战的胜利果实。2017 年，兰考在全国率先退出贫困县序列，进入稳定脱贫奔小康的冲刺阶段。兰考认识到打赢脱贫攻坚战以后仍然面临着以下几个发展问题：一是还有部分贫困人口亟待脱贫。截至 2018 年初，兰考仍然还有贫困人口 3367 户 6924 人，这部分人口大多是缺少发展能力和发展资源的人口，是脱贫攻坚中的硬骨头，要进一步解决这部分人的脱贫问题需要有创新的思路。二是脱贫攻坚的成效还不稳固。已经脱贫的贫困人口中还有部分属于脆弱性人群，易因病、因学、因灾返贫，需要进一步稳固现有脱贫成效，为 2020 年全面建成小康社会奠定坚实的基础。三是县域全面发展的能力还有待提升。兰考以脱贫攻坚统揽经济社会发展全局取得了重要成就，但是长期以来的贫困制约因素还没有完全消除，经济社会全面发展的基础还比较薄弱，因此要进一步促进县域经济社会文化等全面提升，唯有继续改革创新才能进一步推动剩余贫困人口脱贫，巩固前期脱贫攻坚的成效，促进经济社会全面发展，实现 2020 年稳定脱贫奔小康的战略目标。毫无疑问，贫困县脱贫摘帽的成果是多方面的，因此巩固县域脱贫摘帽成果具有十分重要的意义。

其一，巩固脱贫成果，是“精准扶贫精准脱贫”基本方略的自然延伸，是脱贫成效赢得人民认可、经得起历史检验的关键。“精准扶贫精

准脱贫”的基本方略，内在地要求建立稳定脱贫长效机制，做到“真脱贫”，脱贫成效要得到人民的认可，经得起历史检验。恰如2017年习近平总书记在参加十二届全国人大五次会议四川代表团审议时指出：“防止返贫和继续攻坚同样重要，已经摘帽的贫困县、贫困村、贫困户，要继续巩固，增强‘造血’功能，建立健全稳定脱贫长效机制，坚决制止扶贫工作中的形式主义。”要充分认识到刚刚实现脱贫目标的农户、社区和贫困地区，在自然、市场等多重风险因素的侵袭下，返贫存在较高风险，需要在一定时期内保持政策的延续性，建立稳定脱贫的长效机制，对于防止返贫具有重要意义。

其二，巩固脱贫成果，保持良好发展态势，做好脱贫攻坚与乡村振兴战略衔接，对于实现社会主义现代化强国建设具有重要意义。党的十九大报告描绘了未来中国特色社会主义现代化强国建设的宏伟蓝图，指明了未来改革与发展的前进方向。实现脱贫攻坚总体目标，不仅是全面建成小康社会的标志性指标，也是为全面实施乡村振兴补短板、打基础的关键之举。通过实施脱贫攻坚战略，贫困县县域经济社会发展面貌显著改善，初步形成了内生动力和良好发展态势，为全面实施乡村振兴战略打下了较好基础，巩固脱贫成果应着眼于进一步夯实基础，提振内生动能，将良好发展态势保持下去，在新一轮发展的机遇期中乘势而起，赢得更大的胜利。

其三，巩固脱贫成果，进一步完善县域治理体系提升治理能力，是国家治理体系现代化的重要内容之一。县一级在中国国家治理体系中是非常重要的层级，不仅是重要的行政单元、发展单元，也是基本的治理单元。县域治理体系和治理能力的现代化是国家治理体系现代化的重要内容之一，在脱贫攻坚过程中，县域不仅是各项政策资源下沉到基层的前线指挥所，也是改革与创新的前沿阵地。特别是围绕着打赢脱贫攻坚战，县域治理领域各项改革措施密集出台，解决了一些长期想解决却解决不了、解决不好的问题，形成了众多体制机制创新。这些创新成果，不仅对于脱贫攻坚本身具有意义，也为未来县域治理的其他领域实践提供可资借鉴的方案。因此，巩固脱贫成果，还应着眼于将这些创新做法、经验模式及时转化为县域治理的制度化安排，从而更好地提升县域治理水平。

其四，巩固脱贫成果，是加强党对农村工作领导、对县域治理各项事务领导，巩固党的执政根基的必然要求。可以说，实现脱贫攻坚，兑现“庄严承诺”起到了“徙木立信”的作用，高质量实现脱贫摘帽，凝聚了党心民心，高标准贯彻“精准扶贫精准脱贫”基本方略，让老百姓增强了对党的政策的理解与认同，坚定了在党的领导下实现乡村振兴的信心。在此意义上，巩固脱贫成果同时也是巩固党的建设的成果，是巩固党的执政根基的必然要求。

四、脱贫攻坚对乡村振兴理论与实践的贡献

在调研过程中我们发现，三年多来，兰考的脱贫攻坚实践，不仅取得了真实、可信的脱贫成绩，也为进一步推进乡村振兴奠定了基础，脱贫攻坚过程中形成的经验与模式迅速移植、转换到乡村振兴的战场，呈现出良好的发展势头。具体来说，兰考“三年脱贫与七年小康衔接”的经验表明，脱贫攻坚对于乡村振兴具有多层面的理论和实践贡献。

第一，脱贫攻坚取得实绩，农村贫困地区的各类短板因素快速补齐，初步形成了贫困社区对接发展机遇实现内生发展的良性局面，为乡村振兴打下坚实基础。脱贫攻坚实施过程中，贫困村基础设施、基本公共服务等各项短板因素快速补齐，在普惠政策与特惠政策相结合的支撑下，贫困人口实现了“两不愁三保障”。逐步补齐这些短板因素，有助于贫困地区踏上稳定脱贫进而实现乡村振兴的新台阶。未来的发展逐渐有了人力资本基

础、组织基础、社会基础和文化基础，内生动力初步形成，能够主动抢抓外部机遇，转换为乡村发展的实效。

第二，脱贫攻坚和乡村振兴都是复杂而艰巨的任务，不能孤立地看待，需要明确其在县域经济社会发展全局中的地位。兰考之所以能够取得脱贫攻坚战的巨大胜利，得益于贯彻了习近平总书记关于以脱贫攻坚统揽经济社会发展全局的论述，将强县与富民结合起来，将城乡贯通起来。在脱贫攻坚过程中，兰考县域产业体系、城镇化体系布局基本完成，强县与富民统一起来的基础初步形成，城乡贯通起来的格局已经显现出一定运行效果。兰考脱贫摘帽的经验表明，农村贫困治理并不是孤立的问题，而是需要在整个县域治理的整体框架中求解，在推动县域经济社会发展、推动县域产业和城镇化合理布局、推动农业产业高质量现代化，以及推动基本公共服务均等化和提升基层治理能力的整体思维中寻找思路。这与乡村振兴具有高度一致的逻辑性，因而精准扶贫的贫困治理思维无疑对于乡村振兴具有很强的借鉴意义。

第三，在脱贫攻坚的过程中，增强了干部队伍的群众观点，提升了干部队伍推动乡村发展的热情和能力。坚持以人民为中心的发展理念，才能够赢得人民的满意和认同。兰考在推进脱贫攻坚的过程中，十分注重干部队伍建设，坚持在脱贫攻坚的一线锻炼干部、培养干部、考察干部、选拔干部。在兰考脱贫攻坚阶段，从全县后备干部队伍中选拔 345 人，充实到 115 个贫困村，作为驻村工作队，同时制定驻村工作管理制度。因村派人精准，是六个精准的基本要求，从精准扶贫工作本身来看，驻村工作队和第一书记发挥好作用，能够打通政策资源传递的管道，将国家精准扶贫的意志直接贯穿至乡村基层。同时，兰考实践经验表明，驻村工作队不仅发挥着政策宣传员、服务快递员的角色，还扮演着信息反馈员、政策实验员、创新推动员的角色，正是在脱贫攻坚的一线上，各类政策创新、制度创新得以快速试验—反馈—推广。此外还应看到，干部下乡增进了党和人民群众的血肉联系，建立和巩固了干群之间的情感纽带，增强了干部的群众观点，帮助干部熟悉农村工作的特点和政策，提升了干部的群众工作能力。在脱贫攻坚过程中锻炼了一批热衷于乡村工作，了解农村，能力出众的干部，对于深入推进乡村振兴无疑是巨大的财富。在兰考，完成了三年脱贫承诺以后，驻村工作的经验在全县各农村社区继续推广，脱贫攻坚驻村工作队提升为奔小康工作队，通过实施“支部连支部”工程和继续选派驻村干部，实现了县域农村全覆盖，为巩固脱贫成果、促进乡村振兴提供了有力支撑。

第四，在乡村振兴战略实施过程中，同样需要坚持精准思维和系统思维。精准扶贫的脱贫攻坚战，重在精准、贵在精准。精准扶贫精准脱贫的核心，恰恰在于要坚持对贫困人口、贫困社区多维度、多层次、多元化需求的有效回应。理由在于：

一方面，贫困治理是一项系统工程。唯有坚持系统思维，从乡村治理、乡村产业、乡村文化、乡村社会、乡村环境等全方面改善，才能够稳定提升贫困村和贫困人口的内生发展动能。办好乡村的事情，支部是关键，基层治理体系和治理能力是基础，很难想象村治混乱失序，基层战斗堡垒弱化的村，能够实现脱贫致富，因此，乡村治理是贫困治理的应有之义。兰考通过实施“双提升工程”，通过配强村“两委”，整顿基层组织弱化问题，有效改善了乡村治理的面貌，形成了带领农民脱贫增收的坚强堡垒，培育了一大批红色领头雁。产业是乡村发展的根本，也是农业现代化的基本领域，乡村地区市场发育不充分，市场体系不健全，经营分散，现代产业体系没有建立起来，产业带动农户增收能力不足，是较为普遍的现象，通过政策、金融、土地、农民、市场主体五位一体的形式推进农业产业化、现代化是提升贫困乡村内生动力的关键，同时也是乡村振兴的基本问题之一。积极向上的乡村文化不仅涵养和传承着中华传统美德，也是调节乡村社会关系、维护乡村秩序、增进乡村凝聚力的重要力量。通过移风易俗、弘扬美德，用积极的文化影响人、熏染人，实现人的精神面貌改变，摆脱精神贫困，是贫困治理也是乡村振兴需要很好解决的问题。随着乡村社会事业的发展，社会分化程度不断加深，对乡村发展和治理都有着复杂影响，补齐贫困村社会事业短板，找到分化了的农村社会发展与治理的最大公约数，有益于厚植人力资本和社会资本，为乡村脱贫和振兴蓄积力量。最后还应看到，中国农村发展的资源约束、生态约束十分显著，中国贫困治理和乡村振兴始终需要坚持“绿水青山就是金山银山”的观点，守住生态底线，建设美丽乡村。

另一方面，知识界早有共识的是，中国乡村在区域之间、社区之间存在着广泛的差异，不仅体现在资源禀赋、发展环境方面，也体现在文化传统、社区团结类型等方面，因此精准思维同样适用于乡村振兴战略。实施乡村振兴战略，同样无法借助单一的模板一体化推进，因地制宜、分类扶持、体现特色依然是基本的思维框架。实际上，在中国新一轮惠农政策的安排中，通过“一村一品、一乡一业”的策略，推动乡村发展已然进入官方的话语体系和政策体系，各地虽然有一些零星的探索，但相关的体制机制安排并没有充分得到制度化发展。脱贫攻坚时代，中国建立了精准扶贫的国家贫困治理体系，这套体系的核心恰恰在于增强政策供给对于多元化、差异化需求的回应能力，并且经过实践检验，成效非常显著。具体而言，主要做法包括，充分放活县乡一级政府组织因地制宜制定发展规划、安排项目的权限，充分发挥农民的首创精神，尊重贫困社区和贫困农户的发展意愿与主体性，同时加强政府的宏观引导和监管，确保贯彻新发展理念，确保正确的发展方向。以产业扶贫为例，从兰考的做法来看，谋划脱贫攻坚和乡村振兴，同样需要将外部发展机遇、政策红利与当地乡村减贫及发展的实际需求很好衔接。兰考立足自身资源禀赋、农业传统和农民发展意愿，引进了鸡鸭牛羊驴等十大产业，合理布局产业体系，形成了完整的产业链条，产业布局与城镇化布局很好衔接，产业发展的社会基础、利益联结机制完整高效，从而在提振农业产业的同时，解决好了农民增收的问题。在操作层面，县一级引进龙头企业，核心产业坐落于中心城区，解决了强县的问题，乡镇主要发展配套产业，吸纳农村剩余劳动力兼业化就业，乡村层面根据农户意愿，发展分散化种植养殖，使得产业真正落地生根、嵌入地方社会，实现了强县与富民的结合。综合以上，我们发现，精准扶贫和乡村振兴同样需要系统思维和精准思维。

第五，在脱贫攻坚过程中形成的各种体制机制创新、模式创新、工作方式创新有利于深入实施乡村振兴战略。前文已述，党的十八大以来，脱贫攻坚战是政治注意力和公众注意力高度密集的领域，同时也是各项改革举措、各项政策创新、各种模式创新、工作方式创新最为密集的领域。中国国家治理领域一个独特的景观是各种形式的攻坚战，攻坚战充分体现了中国特色社会主义制度的优越性，也构成了中国国家治理领域解决突出问题、推动政策试验和创新的重要平台。围绕着打赢脱贫攻坚战，中央层面陆续出台了超过120个政策文件，这些政策固然有一部分是普惠性的乡村政策，但绝大多数是针对脱贫攻坚战制定的，带有“先行先试”性质的特惠政策，除了个别临时性的政策安排，大部分政策是顺应农村改革的大趋势制定的创新型政策，而脱贫攻坚的一线战场则扮演着中国新一轮农村改革“试验区”的角色。如“四到县”改革、减贫大数据、国土资源增减挂钩政策、普惠金融政策、资本市场扶贫、电商扶贫、三变改革、利益联结机制创新等，这些政策不仅对于打赢脱贫攻坚战发挥了重要作用，也预示着中国乡村改革、乡村振兴的新一轮政策调整，这些经验无疑会有力地助推乡村振兴战略的实施。在地方层面，各种创新的做法同样是蔚为大观，如财政扶贫资金作为担保，撬动金融资本助力农业产业发展；进一步优化县与乡镇之间的事权关系，下沉决策和治理重心；扁平化基层政府管理体系；县域督察工作体系改革；干部驻村帮扶制度等，这些模式创新和工作方法创新，无疑对于推进乡村振兴战略有效实施具有很强的借鉴价值。从兰考经验来看，上述政策创新、模式创新和工作方式创新，大部分已经在县域治理体系中充分制度化，为乡村振兴提供了有力支撑。

后 记

改革开放以来，中国共产党领导的扶贫开发事业取得了举世瞩目的伟大成就，得到国际社会的高度赞誉。特别是党的十八大以来，以习近平同志为核心的党中央高度重视扶贫开发工作，将打赢脱贫攻坚战作为全面建成小康社会的底线目标和标志性指标，以前所未有的力度全力推进。几年来，脱贫攻坚取得重大决定性进展。截至 2018 年底，全国农村贫困人口从 2012 年末的 9899 万人减少至 1660 万人，累计减少 8239 万人；贫困发生率从 2012 年的 10.2% 下降至 1.7%，累计下降 8.5 个百分点。可以预见，到 2020 年中国必将迎来脱贫攻坚战的全面胜利，在中华民族历史上第一次消灭绝对贫困现象。中国是最大的发展中国家，在发展中保障和改善民生是执政党领导社会主义现代化强国建设的基本坚持。打赢脱贫攻坚战，消灭绝对贫困，兑现庄严承诺，不仅体现了中国共产党执政为民的初心，也将充分证明中国特色社会主义制度的优越性。

众所周知，新时期以来，中国农村减贫形势发生了重大的变化，打赢脱贫攻坚战的庄严承诺，绝不是轻轻松松、敲锣打鼓就能实现的。如何根据新时期减贫形势的变动，推动国家减贫治理体系的创新，提升国家减贫行动对于贫困地区、贫困社区、贫困人口多元化、差异化需求的更好回应，提升国家贫困治理体系的现代化水平和治理能力，是能否实现目标、兑现承诺的关键所在。党的十八大以来，习近平总书记多次发表重要讲话、多次做出指示批示、多次深入贫困乡村与基层干部群众共商脱贫大计，逐步形成了习近平总书记关于扶贫工作的重要论述，指明了如何认识新时期中国农村贫困问题、如何认识打赢脱贫攻坚战的重大战略意义；提出了精准扶贫精准脱贫的基本方略，就脱贫攻坚政策体系设计、治理体系安排等重大问题做出深入细致的阐释。按照习近平总书记关于扶贫工作重要论述的指引，国家减贫治理体系以精准扶贫精准脱贫基本方略为准绳，进行了密集调整。

兰考和井冈山等县市相继成功实现脱贫摘帽，在中国减贫历史上第一次实现了贫困县总数量下降，极大地振奋了全党全社会打赢脱贫攻坚战的决心。国务院扶贫办高度重视对兰考经验的研究和总结，委托全国扶贫宣传教育中心具体实施。全国扶贫宣传教育中心将兰考脱贫摘帽做法经验的总结研究列入重点研究计划，组织十多位不同学科领域的专家学者，先后三次调研，深入了解、全面总结和分析研究兰考精准扶贫具体做法，旨在提炼梳理兰考脱贫摘帽模式，推广宣传兰考脱贫典型经验，为开展扶贫教育培训和国际减贫交流提供案例支持。

调研组专家在 2017 年 4 月、6 月和 2018 年 11 月，先后三次深入兰考县，召开了相关座谈会，走访了 20 多个部门，深入贫困村贫困户，与驻村工作队、村干部、建档立卡贫困户、企业交流，调研精准扶贫精准脱贫政策的制定与落实情况，较为全面地掌握了兰考以扶贫开发工作统揽经济社会发展全局、党建引领脱贫攻坚、推进脱贫攻坚改革创新、以“绣花”功夫落实精准扶贫、探索产业扶贫与金融扶贫新模式，以及精准脱贫和建立脱贫长效机制等方面的思路、做法和创新。在此期间，调研组多次召开全体会议，研讨兰考脱贫摘帽经验和做法。课题组专家一致认为，兰考成功实现脱贫摘帽充分证明了习近平总书记关于扶贫工作的重要论述的指导意义，充分体现了中国共产党领导下中国国家贫困治理体系的政治优势和制度优势，充分体现了精准扶贫精准脱贫“四梁八柱”顶层设计的科学性和可操作性，充分体现了脱贫攻坚政策“组合拳”与县域经济社会发展实际相结合、与贫困村及贫困户内在脱贫需求相结合的治理结构安排的运行成效。兰考脱贫的成功实践，证明了精准扶贫精准脱贫是消除贫困、改善民生的有效途径，是增强我们党执政合法性基础、重塑农村基层治理体系、提升基层治理能力的有效方法，是践行党的群众路线的有力举措，是锻炼培养干部的重要抓手。

国务院扶贫办刘永富主任高度重视兰考脱贫摘帽经验的总结研究工作，多次听取情况，给予直接指导。国务院扶贫办其他领导及各司各单位、河南省扶贫办给予支持和指导。兰考县委、县政府对课题的开展给予全力支持和配合，县委书记（原）蔡松涛、县长李明俊主持召开专题会议介绍兰考脱贫攻坚的主要做法和基本经验，县政协主席吴长胜全程陪同调研组开展实地调研，兰考县委、县政府各部门、各乡镇为课题组提供了丰富详实的第一手资料。调研过程中，课题组深刻感受到兰考经济社会发展面貌的显著改善，感受到兰考百姓对精准扶贫精准脱贫政策的真心拥护，感受到兰考干部群众奋发向上的精神面貌。调研中的一些细节，令人深受鼓舞和感动。

全国扶贫宣传教育中心黄承伟主任全程领导、指导课题研究工作，拟定研究框架、审定各专题报告研究大纲、参与实地调研，数次主持会议听取课题组调研汇报，研讨总结思路，撰写部分报告。全国扶贫宣传教育中心的骆艾荣处长负责具体协助课题组在兰考期间的协调和联络，为课题有序开展提供了有力支持，还积极深入社区和农户家庭调研，参与课题组的研讨和相关报告的撰写。华中师范大学吕方副教授不仅负责课题组实地调研组织、资料收集分析、相关专题报告撰写等，还投入大量时间精力协调各专题的进度、全书的整合以及数次修改工作。兰考县委书记（原）蔡松涛先后两次给课题组做专题报告，详尽介绍了兰考在精准扶贫之初的探索，以及各项政策措施出台的台前幕后，蔡书记的报告，没有一丝夸大其词，从报告的字里行间能够深切地感受到蔡书记作为一个共产党员领导干部的不忘初心、实事求是。兰考县政协吴长胜主席，长期主抓农业农村和扶贫开发工作，被誉为兰考农业农村工作的“活辞典”，吴主席耐心细致地为课题组解答兰考脱贫攻坚的关键问题与关键经验，让课题组对兰考经验的认识不断鲜活、立体起来。焦裕禄干部管理学院廖海敏副院长（原），为人谦和儒雅，熟知兰考经济社会发展的情况和地方掌故，每每在课题组困惑的时候为课题组传经送宝，为调研顺利进行提供了后勤支持。兰考县扶贫办张利民主任（目前已调任开封市扶贫办副主任），每天工作都十分繁忙，有时傍晚还要下乡，有好几次张主任晚上九点多来到焦干院跟课题组见面，参与讨论，细细解答课题组的问题。在第三次调研开展时期，兰考县扶贫办陈趁义主任正因病住院休养，但仍多次主动关心和支持课题组的调研工作，王伟峰副主任、邵宏伟同志也为调研开展提供了全方位的支持。

正是在兰考走村串户中感受到脱贫攻坚带来的变化，正是各级干部的忘我工作和全力支持，让课题组有了沉甸甸的责任感。课题组在兰考调研的行程安排得非常满，而调研中时常有一些经验，其丰富程度远超课题组预期的研究计划，因而在调研过程中，不得不在保证研究进度的同时，单独抽时间进行跟踪和回访。以金融扶贫为例，由于前期调研计划没有预想到兰考在金融扶贫领域的创新力度，只是采访了金融办一个部门，但后来在实际调研中课题组发现兰考作为全国普惠金融的示范县，不仅“精扶贷”做得好，在金融市场助力脱贫攻坚方面亦颇有建树，为此课题组临时通过全国扶贫宣传教育中心骆艾荣处长与兰考县联系，访谈了证监会在兰考挂职的杨晓东副县长。杨县长全面介绍了兰考金融扶贫经验，同时推荐了五农好集团等实地调研点，课题组随即又将五农好集团的访谈纳入研究计划。在整个调研过程中，这种经历是比较多的，对督查局、组织部、发改局的访谈也经历了类似的过程。课题组每晚都开会总结当天的调研，会后课题组专家还会各自梳理经验，调整调研思路和写作框架。课题组的成员共同的感受是，一方面不虚此行，收获颇丰；另一方面深感责任重大、压力不小。

经过几轮研讨，课题组最终确定了兰考脱贫摘帽经验总结研究报告的写作框架和具体分工。具体为：黄承伟和吕方负责报告第一章，吕方、黄承伟负责第二章，王猛、周晶、杨生勇负责第三章，陈琦、骆艾荣负责第四章，万兰芳、吕方、张利民负责第五章，刘杰、李雪萍、周晶负责第六章，廖海敏、杨金海、张红、刘风负责第七章，田丰韶、刘欣负责第八章，李海金、许竹青、陈文华负责第九章，黄承伟、吕方负责第十章。专家组成员陈宁老师和郭之天老师分别撰写了谷营镇和张庄村的脱贫案例。同时要感谢参与调研的各位研究生，对资料收集和整理、部分章节的撰写和润色，调研中他们不辞辛劳，进村入户，出色地完成了调研工作，他们是：杨铭宇、李雪、冯瑞英、龚群芳、冯静、周诗芳、王笑、郭中园、卫文芳、杨佳丽、陈越凡、陈文华、李琳。课题组成员经过近4个月的资料整理和研究，分别完成了各自的章节，汇总后形成了初稿，并根据黄承伟主任及几位同行专家提出的意见，对初稿进行了认真的修改，形成了征求意见稿；国务院扶贫办各司、各事业单位、河南省扶贫办、兰考县扶贫办对征求意见稿提出了中肯的修改意见，课题组根据修改意见，对本书进行了多轮的认真修改，最终形成了本书，国务院扶贫办全国扶贫宣传教育中心黄承伟主任（已调任中国扶贫发展中心主任）为本书撰写了序言。

总的来看，《兰考：县域治理与脱贫攻坚》比较全面地梳理了兰考脱贫摘帽的主要做法和基本经验，讨论了兰考脱贫摘帽经验的启示意义。兰考脱贫摘帽经验非常丰富，本书看起来颇有管中窥豹的感觉，特别是兰考在实现脱贫摘帽以后，坚持思想上不松懈、政策上不松劲，陆续推出了多项助力稳定脱贫成果和内生动力激发的政策，将稳定脱贫奔小康与乡村振兴战略相衔接，取得了斐然成绩。课题组期待着再到兰考，再见那笔挺入云、植根厚土的焦桐。

本书编写组

2019年4月